MERCIFUL WRITING BIBLE

침례믿글씨

성령님과함께쓰는

은혜로운 필사성경

9

마태복음 – 사도행전

필 사 자 : ______________________

시작한 날 : ______________________

끝 난 날 : ______________________

서울말씀사

일러두기

1. 성경 각 권의 서론을 수록하여 성경의 이해를 도왔습니다.

2. 성경의 장과 절이 인쇄되어 있어 보기 쉽고 쓰기 쉽습니다. 또한 밑글씨가 인쇄되어 있어, 성경 없이 누구나 쉽게 필사할 수 있습니다.

3. 성경의 순서에 관계없이 자유롭게 필사할 수 있습니다.

4. 성경과 같이 2단 편집으로 되어 있어 쓰기 쉽고, 여백 활용을 최대화하였습니다.

5. [성령님과 함께 쓰는 은혜로운 필사성경](개정)은 총 10권으로 구성되어 있습니다.

   1 : 구약 1 _ 율법서 1 (창세기 ~ 출애굽기)
   2 : 구약 2 _ 율법서 2 (레위기 ~ 신명기)
   3 : 구약 3 _ 역사서 1 (여호수아 ~ 룻기)
   4 : 구약 4 _ 역사서 2 (사무엘상 ~ 열왕기하)
   5 : 구약 5 _ 역사서 3 (역대상 ~ 에스더)
   6 : 구약 6 _ 시가서 (욥기 ~ 아가서)
   7 : 구약 7 _ 예언서 1 (이사야 ~ 예레미야애가)
   8 : 구약 8 _ 예언서 2 (에스겔 ~ 말라기)
   9 : 신약 1 _ 마태복음 ~ 사도행전
   10 : 신약 2 _ 로마서 ~ 요한계시록

머리말

지식의 홍수 속에서 살아가는 현대인들의 영혼에 가장 필요한 지식은 무엇일까요? 그것은 바로 '하나님을 아는 지식'입니다. 하나님께서는 호세아 6장 6절에서 "나는 인애를 원하고 제사를 원하지 아니하며 번제보다 하나님을 아는 것을 원하노라"라고 말씀하셨습니다. 이처럼 하나님께서 가장 원하시는 것은 우리가 하나님을 알고 하나님의 뜻대로 사는 것입니다.

하나님을 알아가는 가장 좋은 방법은 하나님의 말씀인 성경을 가까이하는 것이며, 성경을 가까이하는 가장 좋은 방법들 중 하나는 성경을 직접 쓰는 것입니다. 성경을 필사하는 시간은 성경을 읽고 묵상하는 시간과 더불어 또 하나의 은혜의 시간, 축복의 시간이 될 것입니다. 이렇게 귀한 성경 필사에 도움이 되고자 이번에 『성령님과 함께 쓰는 은혜로운 필사성경』을 펴내게 되었습니다. 이 책은 말씀을 읽는 것에서 더 나아가 말씀을 직접 기록하며 하나님을 더욱 알기를 원하는 모든 분들에게 큰 유익이 될 것입니다. 인내와 정성이 깃든 성경 필사를 통해 성령님의 음성을 듣고 하나님 말씀의 더 깊은 세계로 나아가는 은혜를 체험하게 되시기를 간절히 바랍니다.

여의도순복음교회
위임목사 이영훈

MATTHEW

마태복음

저 자	마태
주 제	왕으로 오신 예수 그리스도
기록목적	예수님을 메시아로 인정하지 않던 유대인들에게 예수님이 바로 구약에서 예언된 메시아이심을 증거하기 위함이다.

특 징

- 왕으로 오신 메시아를 강조하고 있다. 이것은 예수께서 계보 상으로 아브라함과 다윗의 혈통을 통해 오신 것으로 입증되고 있다.
- 유대적 성향이 강하다. 그래서 구약의 모든 예언들이 예수님을 통해 완성되었음을 나타내기 위해 구약성경이 자주 인용되고 있다.
- 유대인들 특유의 용어 습관에 따라 '하나님의 나라' 대신 '천국'이란 용어를 사용했다.
- 매우 교훈적이다. 윤리적, 선교적, 복음 선포적, 교회론적, 종말론적 교훈이 전체의 60%를 차지한다.
- 예수 그리스도를 구약의 인물들모세, 요나, 솔로몬과 하나님의 성전에 비견하여 그분의 우월성을 강조한다5:21-48; 12:6, 41, 42.
- 구약 율법에 대한 예수님의 적극적인 해석으로 유대인들의 잘못된 율법관형식주의, 외식주의이 드러나 있다.
- 구성 자체가 짜임새 있고 신학적 체계를 가지고 있다.
- 복음서 중 유일하게 '교회'라는 단어가 등장하고 있다.

나의 기도

마태복음

1 아브라함과 다윗의 자손 예수 그
리스도의 계보라
2 아브라함이 이삭을 낳고 이삭은 야
곱을 낳고 야곱은 유다와 그의 형
제들을 낳고
3 유다는 다말에게서 베레스와 세라
를 낳고 베레스는 헤스론을 낳고
헤스론은 람을 낳고
4 람은 아미나답을 낳고 아미나답은
나손을 낳고 나손은 살몬을 낳고
5 살몬은 라합에게서 보아스를 낳고
보아스는 룻에게서 오벳을 낳고 오
벳은 이새를 낳고
6 이새는 다윗 왕을 낳으니라 다윗은
우리야의 아내에게서 솔로몬을 낳고
7 솔로몬은 르호보암을 낳고 르호보
암은 아비야를 낳고 아비야는 아사
를 낳고
8 아사는 여호사밧을 낳고 여호사밧
은 요람을 낳고 요람은 웃시야를
낳고
9 웃시야는 요담을 낳고 요담은 아
하스를 낳고 아하스는 히스기야를
낳고
10 히스기야는 므낫세를 낳고 므낫세
는 아몬을 낳고 아몬은 요시야를
낳고
11 바벨론으로 사로잡혀 갈 때에 요시
야는 여고냐와 그의 형제들을 낳으
니라
12 바벨론으로 사로잡혀 간 후에 여고
냐는 스알디엘을 낳고 스알디엘은
스룹바벨을 낳고
13 스룹바벨은 아비훗을 낳고 아비훗
은 엘리아김을 낳고 엘리아김은 아
소르를 낳고
14 아소르는 사독을 낳고 사독은 아킴
을 낳고 아킴은 엘리웃을 낳고
15 엘리웃은 엘르아살을 낳고 엘르아
살은 맛단을 낳고 맛단은 야곱을
낳고
16 야곱은 마리아의 남편 요셉을 낳았
으니 마리아에게서 그리스도라 칭
하는 예수가 나시니라
17 그런즉 모든 대 수가 아브라함부터
다윗까지 열네 대요 다윗부터 바벨
론으로 사로잡혀 갈 때까지 열네
대요 바벨론으로 사로잡혀 간 후부
터 그리스도까지 열네 대더라
18 예수 그리스도의 나심은 이러하니
라 그의 어머니 마리아가 요셉과
약혼하고 동거하기 전에 성령으로
잉태된 것이 나타났더니
19 그의 남편 요셉은 의로운 사람이라
그를 드러내지 아니하고 가만히 끊
고자 하여

기록일 : . . .

20 이 일을 생각할 때에 주의 사자가
현몽하여 이르되 다윗의 자손 요셉
아 네 아내 마리아 데려오기를 무
서워하지 말라 그에게 잉태된 자는
성령으로 된 것이라
21 아들을 낳으리니 이름을 예수라 하
라 이는 그가 자기 백성을 그들의
죄에서 구원할 자이심이라 하니라
22 이 모든 일이 된 것은 주께서 선지
자로 하신 말씀을 이루려 하심이니
이르시되
23 보라 처녀가 잉태하여 아들을 낳을
것이요 그의 이름은 임마누엘이라
하리라 하셨으니 이를 번역한즉 하
나님이 우리와 함께 계시다 함이라
24 요셉이 잠에서 깨어 일어나 주의
사자의 분부대로 행하여 그의 아내
를 데려왔으나
25 아들을 낳기까지 동침하지 아니하
더니 낳으매 이름을 예수라 하니라

2 헤롯 왕 때에 예수께서 유대 베들
레헴에서 나시매 동방으로부터 박
사들이 예루살렘에 이르러 말하되
2 유대인의 왕으로 나신 이가 어디
계시냐 우리가 동방에서 그의 별을
보고 그에게 경배하러 왔노라 하니
3 헤롯 왕과 온 예루살렘이 듣고 소
동한지라
4 왕이 모든 대제사장과 백성의 서기
관들을 모아 그리스도가 어디서 나
겠느냐 물으니
5 이르되 유대 베들레헴이오니 이는
선지자로 이렇게 기록된 바
6 또 유대 땅 베들레헴아 너는 유대
고을 중에서 가장 작지 아니하도다
네게서 한 다스리는 자가 나와서
내 백성 이스라엘의 목자가 되리라
하였음이니이다
7 이에 헤롯이 가만히 박사들을 불러
별이 나타난 때를 자세히 묻고
8 베들레헴으로 보내며 이르되 가서
아기에 대하여 자세히 알아보고 찾
거든 내게 고하여 나도 가서 그에
게 경배하게 하라
9 박사들이 왕의 말을 듣고 갈새 동
방에서 보던 그 별이 문득 앞서 인
도하여 가다가 아기 있는 곳 위에
머물러 서 있는지라
10 그들이 별을 보고 매우 크게 기뻐
하고 기뻐하더라
11 집에 들어가 아기와 그의 어머니 마
리아가 함께 있는 것을 보고 엎드
려 아기께 경배하고 보배합을 열어
황금과 유향과 몰약을 예물로 드리
니라
12 그들은 꿈에 헤롯에게로 돌아가지
말라 지시하심을 받아 다른 길로
고국에 돌아가니라
13 그들이 떠난 후에 주의 사자가 요
셉에게 현몽하여 이르되 헤롯이 아

기록일 : . . .

기를 찾아 죽이려 하니 일어나 아기
와 그의 어머니를 데리고 애굽으로
피하여 내가 네게 이르기까지 거기
있으라 하시니
14 요셉이 일어나서 밤에 아기와 그의
어머니를 데리고 애굽으로 떠나가
15 헤롯이 죽기까지 거기 있었으니 이
는 주께서 선지자를 통하여 말씀하
신 바 애굽으로부터 내 아들을 불
렀다 함을 이루려 하심이라
16 이에 헤롯이 박사들에게 속은 줄
알고 심히 노하여 사람을 보내어
베들레헴과 그 모든 지경 안에 있
는 사내아이를 박사들에게 자세히
알아본 그 때를 기준하여 두 살부
터 그 아래로 다 죽이니
17 이에 선지자 예레미야를 통하여 말
씀하신 바
18 라마에서 슬퍼하며 크게 통곡하는
소리가 들리니 라헬이 그 자식을
위하여 애곡하는 것이라 그가 자식
이 없으므로 위로 받기를 거절하였
도다 함이 이루어졌느니라
19 헤롯이 죽은 후에 주의 사자가 애
굽에서 요셉에게 현몽하여 이르되
20 일어나 아기와 그의 어머니를 데리
고 이스라엘 땅으로 가라 아기의
목숨을 찾던 자들이 죽었느니라 하
시니
21 요셉이 일어나 아기와 그의 어머니
를 데리고 이스라엘 땅으로 들어가
니라
22 그러나 아켈라오가 그의 아버지 헤
롯을 이어 유대의 임금 됨을 듣고
거기로 가기를 무서워하더니 꿈에
지시하심을 받아 갈릴리 지방으로
떠나가
23 나사렛이란 동네에 가서 사니 이는
선지자로 하신 말씀에 나사렛 사람
이라 칭하리라 하심을 이루려 함이
러라

3 그 때에 침례 요한이 이르러 유대
광야에서 전파하여 말하되
2 회개하라 천국이 가까이 왔느니라
하였으니
3 그는 선지자 이사야를 통하여 말씀
하신 자라 일렀으되 광야에 외치는
자의 소리가 있어 이르되 너희는
주의 길을 준비하라 그가 오실 길
을 곧게 하라 하였느니라
4 이 요한은 낙타털 옷을 입고 허리
에 가죽 띠를 띠고 음식은 메뚜기
와 석청이었더라
5 이 때에 예루살렘과 온 유대와 요
단 강 사방에서 다 그에게 나아와
6 자기들의 죄를 자복하고 요단 강에
서 그에게 침례를 받더니
7 요한이 많은 바리새인들과 사두개
인들이 침례 베푸는 데로 오는 것
을 보고 이르되 독사의 자식들아

기록일 : . . .

누가 너희를 가르쳐 임박한 진노를
피하라 하더냐
8 그러므로 회개에 합당한 열매를
맺고
9 속으로 아브라함이 우리 조상이라
고 생각하지 말라 내가 너희에게 이
르노니 하나님이 능히 이 돌들로도
아브라함의 자손이 되게 하시리라
10 이미 도끼가 나무 뿌리에 놓였으니
좋은 열매를 맺지 아니하는 나무마
다 찍혀 불에 던져지리라
11 나는 너희로 회개하게 하기 위하
여 물로 침례를 베풀거니와 내 뒤
에 오시는 이는 나보다 능력이 많
으시니 나는 그의 신을 들기도 감
당하지 못하겠노라 그는 성령과 불
로 너희에게 침례를 베푸실 것이요
12 손에 키를 들고 자기의 타작 마당
을 정하게 하사 알곡은 모아 곳간
에 들이고 쭉정이는 꺼지지 않는
불에 태우시리라
13 이 때에 예수께서 갈릴리로부터 요
단 강에 이르러 요한에게 침례를
받으려 하시니
14 요한이 말려 이르되 내가 당신에게
서 침례를 받아야 할 터인데 당신이
내게로 오시나이까
15 예수께서 대답하여 이르시되 이제
허락하라 우리가 이와 같이 하여
모든 의를 이루는 것이 합당하니라
하시니 이에 요한이 허락하는지라
16 예수께서 침례를 받으시고 곧 물에
서 올라오실새 하늘이 열리고 하나
님의 성령이 비둘기 같이 내려 자기
위에 임하심을 보시더니
17 하늘로부터 소리가 있어 말씀하시
되 이는 내 사랑하는 아들이요 내
기뻐하는 자라 하시니라

4 그 때에 예수께서 성령에게 이끌
리어 마귀에게 시험을 받으러 광야
로 가사
2 사십 일을 밤낮으로 금식하신 후에
주리신지라
3 시험하는 자가 예수께 나아와서 이
르되 네가 만일 하나님의 아들이어
든 명하여 이 돌들로 떡덩이가 되
게 하라
4 예수께서 대답하여 이르시되 기록
되었으되 사람이 떡으로만 살 것이
아니요 하나님의 입으로부터 나오
는 모든 말씀으로 살 것이라 하였
느니라 하시니
5 이에 마귀가 예수를 거룩한 성으로
데려다가 성전 꼭대기에 세우고
6 이르되 네가 만일 하나님의 아들이
어든 뛰어내리라 기록되었으되 그
가 너를 위하여 그의 사자들을 명하
시리니 그들이 손으로 너를 받들어
발이 돌에 부딪치지 않게 하리로다
하였느니라

7 예수께서 이르시되 또 기록되었으
되 주 너의 하나님을 시험하지 말
라 하였느니라 하시니
8 마귀가 또 그를 데리고 지극히 높
은 산으로 가서 천하 만국과 그 영
광을 보여
9 이르되 만일 내게 엎드려 경배하면
이 모든 것을 네게 주리라
10 이에 예수께서 말씀하시되 사탄아
물러가라 기록되었으되 주 너의 하
나님께 경배하고 다만 그를 섬기라
하였느니라
11 이에 마귀는 예수를 떠나고 천사들
이 나아와서 수종드니라
12 예수께서 요한이 잡혔음을 들으시
고 갈릴리로 물러가셨다가
13 나사렛을 떠나 스불론과 납달리 지
경 해변에 있는 가버나움에 가서
사시니
14 이는 선지자 이사야를 통하여 하신
말씀을 이루려 하심이라 일렀으되
15 스불론 땅과 납달리 땅과 요단 강
저편 해변 길과 이방의 갈릴리여
16 흑암에 앉은 백성이 큰 빛을 보았
고 사망의 땅과 그늘에 앉은 자들
에게 빛이 비치었도다 하였느니라
17 이 때부터 예수께서 비로소 전파하
여 이르시되 회개하라 천국이 가까
이 왔느니라 하시더라
18 갈릴리 해변에 다니시다가 두 형제
곧 베드로라 하는 시몬과 그의 형
제 안드레가 바다에 그물 던지는
것을 보시니 그들은 어부라
19 말씀하시되 나를 따라오라 내가 너
희를 사람을 낚는 어부가 되게 하
리라 하시니
20 그들이 곧 그물을 버려 두고 예수
를 따르니라
21 거기서 더 가시다가 다른 두 형제
곧 세베대의 아들 야고보와 그의
형제 요한이 그의 아버지 세베대와
함께 배에서 그물 깁는 것을 보시
고 부르시니
22 그들이 곧 배와 아버지를 버려 두
고 예수를 따르니라
23 예수께서 온 갈릴리에 두루 다니사
그들의 회당에서 가르치시며 천국
복음을 전파하시며 백성 중의 모든
병과 모든 약한 것을 고치시니
24 그의 소문이 온 수리아에 퍼진지라
사람들이 모든 앓는 자 곧 각종 병
에 걸려서 고통 당하는 자, 귀신 들
린 자, 간질하는 자, 중풍병자들을
데려오니 그들을 고치시더라
25 갈릴리와 데가볼리와 예루살렘과
유대와 요단 강 건너편에서 수많은
무리가 따르니라

5

예수께서 무리를 보시고 산에 올
라가 앉으시니 제자들이 나아온지라
2 입을 열어 가르쳐 이르시되

기록일 : . . .

3 심령이 가난한 자는 복이 있나니 천
국이 그들의 것임이요
4 애통하는 자는 복이 있나니 그들이
위로를 받을 것임이요
5 온유한 자는 복이 있나니 그들이
땅을 기업으로 받을 것임이요
6 의에 주리고 목마른 자는 복이 있
나니 그들이 배부를 것임이요
7 긍휼히 여기는 자는 복이 있나니 그
들이 긍휼히 여김을 받을 것임이요
8 마음이 청결한 자는 복이 있나니 그
들이 하나님을 볼 것임이요
9 화평하게 하는 자는 복이 있나니
그들이 하나님의 아들이라 일컬음
을 받을 것임이요
10 의를 위하여 박해를 받은 자는 복
이 있나니 천국이 그들의 것임이라
11 나로 말미암아 너희를 욕하고 박해
하고 거짓으로 너희를 거슬러 모든
악한 말을 할 때에는 너희에게 복
이 있나니
12 기뻐하고 즐거워하라 하늘에서 너
희의 상이 큼이라 너희 전에 있던
선지자들도 이같이 박해하였느니라
13 너희는 세상의 소금이니 소금이 만
일 그 맛을 잃으면 무엇으로 짜게
하리요 후에는 아무 쓸 데 없어 다
만 밖에 버려져 사람에게 밟힐 뿐
이니라
14 너희는 세상의 빛이라 산 위에 있
는 동네가 숨겨지지 못할 것이요
15 사람이 등불을 켜서 말 아래에 두
지 아니하고 등경 위에 두나니 이러
므로 집 안 모든 사람에게 비치느
니라
16 이같이 너희 빛이 사람 앞에 비치게
하여 그들로 너희 착한 행실을 보
고 하늘에 계신 너희 아버지께 영
광을 돌리게 하라
17 내가 율법이나 선지자를 폐하러 온
줄로 생각하지 말라 폐하러 온 것
이 아니요 완전하게 하려 함이라
18 진실로 너희에게 이르노니 천지가
없어지기 전에는 율법의 일점 일획
도 결코 없어지지 아니하고 다 이루
리라
19 그러므로 누구든지 이 계명 중의
지극히 작은 것 하나라도 버리고
또 그같이 사람을 가르치는 자는
천국에서 지극히 작다 일컬음을 받
을 것이요 누구든지 이를 행하며
가르치는 자는 천국에서 크다 일컬
음을 받으리라
20 내가 너희에게 이르노니 너희 의
가 서기관과 바리새인보다 더 낫
지 못하면 결코 천국에 들어가지
못하리라
21 옛 사람에게 말한 바 살인하지 말
라 누구든지 살인하면 심판을 받게
되리라 하였다는 것을 너희가 들었

기록일 : . . .

으나
22 나는 너희에게 이르노니 형제에게
노하는 자마다 심판을 받게 되고
형제를 대하여 라가라 하는 자는
공회에 잡혀가게 되고 미련한 놈이
라 하는 자는 지옥 불에 들어가게
되리라
23 그러므로 예물을 제단에 드리려다
가 거기서 네 형제에게 원망들을
만한 일이 있는 것이 생각나거든
24 예물을 제단 앞에 두고 먼저 가서
형제와 화목하고 그 후에 와서 예
물을 드리라
25 너를 고발하는 자와 함께 길에 있
을 때에 급히 사화하라 그 고발하
는 자가 너를 재판관에게 내어 주
고 재판관이 옥리에게 내어 주어
옥에 가둘까 염려하라
26 진실로 네게 이르노니 네가 한 푼
이라도 남김이 없이 다 갚기 전에는
결코 거기서 나오지 못하리라
27 또 간음하지 말라 하였다는 것을
너희가 들었으나
28 나는 너희에게 이르노니 음욕을 품
고 여자를 보는 자마다 마음에 이
미 간음하였느니라
29 만일 네 오른 눈이 너로 실족하게
하거든 빼어 내버리라 네 백체 중
하나가 없어지고 온 몸이 지옥에 던
져지지 않는 것이 유익하며
30 또한 만일 네 오른손이 너로 실족하
게 하거든 찍어 내버리라 네 백체
중 하나가 없어지고 온 몸이 지옥에
던져지지 않는 것이 유익하니라
31 또 일렀으되 누구든지 아내를 버리
려거든 이혼 증서를 줄 것이라 하였
으나
32 나는 너희에게 이르노니 누구든지
음행한 이유 없이 아내를 버리면 이
는 그로 간음하게 함이요 또 누구
든지 버림받은 여자에게 장가드는
자도 간음함이니라
33 또 옛 사람에게 말한 바 헛 맹세를
하지 말고 네 맹세한 것을 주께 지
키라 하였다는 것을 너희가 들었
으나
34 나는 너희에게 이르노니 도무지 맹
세하지 말지니 하늘로도 하지 말라
이는 하나님의 보좌임이요
35 땅으로도 하지 말라 이는 하나님의
발등상임이요 예루살렘으로도 하지
말라 이는 큰 임금의 성임이요
36 네 머리로도 하지 말라 이는 네가 한
터럭도 희고 검게 할 수 없음이라
37 오직 너희 말은 옳다 옳다, 아니라
아니라 하라 이에서 지나는 것은
악으로부터 나느니라
38 또 눈은 눈으로, 이는 이로 갚으라
하였다는 것을 너희가 들었으나
39 나는 너희에게 이르노니 악한 자를

기록일 : . . .

대적하지 말라 누구든지 네 오른편
빰을 치거든 왼편도 돌려 대며
40 또 너를 고발하여 속옷을 가지고
자 하는 자에게 겉옷까지도 가지게
하며
41 또 누구든지 너로 억지로 오 리를
가게 하거든 그 사람과 십 리를 동
행하고
42 네게 구하는 자에게 주며 네게 꾸
고자 하는 자에게 거절하지 말라
43 또 네 이웃을 사랑하고 네 원수를
미워하라 하였다는 것을 너희가 들
었으나
44 나는 너희에게 이르노니 너희 원수
를 사랑하며 너희를 박해하는 자를
위하여 기도하라
45 이같이 한즉 하늘에 계신 너희 아
버지의 아들이 되리니 이는 하나님
이 그 해를 악인과 선인에게 비추시
며 비를 의로운 자와 불의한 자에
게 내려주심이라
46 너희가 너희를 사랑하는 자를 사랑
하면 무슨 상이 있으리요 세리도 이
같이 아니하느냐
47 또 너희가 너희 형제에게만 문안하
면 남보다 더하는 것이 무엇이냐 이
방인들도 이같이 아니하느냐
48 그러므로 하늘에 계신 너희 아버
지의 온전하심과 같이 너희도 온전
하라

6 사람에게 보이려고 그들 앞에서
너희 의를 행하지 않도록 주의하라
그리하지 아니하면 하늘에 계신 너
희 아버지께 상을 받지 못하느니라
2 그러므로 구제할 때에 외식하는 자
가 사람에게서 영광을 받으려고 회
당과 거리에서 하는 것 같이 너희
앞에 나팔을 불지 말라 진실로 너
희에게 이르노니 그들은 자기 상을
이미 받았느니라
3 너는 구제할 때에 오른손이 하는
것을 왼손이 모르게 하여
4 네 구제함을 은밀하게 하라 은밀한
중에 보시는 너의 아버지께서 갚으
시리라
5 또 너희는 기도할 때에 외식하는
자와 같이 하지 말라 그들은 사람
에게 보이려고 회당과 큰 거리 어
귀에 서서 기도하기를 좋아하느니
라 내가 진실로 너희에게 이르노니
그들은 자기 상을 이미 받았느니라
6 너는 기도할 때에 네 골방에 들어
가 문을 닫고 은밀한 중에 계신 네
아버지께 기도하라 은밀한 중에 보
시는 네 아버지께서 갚으시리라
7 또 기도할 때에 이방인과 같이 중
언부언하지 말라 그들은 말을 많이
하여야 들으실 줄 생각하느니라
8 그러므로 그들을 본받지 말라 구하
기 전에 너희에게 있어야 할 것을 하

기록일 : . . .

나님 너희 아버지께서 아시느니라
9 그러므로 너희는 이렇게 기도하라
하늘에 계신 우리 아버지여 이름이
거룩히 여김을 받으시오며
10 나라가 임하시오며 뜻이 하늘에서
이루어진 것 같이 땅에서도 이루어
지이다
11 오늘 우리에게 일용할 양식을 주시
옵고
12 우리가 우리에게 죄 지은 자를 사
하여 준 것 같이 우리 죄를 사하여
주시옵고
13 우리를 시험에 들게 하지 마시옵고
다만 악에서 구하시옵소서 (나라와
권세와 영광이 아버지께 영원히 있
사옵나이다 아멘)
14 너희가 사람의 잘못을 용서하면 너
희 하늘 아버지께서도 너희 잘못을
용서하시려니와
15 너희가 사람의 잘못을 용서하지 아
니하면 너희 아버지께서도 너희 잘
못을 용서하지 아니하시리라
16 금식할 때에 너희는 외식하는 자들
과 같이 슬픈 기색을 보이지 말라
그들은 금식하는 것을 사람에게 보
이려고 얼굴을 흉하게 하느니라 내
가 진실로 너희에게 이르노니 그들
은 자기 상을 이미 받았느니라
17 너는 금식할 때에 머리에 기름을
바르고 얼굴을 씻으라
18 이는 금식하는 자로 사람에게 보이
지 않고 오직 은밀한 중에 계신 네
아버지께 보이게 하려 함이라 은밀
한 중에 보시는 네 아버지께서 갚
으시리라
19 너희를 위하여 보물을 땅에 쌓아
두지 말라 거기는 좀과 동록이 해
하며 도둑이 구멍을 뚫고 도둑질하
느니라
20 오직 너희를 위하여 보물을 하늘에
쌓아 두라 거기는 좀이나 동록이
해하지 못하며 도둑이 구멍을 뚫지
도 못하고 도둑질도 못하느니라
21 네 보물 있는 그 곳에는 네 마음도
있느니라
22 눈은 몸의 등불이니 그러므로 네
눈이 성하면 온 몸이 밝을 것이요
23 눈이 나쁘면 온 몸이 어두울 것이니
그러므로 네게 있는 빛이 어두우면
그 어둠이 얼마나 더하겠느냐
24 한 사람이 두 주인을 섬기지 못할
것이니 혹 이를 미워하고 저를 사랑
하거나 혹 이를 중히 여기고 저를
경히 여김이라 너희가 하나님과 재
물을 겸하여 섬기지 못하느니라
25 그러므로 내가 너희에게 이르노니
목숨을 위하여 무엇을 먹을까 무엇
을 마실까 몸을 위하여 무엇을 입
을까 염려하지 말라 목숨이 음식보
다 중하지 아니하며 몸이 의복보다

기록일 : . . .

중하지 아니하냐
26 공중의 새를 보라 심지도 않고 거
두지도 않고 창고에 모아들이지도
아니하되 너희 하늘 아버지께서 기
르시나니 너희는 이것들보다 귀하
지 아니하냐
27 너희 중에 누가 염려함으로 그 키
를 한 자라도 더할 수 있겠느냐
28 또 너희가 어찌 의복을 위하여 염
려하느냐 들의 백합화가 어떻게 자
라는가 생각하여 보라 수고도 아니
하고 길쌈도 아니하느니라
29 그러나 내가 너희에게 말하노니 솔
로몬의 모든 영광으로도 입은 것이
이 꽃 하나만 같지 못하였느니라
30 오늘 있다가 내일 아궁이에 던져지
는 들풀도 하나님이 이렇게 입히시
거든 하물며 너희일까보냐 믿음이
작은 자들아
31 그러므로 염려하여 이르기를 무엇
을 먹을까 무엇을 마실까 무엇을
입을까 하지 말라
32 이는 다 이방인들이 구하는 것이라
너희 하늘 아버지께서 이 모든 것
이 너희에게 있어야 할 줄을 아시
느니라
33 그런즉 너희는 먼저 그의 나라와
그의 의를 구하라 그리하면 이 모
든 것을 너희에게 더하시리라
34 그러므로 내일 일을 위하여 염려하
지 말라 내일 일은 내일이 염려할
것이요 한 날의 괴로움은 그 날로
족하니라

7

비판을 받지 아니하려거든 비판하
지 말라
2 너희가 비판하는 그 비판으로 너희
가 비판을 받을 것이요 너희가 헤
아리는 그 헤아림으로 너희가 헤아
림을 받을 것이니라
3 어찌하여 형제의 눈 속에 있는 티
는 보고 네 눈 속에 있는 들보는 깨
닫지 못하느냐
4 보라 네 눈 속에 들보가 있는데 어
찌하여 형제에게 말하기를 나로 네
눈 속에 있는 티를 빼게 하라 하겠
느냐
5 외식하는 자여 먼저 네 눈 속에서
들보를 빼어라 그 후에야 밝히 보
고 형제의 눈 속에서 티를 빼리라
6 거룩한 것을 개에게 주지 말며 너
희 진주를 돼지 앞에 던지지 말라
그들이 그것을 발로 밟고 돌이켜
너희를 찢어 상하게 할까 염려하라
7 구하라 그리하면 너희에게 주실 것
이요 찾으라 그리하면 찾아낼 것이
요 문을 두드리라 그리하면 너희에
게 열릴 것이니
8 구하는 이마다 받을 것이요 찾는
이는 찾아낼 것이요 두드리는 이에
게는 열릴 것이니라

기록일 : . . .

9 너희 중에 누가 아들이 떡을 달라
하는데 돌을 주며
10 생선을 달라 하는데 뱀을 줄 사람
이 있겠느냐
11 너희가 악한 자라도 좋은 것으로 자
식에게 줄 줄 알거든 하물며 하늘에
계신 너희 아버지께서 구하는 자에
게 좋은 것으로 주시지 않겠느냐
12 그러므로 무엇이든지 남에게 대접
을 받고자 하는 대로 너희도 남을
대접하라 이것이 율법이요 선지자
니라
13 좁은 문으로 들어가라 멸망으로 인
도하는 문은 크고 그 길이 넓어 그
리로 들어가는 자가 많고
14 생명으로 인도하는 문은 좁고 길이
협착하여 찾는 자가 적음이라
15 거짓 선지자들을 삼가라 양의 옷을
입고 너희에게 나아오나 속에는 노
략질하는 이리라
16 그들의 열매로 그들을 알지니 가시
나무에서 포도를, 또는 엉겅퀴에서
무화과를 따겠느냐
17 이와 같이 좋은 나무마다 아름다운
열매를 맺고 못된 나무가 나쁜 열
매를 맺나니
18 좋은 나무가 나쁜 열매를 맺을 수
없고 못된 나무가 아름다운 열매를
맺을 수 없느니라
19 아름다운 열매를 맺지 아니하는 나
무마다 찍혀 불에 던져지느니라
20 이러므로 그들의 열매로 그들을 알
리라
21 나더러 주여 주여 하는 자마다 다
천국에 들어갈 것이 아니요 다만
하늘에 계신 내 아버지의 뜻대로
행하는 자라야 들어가리라
22 그 날에 많은 사람이 나더러 이르
되 주여 주여 우리가 주의 이름으
로 선지자 노릇 하며 주의 이름으
로 귀신을 쫓아 내며 주의 이름으
로 많은 권능을 행하지 아니하였나
이까 하리니
23 그 때에 내가 그들에게 밝히 말하
되 내가 너희를 도무지 알지 못하
니 불법을 행하는 자들아 내게서
떠나가라 하리라
24 그러므로 누구든지 나의 이 말을
듣고 행하는 자는 그 집을 반석 위
에 지은 지혜로운 사람 같으리니
25 비가 내리고 창수가 나고 바람이
불어 그 집에 부딪치되 무너지지 아
니하나니 이는 주추를 반석 위에
놓은 까닭이요
26 나의 이 말을 듣고 행하지 아니하
는 자는 그 집을 모래 위에 지은 어
리석은 사람 같으리니
27 비가 내리고 창수가 나고 바람이
불어 그 집에 부딪치매 무너져 그
무너짐이 심하니라

기록일 : . . .

28 예수께서 이 말씀을 마치시매 무리
들이 그의 가르치심에 놀라니
29 이는 그 가르치시는 것이 권위 있는
자와 같고 그들의 서기관들과 같지
아니함일러라

8

예수께서 산에서 내려 오시니 수
많은 무리가 따르니라
2 한 나병환자가 나아와 절하며 이르
되 주여 원하시면 저를 깨끗하게
하실 수 있나이다 하거늘
3 예수께서 손을 내밀어 그에게 대시
며 이르시되 내가 원하노니 깨끗함
을 받으라 하시니 즉시 그의 나병
이 깨끗하여진지라
4 예수께서 이르시되 삼가 아무에게
도 이르지 말고 다만 가서 제사장
에게 네 몸을 보이고 모세가 명한
예물을 드려 그들에게 입증하라 하
시니라
5 예수께서 가버나움에 들어가시니
한 백부장이 나아와 간구하여
6 이르되 주여 내 하인이 중풍병으로
집에 누워 몹시 괴로워하나이다
7 이르시되 내가 가서 고쳐 주리라
8 백부장이 대답하여 이르되 주여 내
집에 들어오심을 나는 감당하지 못
하겠사오니 다만 말씀으로만 하옵
소서 그러면 내 하인이 낫겠사옵나
이다
9 나도 남의 수하에 있는 사람이요
내 아래에도 군사가 있으니 이더러
가라 하면 가고 저더러 오라 하면
오고 내 종더러 이것을 하라 하면
하나이다
10 예수께서 들으시고 놀랍게 여겨 따
르는 자들에게 이르시되 내가 진실
로 너희에게 이르노니 이스라엘 중
아무에게서도 이만한 믿음을 보지
못하였노라
11 또 너희에게 이르노니 동 서로부
터 많은 사람이 이르러 아브라함과
이삭과 야곱과 함께 천국에 앉으려
니와
12 그 나라의 본 자손들은 바깥 어두
운 데 쫓겨나 거기서 울며 이를 갈
게 되리라
13 예수께서 백부장에게 이르시되 가
라 네 믿은 대로 될지어다 하시니
그 즉시 하인이 나으니라
14 예수께서 베드로의 집에 들어가사
그의 장모가 열병으로 앓아 누운
것을 보시고
15 그의 손을 만지시니 열병이 떠나가
고 여인이 일어나서 예수께 수종들
더라
16 저물매 사람들이 귀신 들린 자를
많이 데리고 예수께 오거늘 예수께
서 말씀으로 귀신들을 쫓아 내시고
병든 자들을 다 고치시니
17 이는 선지자 이사야를 통하여 하

기록일 : . . .

신 말씀에 우리의 연약한 것을 친히
담당하시고 병을 짊어지셨도다 함
을 이루려 하심이더라
18 예수께서 무리가 자기를 에워싸는
것을 보시고 건너편으로 가기를 명
하시니라
19 한 서기관이 나아와 예수께 아뢰되
선생님이여 어디로 가시든지 저는
따르리이다
20 예수께서 이르시되 여우도 굴이 있
고 공중의 새도 거처가 있으되 인
자는 머리 둘 곳이 없다 하시더라
21 제자 중에 또 한 사람이 이르되 주
여 내가 먼저 가서 내 아버지를 장
사하게 허락하옵소서
22 예수께서 이르시되 죽은 자들이 그
들의 죽은 자들을 장사하게 하고
너는 나를 따르라 하시니라
23 배에 오르시매 제자들이 따랐더니
24 바다에 큰 놀이 일어나 배가 물결
에 덮이게 되었으되 예수께서는 주
무시는지라
25 그 제자들이 나아와 깨우며 이르되
주여 구원하소서 우리가 죽겠나이다
26 예수께서 이르시되 어찌하여 무서
워하느냐 믿음이 작은 자들아 하시
고 곧 일어나사 바람과 바다를 꾸
짖으시니 아주 잔잔하게 되거늘
27 그 사람들이 놀랍게 여겨 이르되
이이가 어떠한 사람이기에 바람과
바다도 순종하는가 하더라
28 또 예수께서 건너편 가다라 지방에
가시매 귀신 들린 자 둘이 무덤 사
이에서 나와 예수를 만나니 그들은
몹시 사나워 아무도 그 길로 지나
갈 수 없을 지경이더라
29 이에 그들이 소리 질러 이르되 하나
님의 아들이여 우리가 당신과 무슨
상관이 있나이까 때가 이르기 전에
우리를 괴롭게 하려고 여기 오셨나
이까 하더니
30 마침 멀리서 많은 돼지 떼가 먹고
있는지라
31 귀신들이 예수께 간구하여 이르되
만일 우리를 쫓아 내시려면 돼지
떼에 들여 보내 주소서 하니
32 그들에게 가라 하시니 귀신들이 나
와서 돼지에게로 들어가는지라 온
떼가 비탈로 내리달아 바다에 들어
가서 물에서 몰사하거늘
33 치던 자들이 달아나 시내에 들어가
이 모든 일과 귀신 들린 자의 일을
고하니
34 온 시내가 예수를 만나려고 나가서
보고 그 지방에서 떠나시기를 간구
하더라

9 예수께서 배에 오르사 건너가 본
동네에 이르시니
2 침상에 누운 중풍병자를 사람들이
데리고 오거늘 예수께서 그들의 믿

기록일 : . . .

음을 보시고 중풍병자에게 이르시
되 작은 자야 안심하라 네 죄 사함
을 받았느니라
3 어떤 서기관들이 속으로 이르되 이
사람이 신성을 모독하도다
4 예수께서 그 생각을 아시고 이르시
되 너희가 어찌하여 마음에 악한
생각을 하느냐
5 네 죄 사함을 받았느니라 하는 말
과 일어나 걸어가라 하는 말 중에
어느 것이 쉽겠느냐
6 그러나 인자가 세상에서 죄를 사하
는 권능이 있는 줄을 너희로 알게
하려 하노라 하시고 중풍병자에게
말씀하시되 일어나 네 침상을 가지
고 집으로 가라 하시니
7 그가 일어나 집으로 돌아가거늘
8 무리가 보고 두려워하며 이런 권능
을 사람에게 주신 하나님께 영광을
돌리니라
9 예수께서 그 곳을 떠나 지나가시다
가 마태라 하는 사람이 세관에 앉
아 있는 것을 보시고 이르시되 나
를 따르라 하시니 일어나 따르니라
10 예수께서 마태의 집에서 앉아 음식
을 잡수실 때에 많은 세리와 죄인
들이 와서 예수와 그의 제자들과
함께 앉았더니
11 바리새인들이 보고 그의 제자들에
게 이르되 어찌하여 너희 선생은
세리와 죄인들과 함께 잡수시느냐
12 예수께서 들으시고 이르시되 건강
한 자에게는 의사가 쓸 데 없고 병
든 자에게라야 쓸 데 있느니라
13 너희는 가서 내가 긍휼을 원하고
제사를 원하지 아니하노라 하신 뜻
이 무엇인지 배우라 나는 의인을
부르러 온 것이 아니요 죄인을 부
르러 왔노라 하시니라
14 그 때에 요한의 제자들이 예수께
나아와 이르되 우리와 바리새인들
은 금식하는데 어찌하여 당신의 제
자들은 금식하지 아니하나이까
15 예수께서 그들에게 이르시되 혼인
집 손님들이 신랑과 함께 있을 동
안에 슬퍼할 수 있느냐 그러나 신
랑을 빼앗길 날이 이르리니 그 때
에는 금식할 것이니라
16 생베 조각을 낡은 옷에 붙이는 자
가 없나니 이는 기운 것이 그 옷을
당기어 해어짐이 더하게 됨이요
17 새 포도주를 낡은 가죽 부대에 넣
지 아니하나니 그렇게 하면 부대가
터져 포도주도 쏟아지고 부대도 버
리게 됨이라 새 포도주는 새 부대
에 넣어야 둘이 다 보전되느니라
18 예수께서 이 말씀을 하실 때에 한
관리가 와서 절하며 이르되 내 딸
이 방금 죽었사오나 오셔서 그 몸
에 손을 얹어 주소서 그러면 살아

기록일 : . . .

나겠나이다 하니
19 예수께서 일어나 따라가시매 제자
들도 가더니
20 열두 해 동안이나 혈루증으로 앓는
여자가 예수의 뒤로 와서 그 겉옷
가를 만지니
21 이는 제 마음에 그 겉옷만 만져도
구원을 받겠다 함이라
22 예수께서 돌이켜 그를 보시며 이르
시되 딸아 안심하라 네 믿음이 너
를 구원하였다 하시니 여자가 그
즉시 구원을 받으니라
23 예수께서 그 관리의 집에 가사 피
리 부는 자들과 떠드는 무리를 보
시고
24 이르시되 물러가라 이 소녀가 죽은
것이 아니라 잔다 하시니 그들이 비
웃더라
25 무리를 내보낸 후에 예수께서 들어
가사 소녀의 손을 잡으시매 일어나
는지라
26 그 소문이 그 온 땅에 퍼지더라
27 예수께서 거기에서 떠나가실새 두
맹인이 따라오며 소리 질러 이르되
다윗의 자손이여 우리를 불쌍히 여
기소서 하더니
28 예수께서 집에 들어가시매 맹인들
이 그에게 나아오거늘 예수께서 이
르시되 내가 능히 이 일 할 줄을 믿
느냐 대답하되 주여 그러하오이다
하니
29 이에 예수께서 그들의 눈을 만지
시며 이르시되 너희 믿음대로 되라
하시니
30 그 눈들이 밝아진지라 예수께서 엄
히 경고하시되 삼가 아무에게도 알
리지 말라 하셨으나
31 그들이 나가서 예수의 소문을 그
온 땅에 퍼뜨리니라
32 그들이 나갈 때에 귀신 들려 말 못
하는 사람을 예수께 데려오니
33 귀신이 쫓겨나고 말 못하는 사람
이 말하거늘 무리가 놀랍게 여겨 이
르되 이스라엘 가운데서 이런 일을
본 적이 없다 하되
34 바리새인들은 이르되 그가 귀신의
왕을 의지하여 귀신을 쫓아낸다 하
더라
35 예수께서 모든 도시와 마을에 두루
다니사 그들의 회당에서 가르치시
며 천국 복음을 전파하시며 모든 병
과 모든 약한 것을 고치시니라
36 무리를 보시고 불쌍히 여기시니 이
는 그들이 목자 없는 양과 같이 고
생하며 기진함이라
37 이에 제자들에게 이르시되 추수할
것은 많되 일꾼이 적으니
38 그러므로 추수하는 주인에게 청하
여 추수할 일꾼들을 보내 주소서
하라 하시니라

기록일 : . . .

10 예수께서 그의 열두 제자를 부르
사 더러운 귀신을 쫓아내며 모든
병과 모든 약한 것을 고치는 권능
을 주시니라
2 열두 사도의 이름은 이러하니 베드
로라 하는 시몬을 비롯하여 그의
형제 안드레와 세베대의 아들 야고
보와 그의 형제 요한,
3 빌립과 바돌로매, 도마와 세리 마태,
알패오의 아들 야고보와 다대오,
4 가나나인 시몬 및 가룟 유다 곧 예
수를 판 자라
5 예수께서 이 열둘을 내보내시며 명
하여 이르시되 이방인의 길로도 가
지 말고 사마리아인의 고을에도 들
어가지 말고
6 오히려 이스라엘 집의 잃어버린 양
에게로 가라
7 가면서 전파하여 말하되 천국이 가
까이 왔다 하고
8 병든 자를 고치며 죽은 자를 살리
며 나병환자를 깨끗하게 하며 귀신
을 쫓아내되 너희가 거저 받았으니
거저 주라
9 너희 전대에 금이나 은이나 동을
가지지 말고
10 여행을 위하여 배낭이나 두 벌 옷
이나 신이나 지팡이를 가지지 말라
이는 일꾼이 자기의 먹을 것 받는
것이 마땅함이라
11 어떤 성이나 마을에 들어가든지 그
중에 합당한 자를 찾아내어 너희가
떠나기까지 거기서 머물라
12 또 그 집에 들어가면서 평안하기를
빌라
13 그 집이 이에 합당하면 너희 빈 평
안이 거기 임할 것이요 만일 합당하
지 아니하면 그 평안이 너희에게 돌
아올 것이니라
14 누구든지 너희를 영접하지도 아니
하고 너희 말을 듣지도 아니하거든
그 집이나 성에서 나가 너희 발의
먼지를 떨어 버리라
15 내가 진실로 너희에게 이르노니 심
판 날에 소돔과 고모라 땅이 그 성
보다 견디기 쉬우리라
16 보라 내가 너희를 보냄이 양을 이
리 가운데로 보냄과 같도다 그러므
로 너희는 뱀 같이 지혜롭고 비둘
기 같이 순결하라
17 사람들을 삼가라 그들이 너희를 공
회에 넘겨 주겠고 그들의 회당에서
채찍질하리라
18 또 너희가 나로 말미암아 총독들과
임금들 앞에 끌려 가리니 이는 그
들과 이방인들에게 증거가 되게 하
려 하심이라
19 너희를 넘겨 줄 때에 어떻게 또는
무엇을 말할까 염려하지 말라 그
때에 너희에게 할 말을 주시리니

기록일 : . . .

20 말하는 이는 너희가 아니라 너희 속에서 말씀하시는 이 곧 너희 아버지의 성령이시니라
21 장차 형제가 형제를, 아버지가 자식을 죽는 데에 내주며 자식들이 부모를 대적하여 죽게 하리라
22 또 너희가 내 이름으로 말미암아 모든 사람에게 미움을 받을 것이나 끝까지 견디는 자는 구원을 얻으리라
23 이 동네에서 너희를 박해하거든 저 동네로 피하라 내가 진실로 너희에게 이르노니 이스라엘의 모든 동네를 다 다니지 못하여서 인자가 오리라
24 제자가 그 선생보다, 또는 종이 그 상전보다 높지 못하나니
25 제자가 그 선생 같고 종이 그 상전 같으면 족하도다 집 주인을 바알세불이라 하였거든 하물며 그 집 사람들이랴
26 그런즉 그들을 두려워하지 말라 감추인 것이 드러나지 않을 것이 없고 숨은 것이 알려지지 않을 것이 없느니라
27 내가 너희에게 어두운 데서 이르는 것을 광명한 데서 말하며 너희가 귓속말로 듣는 것을 집 위에서 전파하라
28 몸은 죽여도 영혼은 능히 죽이지 못하는 자들을 두려워하지 말고 오직 몸과 영혼을 능히 지옥에 멸하실 수 있는 이를 두려워하라
29 참새 두 마리가 한 앗사리온에 팔리지 않느냐 그러나 너희 아버지께서 허락하지 아니하시면 그 하나도 땅에 떨어지지 아니하리라
30 너희에게는 머리털까지 다 세신 바 되었나니
31 두려워하지 말라 너희는 많은 참새보다 귀하니라
32 누구든지 사람 앞에서 나를 시인하면 나도 하늘에 계신 내 아버지 앞에서 그를 시인할 것이요
33 누구든지 사람 앞에서 나를 부인하면 나도 하늘에 계신 내 아버지 앞에서 그를 부인하리라
34 내가 세상에 화평을 주러 온 줄로 생각하지 말라 화평이 아니요 검을 주러 왔노라
35 내가 온 것은 사람이 그 아버지와, 딸이 어머니와, 며느리가 시어머니와 불화하게 하려 함이니
36 사람의 원수가 자기 집안 식구리라
37 아버지나 어머니를 나보다 더 사랑하는 자는 내게 합당하지 아니하고 아들이나 딸을 나보다 더 사랑하는 자도 내게 합당하지 아니하며
38 또 자기 십자가를 지고 나를 따르지 않는 자도 내게 합당하지 아니하니라

기록일 : . . .

39 자기 목숨을 얻는 자는 잃을 것이
요 나를 위하여 자기 목숨을 잃는
자는 얻으리라
40 너희를 영접하는 자는 나를 영접하
는 것이요 나를 영접하는 자는 나
를 보내신 이를 영접하는 것이니라
41 선지자의 이름으로 선지자를 영접하
는 자는 선지자의 상을 받을 것이요
의인의 이름으로 의인을 영접하는
자는 의인의 상을 받을 것이요
42 또 누구든지 제자의 이름으로 이
작은 자 중 하나에게 냉수 한 그릇
이라도 주는 자는 내가 진실로 너
희에게 이르노니 그 사람이 결단코
상을 잃지 아니하리라 하시니라

11 예수께서 열두 제자에게 명하기
를 마치시고 이에 그들의 여러 동
네에서 가르치시며 전도하시려고
거기를 떠나 가시니라
2 요한이 옥에서 그리스도께서 하신
일을 듣고 제자들을 보내어
3 예수께 여짜오되 오실 그이가 당신
이오니이까 우리가 다른 이를 기다
리오리이까
4 예수께서 대답하여 이르시되 너희
가 가서 듣고 보는 것을 요한에게
알리되
5 맹인이 보며 못 걷는 사람이 걸으며
나병환자가 깨끗함을 받으며 못 듣
는 자가 들으며 죽은 자가 살아나
며 가난한 자에게 복음이 전파된다
하라
6 누구든지 나로 말미암아 실족하지
아니하는 자는 복이 있도다 하시
니라
7 그들이 떠나매 예수께서 무리에게
요한에 대하여 말씀하시되 너희가
무엇을 보려고 광야에 나갔더냐 바
람에 흔들리는 갈대냐
8 그러면 너희가 무엇을 보려고 나갔
더냐 부드러운 옷 입은 사람이냐
부드러운 옷을 입은 사람들은 왕궁
에 있느니라
9 그러면 너희가 어찌하여 나갔더냐
선지자를 보기 위함이었더냐 옳다
내가 너희에게 이르노니 선지자보
다 더 나은 자니라
10 기록된 바 보라 내가 내 사자를 네
앞에 보내노니 그가 네 길을 네 앞
에 준비하리라 하신 것이 이 사람에
대한 말씀이니라
11 내가 진실로 너희에게 말하노니 여
자가 낳은 자 중에 침례 요한보다
큰 이가 일어남이 없도다 그러나 천
국에서는 극히 작은 자라도 그보다
크니라
12 침례 요한의 때부터 지금까지 천국
은 침노를 당하나니 침노하는 자는
빼앗느니라
13 모든 선지자와 율법이 예언한 것은

기록일 : . . .

요한까지니
14 만일 너희가 즐겨 받을진대 오리라
한 엘리야가 곧 이 사람이니라
15 귀 있는 자는 들을지어다
16 이 세대를 무엇으로 비유할까 비
유하건대 아이들이 장터에 앉아 제
동무를 불러
17 이르되 우리가 너희를 향하여 피리
를 불어도 너희가 춤추지 않고 우
리가 슬피 울어도 너희가 가슴을
치지 아니하였다 함과 같도다
18 요한이 와서 먹지도 않고 마시지도
아니하매 그들이 말하기를 귀신이
들렸다 하더니
19 인자는 와서 먹고 마시매 말하기를
보라 먹기를 탐하고 포도주를 즐기
는 사람이요 세리와 죄인의 친구로
다 하니 지혜는 그 행한 일로 인하
여 옳다 함을 얻느니라
20 예수께서 권능을 가장 많이 행하신
고을들이 회개하지 아니하므로 그
때에 책망하시되
21 화 있을진저 고라신아 화 있을진저
벳새다야 너희에게 행한 모든 권능
을 두로와 시돈에서 행하였더라면
그들이 벌써 베옷을 입고 재에 앉
아 회개하였으리라
22 내가 너희에게 이르노니 심판 날에
두로와 시돈이 너희보다 견디기 쉬
우리라
23 가버나움아 네가 하늘에까지 높아
지겠느냐 음부에까지 낮아지리라
네게 행한 모든 권능을 소돔에서
행하였더라면 그 성이 오늘까지 있
었으리라
24 내가 너희에게 이르노니 심판 날에
소돔 땅이 너보다 견디기 쉬우리라
하시니라
25 그 때에 예수께서 대답하여 이르시
되 천지의 주재이신 아버지여 이것
을 지혜롭고 슬기 있는 자들에게는
숨기시고 어린 아이들에게는 나타
내심을 감사하나이다
26 옳소이다 이렇게 된 것이 아버지의
뜻이니이다
27 내 아버지께서 모든 것을 내게 주
셨으니 아버지 외에는 아들을 아는
자가 없고 아들과 또 아들의 소원
대로 계시를 받는 자 외에는 아버
지를 아는 자가 없느니라
28 수고하고 무거운 짐 진 자들아 다
내게로 오라 내가 너희를 쉬게 하
리라
29 나는 마음이 온유하고 겸손하니 나
의 멍에를 메고 내게 배우라 그리
하면 너희 마음이 쉼을 얻으리니
30 이는 내 멍에는 쉽고 내 짐은 가벼
움이라 하시니라

12 그 때에 예수께서 안식일에 밀밭
사이로 가실새 제자들이 시장하여

기록일 : . . .

이삭을 잘라 먹으니
2 바리새인들이 보고 예수께 말하되
보시오 당신의 제자들이 안식일에
하지 못할 일을 하나이다
3 예수께서 이르시되 다윗이 자기와
그 함께 한 자들이 시장할 때에 한
일을 읽지 못하였느냐
4 그가 하나님의 전에 들어가서 제사
장 외에는 자기나 그 함께 한 자들
이 먹어서는 안 되는 진설병을 먹지
아니하였느냐
5 또 안식일에 제사장들이 성전 안에
서 안식을 범하여도 죄가 없음을 너
희가 율법에서 읽지 못하였느냐
6 내가 너희에게 이르노니 성전보다
더 큰 이가 여기 있느니라
7 나는 자비를 원하고 제사를 원하지
아니하노라 하신 뜻을 너희가 알았
더라면 무죄한 자를 정죄하지 아니
하였으리라
8 인자는 안식일의 주인이니라 하시
니라
9 거기에서 떠나 그들의 회당에 들어
가시니
10 한쪽 손 마른 사람이 있는지라 사
람들이 예수를 고발하려 하여 물어
이르되 안식일에 병 고치는 것이 옳
으니이까
11 예수께서 이르시되 너희 중에 어떤
사람이 양 한 마리가 있어 안식일에
구덩이에 빠졌으면 끌어내지 않겠
느냐
12 사람이 양보다 얼마나 더 귀하냐
그러므로 안식일에 선을 행하는 것
이 옳으니라 하시고
13 이에 그 사람에게 이르시되 손을
내밀라 하시니 그가 내밀매 다른
손과 같이 회복되어 성하더라
14 바리새인들이 나가서 어떻게 하여
예수를 죽일까 의논하거늘
15 예수께서 아시고 거기를 떠나가시
니 많은 사람이 따르는지라 예수께
서 그들의 병을 다 고치시고
16 자기를 나타내지 말라 경고하셨으니
17 이는 선지자 이사야를 통하여 말씀
하신 바
18 보라 내가 택한 종 곧 내 마음에 기
뻐하는 바 내가 사랑하는 자로다
내가 내 영을 그에게 줄 터이니 그
가 심판을 이방에 알게 하리라
19 그는 다투지도 아니하며 들레지도
아니하리니 아무도 길에서 그 소리
를 듣지 못하리라
20 상한 갈대를 꺾지 아니하며 꺼져가
는 심지를 끄지 아니하기를 심판하
여 이길 때까지 하리니
21 또한 이방들이 그의 이름을 바라리
라 함을 이루려 하심이니라
22 그 때에 귀신 들려 눈 멀고 말 못하
는 사람을 데리고 왔거늘 예수께서

기록일 : . . .

고쳐 주시매 그 말 못하는 사람이
말하며 보게 된지라
23 무리가 다 놀라 이르되 이는 다윗
의 자손이 아니냐 하니
24 바리새인들은 듣고 이르되 이가 귀
신의 왕 바알세불을 힘입지 않고는
귀신을 쫓아내지 못하느니라 하거늘
25 예수께서 그들의 생각을 아시고 이
르시되 스스로 분쟁하는 나라마다
황폐하여질 것이요 스스로 분쟁하
는 동네나 집마다 서지 못하리라
26 만일 사탄이 사탄을 쫓아내면 스스
로 분쟁하는 것이니 그리하고야 어
떻게 그의 나라가 서겠느냐
27 또 내가 바알세불을 힘입어 귀신을
쫓아내면 너희의 아들들은 누구를
힘입어 쫓아내느냐 그러므로 그들
이 너희의 재판관이 되리라
28 그러나 내가 하나님의 성령을 힘입
어 귀신을 쫓아내는 것이면 하나님
의 나라가 이미 너희에게 임하였느
니라
29 사람이 먼저 강한 자를 결박하지
않고서야 어떻게 그 강한 자의 집
에 들어가 그 세간을 강탈하겠느냐
결박한 후에야 그 집을 강탈하리라
30 나와 함께 아니하는 자는 나를 반
대하는 자요 나와 함께 모으지 아
니하는 자는 헤치는 자니라
31 그러므로 내가 너희에게 이르노니
사람에 대한 모든 죄와 모독은 사
하심을 얻되 성령을 모독하는 것은
사하심을 얻지 못하겠고
32 또 누구든지 말로 인자를 거역하면
사하심을 얻되 누구든지 말로 성령
을 거역하면 이 세상과 오는 세상
에서도 사하심을 얻지 못하리라
33 나무도 좋고 열매도 좋다 하든지
나무도 좋지 않고 열매도 좋지 않
다 하든지 하라 그 열매로 나무를
아느니라
34 독사의 자식들아 너희는 악하니 어
떻게 선한 말을 할 수 있느냐 이는
마음에 가득한 것을 입으로 말함
이라
35 선한 사람은 그 쌓은 선에서 선한
것을 내고 악한 사람은 그 쌓은 악
에서 악한 것을 내느니라
36 내가 너희에게 이르노니 사람이 무
슨 무익한 말을 하든지 심판 날에
이에 대하여 심문을 받으리니
37 네 말로 의롭다 함을 받고 네 말로
정죄함을 받으리라
38 그 때에 서기관과 바리새인 중 몇
사람이 말하되 선생님이여 우리에
게 표적 보여주시기를 원하나이다
39 예수께서 대답하여 이르시되 악하
고 음란한 세대가 표적을 구하나
선지자 요나의 표적 밖에는 보일
표적이 없느니라

기록일 : . . .

40 요나가 밤낮 사흘 동안 큰 물고기
뱃속에 있었던 것 같이 인자도 밤낮
사흘 동안 땅 속에 있으리라
41 심판 때에 니느웨 사람들이 일어나
이 세대 사람을 정죄하리니 이는
그들이 요나의 전도를 듣고 회개하
였음이거니와 요나보다 더 큰 이가
여기 있으며
42 심판 때에 남방 여왕이 일어나 이
세대 사람을 정죄하리니 이는 그가
솔로몬의 지혜로운 말을 들으려고
땅 끝에서 왔음이거니와 솔로몬보
다 더 큰 이가 여기 있느니라
43 더러운 귀신이 사람에게서 나갔을
때에 물 없는 곳으로 다니며 쉬기
를 구하되 쉴 곳을 얻지 못하고
44 이에 이르되 내가 나온 내 집으로
돌아가리라 하고 와 보니 그 집이
비고 청소되고 수리되었거늘
45 이에 가서 저보다 더 악한 귀신 일
곱을 데리고 들어가서 거하니 그
사람의 나중 형편이 전보다 더욱 심
하게 되느니라 이 악한 세대가 또
한 이렇게 되리라
46 예수께서 무리에게 말씀하실 때에
그의 어머니와 동생들이 예수께 말
하려고 밖에 섰더니
47 한 사람이 예수께 여짜오되 보소서
당신의 어머니와 동생들이 당신께
말하려고 밖에 서 있나이다 하니
48 말하던 사람에게 대답하여 이르시
되 누가 내 어머니이며 내 동생들이
냐 하시고
49 손을 내밀어 제자들을 가리켜 이르
시되 나의 어머니와 나의 동생들을
보라
50 누구든지 하늘에 계신 내 아버지의
뜻대로 하는 자가 내 형제요 자매
요 어머니이니라 하시더라

13 그 날 예수께서 집에서 나가사 바
닷가에 앉으시매
2 큰 무리가 그에게로 모여 들거늘
예수께서 배에 올라가 앉으시고 온
무리는 해변에 서 있더니
3 예수께서 비유로 여러 가지를 그들
에게 말씀하여 이르시되 씨를 뿌리
는 자가 뿌리러 나가서
4 뿌릴새 더러는 길 가에 떨어지매
새들이 와서 먹어버렸고
5 더러는 흙이 얕은 돌밭에 떨어지매
흙이 깊지 아니하므로 곧 싹이 나
오나
6 해가 돋은 후에 타서 뿌리가 없으
므로 말랐고
7 더러는 가시떨기 위에 떨어지매 가
시가 자라서 기운을 막았고
8 더러는 좋은 땅에 떨어지매 어떤
것은 백 배, 어떤 것은 육십 배, 어
떤 것은 삼십 배의 결실을 하였느
니라

기록일 : . . .

9 귀 있는 자는 들으라 하시니라
10 제자들이 예수께 나아와 이르되 어
찌하여 그들에게 비유로 말씀하시
나이까
11 대답하여 이르시되 천국의 비밀을
아는 것이 너희에게는 허락되었으
나 그들에게는 아니되었나니
12 무릇 있는 자는 받아 넉넉하게 되
되 없는 자는 그 있는 것도 빼앗기
리라
13 그러므로 내가 그들에게 비유로 말
하는 것은 그들이 보아도 보지 못
하며 들어도 듣지 못하며 깨닫지
못함이니라
14 이사야의 예언이 그들에게 이루어
졌으니 일렀으되 너희가 듣기는 들
어도 깨닫지 못할 것이요 보기는
보아도 알지 못하리라
15 이 백성들의 마음이 완악하여져서
그 귀는 듣기에 둔하고 눈은 감았으
니 이는 눈으로 보고 귀로 듣고 마
음으로 깨달아 돌이켜 내게 고침을
받을까 두려워함이라 하였느니라
16 그러나 너희 눈은 봄으로, 너희 귀
는 들음으로 복이 있도다
17 내가 진실로 너희에게 이르노니 많
은 선지자와 의인이 너희가 보는 것
들을 보고자 하여도 보지 못하였고
너희가 듣는 것들을 듣고자 하여도
듣지 못하였느니라
18 그런즉 씨 뿌리는 비유를 들으라
19 아무나 천국 말씀을 듣고 깨닫지
못할 때는 악한 자가 와서 그 마음
에 뿌려진 것을 빼앗나니 이는 곧
길 가에 뿌려진 자요
20 돌밭에 뿌려졌다는 것은 말씀을 듣
고 즉시 기쁨으로 받되
21 그 속에 뿌리가 없어 잠시 견디다
가 말씀으로 말미암아 환난이나 박
해가 일어날 때에는 곧 넘어지는
자요
22 가시떨기에 뿌려졌다는 것은 말씀
을 들으나 세상의 염려와 재물의
유혹에 말씀이 막혀 결실하지 못하
는 자요
23 좋은 땅에 뿌려졌다는 것은 말씀을
듣고 깨닫는 자니 결실하여 어떤
것은 백 배, 어떤 것은 육십 배, 어
떤 것은 삼십 배가 되느니라 하시
더라
24 예수께서 그들 앞에 또 비유를 들
어 이르시되 천국은 좋은 씨를 제
밭에 뿌린 사람과 같으니
25 사람들이 잘 때에 그 원수가 와서
곡식 가운데 가라지를 덧뿌리고 갔
더니
26 싹이 나고 결실할 때에 가라지도
보이거늘
27 집 주인의 종들이 와서 말하되 주
여 밭에 좋은 씨를 뿌리지 아니하

기록일 : . . .

였나이까 그런데 가라지가 어디서
생겼나이까
28 주인이 이르되 원수가 이렇게 하였
구나 종들이 말하되 그러면 우리가
가서 이것을 뽑기를 원하시나이까
29 주인이 이르되 가만 두라 가라지를
뽑다가 곡식까지 뽑을까 염려하노라
30 둘 다 추수 때까지 함께 자라게 두
라 추수 때에 내가 추수꾼들에게
말하기를 가라지는 먼저 거두어 불
사르게 단으로 묶고 곡식은 모아
내 곳간에 넣으라 하리라
31 또 비유를 들어 이르시되 천국은
마치 사람이 자기 밭에 갖다 심은
겨자씨 한 알 같으니
32 이는 모든 씨보다 작은 것이로되
자란 후에는 풀보다 커서 나무가
되매 공중의 새들이 와서 그 가지
에 깃들이느니라
33 또 비유로 말씀하시되 천국은 마치
여자가 가루 서 말 속에 갖다 넣어
전부 부풀게 한 누룩과 같으니라
34 예수께서 이 모든 것을 무리에게
비유로 말씀하시고 비유가 아니면
아무 것도 말씀하지 아니하셨으니
35 이는 선지자를 통하여 말씀하신 바
내가 입을 열어 비유로 말하고 창
세부터 감추인 것들을 드러내리라
함을 이루려 하심이라
36 이에 예수께서 무리를 떠나사 집에
들어가시니 제자들이 나아와 이르
되 밭의 가라지의 비유를 우리에게
설명하여 주소서
37 대답하여 이르시되 좋은 씨를 뿌리
는 이는 인자요
38 밭은 세상이요 좋은 씨는 천국의
아들들이요 가라지는 악한 자의 아
들들이요
39 가라지를 뿌린 원수는 마귀요 추수
때는 세상 끝이요 추수꾼은 천사들
이니
40 그런즉 가라지를 거두어 불에 사르
는 것 같이 세상 끝에도 그러하리라
41 인자가 그 천사들을 보내리니 그들
이 그 나라에서 모든 넘어지게 하
는 것과 또 불법을 행하는 자들을
거두어 내어
42 풀무 불에 던져 넣으리니 거기서 울
며 이를 갈게 되리라
43 그 때에 의인들은 자기 아버지 나
라에서 해와 같이 빛나리라 귀 있
는 자는 들으라
44 천국은 마치 밭에 감추인 보화와
같으니 사람이 이를 발견한 후 숨
겨 두고 기뻐하며 돌아가서 자기의
소유를 다 팔아 그 밭을 사느니라
45 또 천국은 마치 좋은 진주를 구하
는 장사와 같으니
46 극히 값진 진주 하나를 발견하매
가서 자기의 소유를 다 팔아 그 진

기록일 : . . .

주를 사느니라
47 또 천국은 마치 바다에 치고 각종
물고기를 모는 그물과 같으니
48 그물에 가득하매 물 가로 끌어 내
고 앉아서 좋은 것은 그릇에 담고
못된 것은 내버리느니라
49 세상 끝에도 이러하리라 천사들이
와서 의인 중에서 악인을 갈라 내어
50 풀무 불에 던져 넣으리니 거기서 울
며 이를 갈리라
51 이 모든 것을 깨달았느냐 하시니
대답하되 그러하오이다
52 예수께서 이르시되 그러므로 천국
의 제자된 서기관마다 마치 새것과
옛것을 그 곳간에서 내오는 집주인
과 같으니라
53 예수께서 이 모든 비유를 마치신
후에 그 곳을 떠나서
54 고향으로 돌아가사 그들의 회당에
서 가르치시니 그들이 놀라 이르되
이 사람의 이 지혜와 이런 능력이
어디서 났느냐
55 이는 그 목수의 아들이 아니냐 그
어머니는 마리아, 그 형제들은 야고
보, 요셉, 시몬, 유다라 하지 않느냐
56 그 누이들은 다 우리와 함께 있지
아니하냐 그런즉 이 사람의 이 모
든 것이 어디서 났느냐 하고
57 예수를 배척한지라 예수께서 그들
에게 말씀하시되 선지자가 자기 고
향과 자기 집 외에서는 존경을 받
지 않음이 없느니라 하시고
58 그들이 믿지 않음으로 말미암아 거
기서 많은 능력을 행하지 아니하시
니라

14

그 때에 분봉 왕 헤롯이 예수의
소문을 듣고
2 그 신하들에게 이르되 이는 침례
요한이라 그가 죽은 자 가운데서
살아났으니 그러므로 이런 능력이
그 속에서 역사하는도다 하더라
3 전에 헤롯이 그 동생 빌립의 아내
헤로디아의 일로 요한을 잡아 결박
하여 옥에 가두었으니
4 이는 요한이 헤롯에게 말하되 당신
이 그 여자를 차지한 것이 옳지 않
다 하였음이라
5 헤롯이 요한을 죽이려 하되 무리가
그를 선지자로 여기므로 그들을 두
려워하더니
6 마침 헤롯의 생일이 되어 헤로디아
의 딸이 연석 가운데서 춤을 추어
헤롯을 기쁘게 하니
7 헤롯이 맹세로 그에게 무엇이든지
달라는 대로 주겠다고 약속하거늘
8 그가 제 어머니의 시킴을 듣고 이르
되 침례 요한의 머리를 소반에 얹
어 여기서 내게 주소서 하니
9 왕이 근심하나 자기가 맹세한 것과
그 함께 앉은 사람들 때문에 주라

기록일 : . . .

명하고
10 사람을 보내어 옥에서 요한의 목을
베어
11 그 머리를 소반에 얹어서 그 소녀
에게 주니 그가 자기 어머니에게로
가져가니라
12 요한의 제자들이 와서 시체를 가
져다가 장사하고 가서 예수께 아뢰
니라
13 예수께서 들으시고 배를 타고 떠나
사 따로 빈 들에 가시니 무리가 듣
고 여러 고을로부터 걸어서 따라간
지라
14 예수께서 나오사 큰 무리를 보시고
불쌍히 여기사 그 중에 있는 병자
를 고쳐 주시니라
15 저녁이 되매 제자들이 나아와 이르
되 이 곳은 빈 들이요 때도 이미 저
물었으니 무리를 보내어 마을에 들
어가 먹을 것을 사 먹게 하소서
16 예수께서 이르시되 갈 것 없다 너
희가 먹을 것을 주라
17 제자들이 이르되 여기 우리에게 있
는 것은 떡 다섯 개와 물고기 두 마
리뿐이니이다
18 이르시되 그것을 내게 가져오라 하
시고
19 무리를 명하여 잔디 위에 앉히시고
떡 다섯 개와 물고기 두 마리를 가
지사 하늘을 우러러 축사하시고 떡
을 떼어 제자들에게 주시매 제자들
이 무리에게 주니
20 다 배불리 먹고 남은 조각을 열두
바구니에 차게 거두었으며
21 먹은 사람은 여자와 어린이 외에
오천 명이나 되었더라
22 예수께서 즉시 제자들을 재촉하사
자기가 무리를 보내는 동안에 배를
타고 앞서 건너편으로 가게 하시고
23 무리를 보내신 후에 기도하러 따로
산에 올라가시니라 저물매 거기 혼
자 계시더니
24 배가 이미 육지에서 수 리나 떠나
서 바람이 거스르므로 물결로 말미
암아 고난을 당하더라
25 밤 사경에 예수께서 바다 위로 걸
어서 제자들에게 오시니
26 제자들이 그가 바다 위로 걸어오심
을 보고 놀라 유령이라 하며 무서
워하여 소리 지르거늘
27 예수께서 즉시 이르시되 안심하라
나니 두려워하지 말라
28 베드로가 대답하여 이르되 주여 만
일 주님이시거든 나를 명하사 물 위
로 오라 하소서 하니
29 오라 하시니 베드로가 배에서 내려
물 위로 걸어서 예수께로 가되
30 바람을 보고 무서워 빠져 가는지라
소리 질러 이르되 주여 나를 구원
하소서 하니

기록일 : . . .

31 예수께서 즉시 손을 내밀어 그를
붙잡으시며 이르시되 믿음이 작은
자여 왜 의심하였느냐 하시고
32 배에 함께 오르매 바람이 그치는
지라
33 배에 있는 사람들이 예수께 절하며
이르되 진실로 하나님의 아들이로
소이다 하더라
34 그들이 건너가 게네사렛 땅에 이
르니
35 그 곳 사람들이 예수이신 줄을 알
고 그 근방에 두루 통지하여 모든
병든 자를 예수께 데리고 와서
36 다만 예수의 옷자락에라도 손을 대
게 하시기를 간구하니 손을 대는
자는 다 나음을 얻으니라

15

그 때에 바리새인과 서기관들이
예루살렘으로부터 예수께 나아와
이르되
2 당신의 제자들이 어찌하여 장로들
의 전통을 범하나이까 떡 먹을 때
에 손을 씻지 아니하나이다
3 대답하여 이르시되 너희는 어찌하
여 너희의 전통으로 하나님의 계명
을 범하느냐
4 하나님이 이르셨으되 네 부모를 공
경하라 하시고 또 아버지나 어머니
를 비방하는 자는 반드시 죽임을
당하리라 하셨거늘
5 너희는 이르되 누구든지 아버지에
게나 어머니에게 말하기를 내가 드
려 유익하게 할 것이 하나님께 드
림이 되었다고 하기만 하면
6 그 부모를 공경할 것이 없다 하여
너희의 전통으로 하나님의 말씀을
폐하는도다
7 외식하는 자들아 이사야가 너희에
관하여 잘 예언하였도다 일렀으되
8 이 백성이 입술로는 나를 공경하되
마음은 내게서 멀도다
9 사람의 계명으로 교훈을 삼아 가르
치니 나를 헛되이 경배하는도다 하
였느니라 하시고
10 무리를 불러 이르시되 듣고 깨달
으라
11 입으로 들어가는 것이 사람을 더럽
게 하는 것이 아니라 입에서 나오
는 그것이 사람을 더럽게 하는 것이
니라
12 이에 제자들이 나아와 이르되 바리
새인들이 이 말씀을 듣고 걸림이 된
줄 아시나이까
13 예수께서 대답하여 이르시되 심은
것마다 내 하늘 아버지께서 심으시
지 않은 것은 뽑힐 것이니
14 그냥 두라 그들은 맹인이 되어 맹
인을 인도하는 자로다 만일 맹인이
맹인을 인도하면 둘이 다 구덩이에
빠지리라 하시니
15 베드로가 대답하여 이르되 이 비유

기록일 : . . .

를 우리에게 설명하여 주옵소서
16 예수께서 이르시되 너희도 아직까
지 깨달음이 없느냐
17 입으로 들어가는 모든 것은 배로
들어가서 뒤로 내버려지는 줄 알지
못하느냐
18 입에서 나오는 것들은 마음에서 나
오나니 이것이야말로 사람을 더럽
게 하느니라
19 마음에서 나오는 것은 악한 생각과
살인과 간음과 음란과 도둑질과 거
짓 증언과 비방이니
20 이런 것들이 사람을 더럽게 하는 것
이요 씻지 않은 손으로 먹는 것은
사람을 더럽게 하지 못하느니라
21 예수께서 거기서 나가사 두로와 시
돈 지방으로 들어가시니
22 가나안 여자 하나가 그 지경에서
나와서 소리 질러 이르되 주 다윗
의 자손이여 나를 불쌍히 여기소서
내 딸이 흉악하게 귀신 들렸나이다
하되
23 예수는 한 말씀도 대답하지 아니하
시니 제자들이 와서 청하여 말하되
그 여자가 우리 뒤에서 소리를 지
르오니 그를 보내소서
24 예수께서 대답하여 이르시되 나는
이스라엘 집의 잃어버린 양 외에는
다른 데로 보내심을 받지 아니하였
노라 하시니
25 여자가 와서 예수께 절하며 이르되
주여 저를 도우소서
26 대답하여 이르시되 자녀의 떡을 취
하여 개들에게 던짐이 마땅하지 아
니하니라
27 여자가 이르되 주여 옳소이다마는
개들도 제 주인의 상에서 떨어지는
부스러기를 먹나이다 하니
28 이에 예수께서 대답하여 이르시되
여자여 네 믿음이 크도다 네 소원
대로 되리라 하시니 그 때로부터
그의 딸이 나으니라
29 예수께서 거기서 떠나사 갈릴리 호
숫가에 이르러 산에 올라가 거기
앉으시니
30 큰 무리가 다리 저는 사람과 장애
인과 맹인과 말 못하는 사람과 기
타 여럿을 데리고 와서 예수의 발
앞에 앉히매 고쳐 주시니
31 말 못하는 사람이 말하고 장애인이
온전하게 되고 다리 저는 사람이
걸으며 맹인이 보는 것을 무리가 보
고 놀랍게 여겨 이스라엘의 하나님
께 영광을 돌리니라
32 예수께서 제자들을 불러 이르시되
내가 무리를 불쌍히 여기노라 그들
이 나와 함께 있은 지 이미 사흘이
매 먹을 것이 없도다 길에서 기진할
까 하여 굶겨 보내지 못하겠노라
33 제자들이 이르되 광야에 있어 우리

기록일 : . . .

가 어디서 이런 무리가 배부를 만큼
떡을 얻으리이까
34 예수께서 이르시되 너희에게 떡이
몇 개나 있느냐 이르되 일곱 개와
작은 생선 두어 마리가 있나이다
하거늘
35 예수께서 무리에게 명하사 땅에 앉
게 하시고
36 떡 일곱 개와 그 생선을 가지사 축
사하시고 떼어 제자들에게 주시니
제자들이 무리에게 주매
37 다 배불리 먹고 남은 조각을 일곱
광주리에 차게 거두었으며
38 먹은 자는 여자와 어린이 외에 사천
명이었더라
39 예수께서 무리를 흩어 보내시고
배에 오르사 마가단 지경으로 가시
니라

16 바리새인과 사두개인들이 와서
예수를 시험하여 하늘로부터 오는
표적 보이기를 청하니
2 예수께서 대답하여 이르시되 너희
가 저녁에 하늘이 붉으면 날이 좋
겠다 하고
3 아침에 하늘이 붉고 흐리면 오늘은
날이 궂겠다 하나니 너희가 날씨는
분별할 줄 알면서 시대의 표적은
분별할 수 없느냐
4 악하고 음란한 세대가 표적을 구하
나 요나의 표적 밖에는 보여 줄 표
적이 없느니라 하시고 그들을 떠나
가시니라
5 제자들이 건너편으로 갈새 떡 가져
가기를 잊었더니
6 예수께서 이르시되 삼가 바리새인
과 사두개인들의 누룩을 주의하라
하시니
7 제자들이 서로 논의하여 이르되 우
리가 떡을 가져오지 아니하였도다
하거늘
8 예수께서 아시고 이르시되 믿음이
작은 자들아 어찌 떡이 없으므로
서로 논의하느냐
9 너희가 아직도 깨닫지 못하느냐 떡
다섯 개로 오천 명을 먹이고 주운
것이 몇 바구니며
10 떡 일곱 개로 사천 명을 먹이고 주
운 것이 몇 광주리였는지를 기억하
지 못하느냐
11 어찌 내 말한 것이 떡에 관함이 아
닌 줄을 깨닫지 못하느냐 오직 바
리새인과 사두개인들의 누룩을 주
의하라 하시니
12 그제서야 제자들이 떡의 누룩이 아
니요 바리새인과 사두개인들의 교
훈을 삼가라고 말씀하신 줄을 깨달
으니라
13 예수께서 빌립보 가이사랴 지방에
이르러 제자들에게 물어 이르시되
사람들이 인자를 누구라 하느냐

기록일 : . . .

14 이르되 더러는 침례 요한, 더러는
엘리야, 어떤 이는 예레미야나 선지
자 중의 하나라 하나이다
15 이르시되 너희는 나를 누구라 하
느냐
16 시몬 베드로가 대답하여 이르되 주
는 그리스도시요 살아 계신 하나님
의 아들이시니이다
17 예수께서 대답하여 이르시되 바요
나 시몬아 네가 복이 있도다 이를
네게 알게 한 이는 혈육이 아니요
하늘에 계신 내 아버지시니라
18 또 내가 네게 이르노니 너는 베드
로라 내가 이 반석 위에 내 교회를
세우리니 음부의 권세가 이기지 못
하리라
19 내가 천국 열쇠를 네게 주리니 네
가 땅에서 무엇이든지 매면 하늘에
서도 매일 것이요 네가 땅에서 무
엇이든지 풀면 하늘에서도 풀리리
라 하시고
20 이에 제자들에게 경고하사 자기가
그리스도인 것을 아무에게도 이르
지 말라 하시니라
21 이 때로부터 예수 그리스도께서 자
기가 예루살렘에 올라가 장로들과
대제사장들과 서기관들에게 많은
고난을 받고 죽임을 당하고 제삼일
에 살아나야 할 것을 제자들에게
비로소 나타내시니
22 베드로가 예수를 붙들고 항변하여
이르되 주여 그리 마옵소서 이 일이
결코 주께 미치지 아니하리이다
23 예수께서 돌이키시며 베드로에게
이르시되 사탄아 내 뒤로 물러 가
라 너는 나를 넘어지게 하는 자로
다 네가 하나님의 일을 생각하지
아니하고 도리어 사람의 일을 생각
하는도다 하시고
24 이에 예수께서 제자들에게 이르시
되 누구든지 나를 따라오려거든 자
기를 부인하고 자기 십자가를 지고
나를 따를 것이니라
25 누구든지 제 목숨을 구원하고자 하
면 잃을 것이요 누구든지 나를 위
하여 제 목숨을 잃으면 찾으리라
26 사람이 만일 온 천하를 얻고도 제
목숨을 잃으면 무엇이 유익하리요
사람이 무엇을 주고 제 목숨과 바
꾸겠느냐
27 인자가 아버지의 영광으로 그 천사
들과 함께 오리니 그 때에 각 사람
이 행한 대로 갚으리라
28 진실로 너희에게 이르노니 여기 서
있는 사람 중에 죽기 전에 인자가
그 왕권을 가지고 오는 것을 볼 자
들도 있느니라

17 엿새 후에 예수께서 베드로와 야
고보와 그 형제 요한을 데리시고
따로 높은 산에 올라가셨더니

기록일 : . . .

2 그들 앞에서 변형되사 그 얼굴이
해 같이 빛나며 옷이 빛과 같이 희
어졌더라
3 그 때에 모세와 엘리야가 예수와
더불어 말하는 것이 그들에게 보이
거늘
4 베드로가 예수께 여쭈어 이르되 주
여 우리가 여기 있는 것이 좋사오니
만일 주께서 원하시면 내가 여기서
초막 셋을 짓되 하나는 주님을 위
하여, 하나는 모세를 위하여, 하나
는 엘리야를 위하여 하리이다
5 말할 때에 홀연히 빛난 구름이 그
들을 덮으며 구름 속에서 소리가
나서 이르시되 이는 내 사랑하는
아들이요 내 기뻐하는 자니 너희는
그의 말을 들으라 하시는지라
6 제자들이 듣고 엎드려 심히 두려워
하니
7 예수께서 나아와 그들에게 손을 대
시며 이르시되 일어나라 두려워하
지 말라 하시니
8 제자들이 눈을 들고 보매 오직 예수
외에는 아무도 보이지 아니하더라
9 그들이 산에서 내려올 때에 예수께
서 명하여 이르시되 인자가 죽은 자
가운데서 살아나기 전에는 본 것을
아무에게도 이르지 말라 하시니
10 제자들이 물어 이르되 그러면 어찌
하여 서기관들이 엘리야가 먼저 와
야 하리라 하나이까
11 예수께서 대답하여 이르시되 엘리
야가 과연 먼저 와서 모든 일을 회
복하리라
12 내가 너희에게 말하노니 엘리야가
이미 왔으되 사람들이 알지 못하고
임의로 대우하였도다 인자도 이와
같이 그들에게 고난을 받으리라 하
시니
13 그제서야 제자들이 예수께서 말씀
하신 것이 침례 요한인 줄을 깨달
으니라
14 그들이 무리에게 이르매 한 사람이
예수께 와서 꿇어 엎드려 이르되
15 주여 내 아들을 불쌍히 여기소서
그가 간질로 심히 고생하여 자주
불에도 넘어지며 물에도 넘어지는
지라
16 내가 주의 제자들에게 데리고 왔으
나 능히 고치지 못하더이다
17 예수께서 대답하여 이르시되 믿음
이 없고 패역한 세대여 내가 얼마
나 너희와 함께 있으며 얼마나 너
희에게 참으리요 그를 이리로 데려
오라 하시니라
18 이에 예수께서 꾸짖으시니 귀신이
나가고 아이가 그 때부터 나으니라
19 이 때에 제자들이 조용히 예수께
나아와 이르되 우리는 어찌하여 쫓
아내지 못하였나이까

기록일 : . . .

20 이르시되 너희 믿음이 작은 까닭이
니라 진실로 너희에게 이르노니 만
일 너희에게 믿음이 겨자씨 한 알
만큼만 있어도 이 산을 명하여 여기
서 저기로 옮겨지라 하면 옮겨질 것
이요 또 너희가 못할 것이 없으리라
21 (없음)
22 갈릴리에 모일 때에 예수께서 제자
들에게 이르시되 인자가 장차 사람
들의 손에 넘겨져
23 죽임을 당하고 제삼일에 살아나리라
하시니 제자들이 매우 근심하더라
24 가버나움에 이르니 반 세겔 받는
자들이 베드로에게 나아와 이르되
너의 선생은 반 세겔을 내지 아니
하느냐
25 이르되 내신다 하고 집에 들어가니
예수께서 먼저 이르시되 시몬아 네
생각은 어떠하냐 세상 임금들이 누
구에게 관세와 국세를 받느냐 자기
아들에게냐 타인에게냐
26 베드로가 이르되 타인에게니이다
예수께서 이르시되 그렇다면 아들
들은 세를 면하리라
27 그러나 우리가 그들이 실족하지 않
게 하기 위하여 네가 바다에 가서
낚시를 던져 먼저 오르는 고기를 가
져 입을 열면 돈 한 세겔을 얻을 것
이니 가져다가 나와 너를 위하여
주라 하시니라

18 그 때에 제자들이 예수께 나아와
이르되 천국에서는 누가 크니이까
2 예수께서 한 어린 아이를 불러 그
들 가운데 세우시고
3 이르시되 진실로 너희에게 이르노
니 너희가 돌이켜 어린 아이들과 같
이 되지 아니하면 결단코 천국에 들
어가지 못하리라
4 그러므로 누구든지 이 어린 아이와
같이 자기를 낮추는 사람이 천국에
서 큰 자니라
5 또 누구든지 내 이름으로 이런 어린
아이 하나를 영접하면 곧 나를 영접
함이니
6 누구든지 나를 믿는 이 작은 자 중
하나를 실족하게 하면 차라리 연자
맷돌이 그 목에 달려서 깊은 바다
에 빠뜨려지는 것이 나으니라
7 실족하게 하는 일들이 있음으로 말
미암아 세상에 화가 있도다 실족하
게 하는 일이 없을 수는 없으나 실
족하게 하는 그 사람에게는 화가
있도다
8 만일 네 손이나 네 발이 너를 범죄
하게 하거든 찍어 내버리라 장애인
이나 다리 저는 자로 영생에 들어
가는 것이 두 손과 두 발을 가지고
영원한 불에 던져지는 것보다 나으
니라
9 만일 네 눈이 너를 범죄하게 하거

기록일 : . . .

든 빼어 내버리라 한 눈으로 영생에
들어가는 것이 두 눈을 가지고 지옥
불에 던져지는 것보다 나으니라
10 삼가 이 작은 자 중의 하나도 업신
여기지 말라 너희에게 말하노니 그
들의 천사들이 하늘에서 하늘에 계
신 내 아버지의 얼굴을 항상 뵈옵
느니라
11 (없음)
12 너희 생각에는 어떠하냐 만일 어떤
사람이 양 백 마리가 있는데 그 중
의 하나가 길을 잃었으면 그 아흔
아홉 마리를 산에 두고 가서 길 잃
은 양을 찾지 않겠느냐
13 진실로 너희에게 이르노니 만일 찾
으면 길을 잃지 아니한 아흔아홉
마리보다 이것을 더 기뻐하리라
14 이와 같이 이 작은 자 중의 하나라
도 잃는 것은 하늘에 계신 너희 아
버지의 뜻이 아니니라
15 네 형제가 죄를 범하거든 가서 너
와 그 사람과만 상대하여 권고하라
만일 들으면 네가 네 형제를 얻은
것이요
16 만일 듣지 않거든 한두 사람을 데
리고 가서 두세 증인의 입으로 말
마다 확증하게 하라
17 만일 그들의 말도 듣지 않거든 교
회에 말하고 교회의 말도 듣지 않
거든 이방인과 세리와 같이 여기라
18 진실로 너희에게 이르노니 무엇이
든지 너희가 땅에서 매면 하늘에서
도 매일 것이요 무엇이든지 땅에서
풀면 하늘에서도 풀리리라
19 진실로 다시 너희에게 이르노니 너
희 중의 두 사람이 땅에서 합심하
여 무엇이든지 구하면 하늘에 계신
내 아버지께서 그들을 위하여 이루
게 하시리라
20 두세 사람이 내 이름으로 모인 곳
에는 나도 그들 중에 있느니라
21 그 때에 베드로가 나아와 이르되
주여 형제가 내게 죄를 범하면 몇
번이나 용서하여 주리이까 일곱 번
까지 하오리이까
22 예수께서 이르시되 네게 이르노니
일곱 번뿐 아니라 일곱 번을 일흔
번까지라도 할지니라
23 그러므로 천국은 그 종들과 결산하
려 하던 어떤 임금과 같으니
24 결산할 때에 만 달란트 빚진 자 하
나를 데려오매
25 갚을 것이 없는지라 주인이 명하여
그 몸과 아내와 자식들과 모든 소
유를 다 팔아 갚게 하라 하니
26 그 종이 엎드려 절하며 이르되 내게
참으소서 다 갚으리이다 하거늘
27 그 종의 주인이 불쌍히 여겨 놓아
보내며 그 빚을 탕감하여 주었더니
28 그 종이 나가서 자기에게 백 데나

기록일 : . . .

리온 빚진 동료 한 사람을 만나 붙
들어 목을 잡고 이르되 빚을 갚으
라 하매
29 그 동료가 엎드려 간구하여 이르되
나에게 참아 주소서 갚으리이다
하되
30 허락하지 아니하고 이에 가서 그가
빚을 갚도록 옥에 가두거늘
31 그 동료들이 그것을 보고 몹시 딱
하게 여겨 주인에게 가서 그 일을
다 알리니
32 이에 주인이 그를 불러다가 말하되
악한 종아 네가 빌기에 내가 네 빚
을 전부 탕감하여 주었거늘
33 내가 너를 불쌍히 여김과 같이 너
도 네 동료를 불쌍히 여김이 마땅
하지 아니하냐 하고
34 주인이 노하여 그 빚을 다 갚도록
그를 옥졸들에게 넘기니라
35 너희가 각각 마음으로부터 형제를
용서하지 아니하면 나의 하늘 아버
지께서도 너희에게 이와 같이 하시
리라

19 예수께서 이 말씀을 마치시고 갈
릴리를 떠나 요단 강 건너 유대 지
경에 이르시니
2 큰 무리가 따르거늘 예수께서 거기
서 그들의 병을 고치시더라
3 바리새인들이 예수께 나아와 그를
시험하여 이르되 사람이 어떤 이유
가 있으면 그 아내를 버리는 것이
옳으니이까
4 예수께서 대답하여 이르시되 사람
을 지으신 이가 본래 그들을 남자
와 여자로 지으시고
5 말씀하시기를 그러므로 사람이 그
부모를 떠나서 아내에게 합하여 그
둘이 한 몸이 될지니라 하신 것을
읽지 못하였느냐
6 그런즉 이제 둘이 아니요 한 몸이
니 그러므로 하나님이 짝지어 주신
것을 사람이 나누지 못할지니라 하
시니
7 여짜오되 그러면 어찌하여 모세는
이혼 증서를 주어서 버리라 명하였
나이까
8 예수께서 이르시되 모세가 너희 마
음의 완악함 때문에 아내 버림을
허락하였거니와 본래는 그렇지 아
니하니라
9 내가 너희에게 말하노니 누구든지
음행한 이유 외에 아내를 버리고
다른 데 장가 드는 자는 간음함이
니라
10 제자들이 이르되 만일 사람이 아내
에게 이같이 할진대 장가 들지 않
는 것이 좋겠나이다
11 예수께서 이르시되 사람마다 이 말
을 받지 못하고 오직 타고난 자라
야 할지니라

12 어머니의 태로부터 된 고자도 있
고 사람이 만든 고자도 있고 천국
을 위하여 스스로 된 고자도 있도
다 이 말을 받을 만한 자는 받을지
어다
13 그 때에 사람들이 예수께서 안수하
고 기도해 주심을 바라고 어린 아
이들을 데리고 오매 제자들이 꾸짖
거늘
14 예수께서 이르시되 어린 아이들을
용납하고 내게 오는 것을 금하지
말라 천국이 이런 사람의 것이니라
하시고
15 그들에게 안수하시고 거기를 떠나
시니라
16 어떤 사람이 주께 와서 이르되 선
생님이여 내가 무슨 선한 일을 하여
야 영생을 얻으리이까
17 예수께서 이르시되 어찌하여 선
한 일을 내게 묻느냐 선한 이는 오
직 한 분이시니라 네가 생명에 들어
가려면 계명들을 지키라
18 이르되 어느 계명이오니이까 예수
께서 이르시되 살인하지 말라, 간음
하지 말라, 도둑질하지 말라, 거짓
증언 하지 말라,
19 네 부모를 공경하라, 네 이웃을 네 자
신과 같이 사랑하라 하신 것이니라
20 그 청년이 이르되 이 모든 것을 내
가 지키었사온대 아직도 무엇이 부
족하니이까
21 예수께서 이르시되 네가 온전하고
자 할진대 가서 네 소유를 팔아 가
난한 자들에게 주라 그리하면 하늘
에서 보화가 네게 있으리라 그리고
와서 나를 따르라 하시니
22 그 청년이 재물이 많으므로 이 말
씀을 듣고 근심하며 가니라
23 예수께서 제자들에게 이르시되 내
가 진실로 너희에게 이르노니 부자
는 천국에 들어가기가 어려우니라
24 다시 너희에게 말하노니 낙타가 바
늘귀로 들어가는 것이 부자가 하나
님의 나라에 들어가는 것보다 쉬우
니라 하시니
25 제자들이 듣고 몹시 놀라 이르되
그렇다면 누가 구원을 얻을 수 있
으리이까
26 예수께서 그들을 보시며 이르시되
사람으로는 할 수 없으나 하나님으
로서는 다 하실 수 있느니라
27 이에 베드로가 대답하여 이르되 보
소서 우리가 모든 것을 버리고 주
를 따랐사온대 그런즉 우리가 무엇
을 얻으리이까
28 예수께서 이르시되 내가 진실로 너
희에게 이르노니 세상이 새롭게 되
어 인자가 자기 영광의 보좌에 앉
을 때에 나를 따르는 너희도 열두
보좌에 앉아 이스라엘 열두 지파를

기록일 : . . .

심판하리라
29 또 내 이름을 위하여 집이나 형제
나 자매나 부모나 자식이나 전토를
버린 자마다 여러 배를 받고 또 영
생을 상속하리라
30 그러나 먼저 된 자로서 나중 되고
나중 된 자로서 먼저 될 자가 많으
니라

20 천국은 마치 품꾼을 얻어 포도원
에 들여보내려고 이른 아침에 나간
집 주인과 같으니
2 그가 하루 한 데나리온씩 품꾼들과
약속하여 포도원에 들여보내고
3 또 제삼시에 나가 보니 장터에 놀
고 서 있는 사람들이 또 있는지라
4 그들에게 이르되 너희도 포도원에
들어가라 내가 너희에게 상당하게
주리라 하니 그들이 가고
5 제육시와 제구시에 또 나가 그와
같이 하고
6 제십일시에도 나가 보니 서 있는 사
람들이 또 있는지라 이르되 너희는
어찌하여 종일토록 놀고 여기 서 있
느냐
7 이르되 우리를 품꾼으로 쓰는 이가
없음이니이다 이르되 너희도 포도
원에 들어가라 하니라
8 저물매 포도원 주인이 청지기에게
이르되 품꾼들을 불러 나중 온 자
로부터 시작하여 먼저 온 자까지
삯을 주라 하니
9 제십일시에 온 자들이 와서 한 데
나리온씩을 받거늘
10 먼저 온 자들이 와서 더 받을 줄 알
았더니 그들도 한 데나리온씩 받은
지라
11 받은 후 집 주인을 원망하여 이르되
12 나중 온 이 사람들은 한 시간밖에
일하지 아니하였거늘 그들을 종일
수고하며 더위를 견딘 우리와 같게
하였나이다
13 주인이 그 중의 한 사람에게 대답하
여 이르되 친구여 내가 네게 잘못한
것이 없노라 네가 나와 한 데나리온
의 약속을 하지 아니하였느냐
14 네 것이나 가지고 가라 나중 온 이
사람에게 너와 같이 주는 것이 내
뜻이니라
15 내 것을 가지고 내 뜻대로 할 것이
아니냐 내가 선하므로 네가 악하게
보느냐
16 이와 같이 나중 된 자로서 먼저 되
고 먼저 된 자로서 나중 되리라
17 예수께서 예루살렘으로 올라가려
하실 때에 열두 제자를 따로 데리
시고 길에서 이르시되
18 보라 우리가 예루살렘으로 올라가
노니 인자가 대제사장들과 서기관
들에게 넘겨지매 그들이 죽이기로
결의하고

기록일 : . . .

19 이방인들에게 넘겨 주어 그를 조롱
하며 채찍질하며 십자가에 못 박게
할 것이나 제삼일에 살아나리라
20 그 때에 세베대의 아들의 어머니가
그 아들들을 데리고 예수께 와서
절하며 무엇을 구하니
21 예수께서 이르시되 무엇을 원하느
냐 이르되 나의 이 두 아들을 주의
나라에서 하나는 주의 우편에, 하
나는 주의 좌편에 앉게 명하소서
22 예수께서 대답하여 이르시되 너희
는 너희가 구하는 것을 알지 못하
는도다 내가 마시려는 잔을 너희가
마실 수 있느냐 그들이 말하되 할
수 있나이다
23 이르시되 너희가 과연 내 잔을 마
시려니와 내 좌우편에 앉는 것은
내가 주는 것이 아니라 내 아버지
께서 누구를 위하여 예비하셨든지
그들이 얻을 것이니라
24 열 제자가 듣고 그 두 형제에 대하
여 분히 여기거늘
25 예수께서 제자들을 불러다가 이르
시되 이방인의 집권자들이 그들을
임의로 주관하고 그 고관들이 그들
에게 권세를 부리는 줄을 너희가
알거니와
26 너희 중에는 그렇지 않아야 하나니
너희 중에 누구든지 크고자 하는
자는 너희를 섬기는 자가 되고
27 너희 중에 누구든지 으뜸이 되고자
하는 자는 너희의 종이 되어야 하
리라
28 인자가 온 것은 섬김을 받으려 함
이 아니라 도리어 섬기려 하고 자기
목숨을 많은 사람의 대속물로 주려
함이니라
29 그들이 여리고에서 떠나 갈 때에
큰 무리가 예수를 따르더라
30 맹인 두 사람이 길 가에 앉았다가
예수께서 지나가신다 함을 듣고 소
리 질러 이르되 주여 우리를 불쌍히
여기소서 다윗의 자손이여 하니
31 무리가 꾸짖어 잠잠하라 하되 더욱
소리 질러 이르되 주여 우리를 불
쌍히 여기소서 다윗의 자손이여 하
는지라
32 예수께서 머물러 서서 그들을 불러
이르시되 너희에게 무엇을 하여 주
기를 원하느냐
33 이르되 주여 우리의 눈 뜨기를 원
하나이다
34 예수께서 불쌍히 여기사 그들의 눈
을 만지시니 곧 보게 되어 그들이
예수를 따르니라

21

그들이 예루살렘에 가까이 가서
감람 산 벳바게에 이르렀을 때에
예수께서 두 제자를 보내시며
2 이르시되 너희는 맞은편 마을로 가
라 그리하면 곧 매인 나귀와 나귀

기록일 : . . .

새끼가 함께 있는 것을 보리니 풀
어 내게로 끌고 오라
3 만일 누가 무슨 말을 하거든 주가
쓰시겠다 하라 그리하면 즉시 보내
리라 하시니
4 이는 선지자를 통하여 하신 말씀을
이루려 하심이라 일렀으되
5 시온 딸에게 이르기를 네 왕이 네
게 임하나니 그는 겸손하여 나귀,
곧 멍에 메는 짐승의 새끼를 탔도
다 하라 하였느니라
6 제자들이 가서 예수께서 명하신 대
로 하여
7 나귀와 나귀 새끼를 끌고 와서 자
기들의 겉옷을 그 위에 얹으매 예
수께서 그 위에 타시니
8 무리의 대다수는 그들의 겉옷을 길
에 펴고 다른 이들은 나뭇가지를
베어 길에 펴고
9 앞에서 가고 뒤에서 따르는 무리가
소리 높여 이르되 호산나 다윗의
자손이여 찬송하리로다 주의 이름
으로 오시는 이여 가장 높은 곳에
서 호산나 하더라
10 예수께서 예루살렘에 들어가시니
온 성이 소동하여 이르되 이는 누
구냐 하거늘
11 무리가 이르되 갈릴리 나사렛에서
나온 선지자 예수라 하니라
12 예수께서 성전에 들어가사 성전 안
에서 매매하는 모든 사람들을 내
쫓으시며 돈 바꾸는 사람들의 상과
비둘기 파는 사람들의 의자를 둘러
엎으시고
13 그들에게 이르시되 기록된 바 내
집은 기도하는 집이라 일컬음을 받
으리라 하였거늘 너희는 강도의 소
굴을 만드는도다 하시니라
14 맹인과 저는 자들이 성전에서 예수
께 나아오매 고쳐주시니
15 대제사장들과 서기관들이 예수께
서 하시는 이상한 일과 또 성전에서
소리 질러 호산나 다윗의 자손이여
하는 어린이들을 보고 노하여
16 예수께 말하되 그들이 하는 말을
듣느냐 예수께서 이르시되 그렇다
어린 아기와 젖먹이들의 입에서 나
오는 찬미를 온전하게 하셨나이다
함을 너희가 읽어 본 일이 없느냐
하시고
17 그들을 떠나 성 밖으로 베다니에
가서 거기서 유하시니라
18 이른 아침에 성으로 들어오실 때에
시장하신지라
19 길 가에서 한 무화과나무를 보시고
그리로 가사 잎사귀 밖에 아무 것
도 찾지 못하시고 나무에게 이르시
되 이제부터 영원토록 네가 열매를
맺지 못하리라 하시니 무화과나무
가 곧 마른지라

기록일 : . . .

20 제자들이 보고 이상히 여겨 이르되
무화과나무가 어찌하여 곧 말랐나
이까
21 예수께서 대답하여 이르시되 내가
진실로 너희에게 이르노니 만일 너
희가 믿음이 있고 의심하지 아니하
면 이 무화과나무에게 된 이런 일
만 할 뿐 아니라 이 산더러 들려 바
다에 던져지라 하여도 될 것이요
22 너희가 기도할 때에 무엇이든지 믿
고 구하는 것은 다 받으리라 하시
니라
23 예수께서 성전에 들어가 가르치실
새 대제사장들과 백성의 장로들이
나아와 이르되 네가 무슨 권위로
이런 일을 하느냐 또 누가 이 권위
를 주었느냐
24 예수께서 대답하시되 나도 한 말을
너희에게 물으리니 너희가 대답하
면 나도 무슨 권위로 이런 일을 하
는지 이르리라
25 요한의 침례가 어디로부터 왔느냐
하늘로부터냐 사람으로부터냐 그들
이 서로 의논하여 이르되 만일 하
늘로부터라 하면 어찌하여 그를 믿
지 아니하였느냐 할 것이요
26 만일 사람으로부터라 하면 모든 사
람이 요한을 선지자로 여기니 백성
이 무섭다 하여
27 예수께 대답하여 이르되 우리가 알
지 못하노라 하니 예수께서 이르시
되 나도 무슨 권위로 이런 일을 하
는지 너희에게 이르지 아니하리라
28 그러나 너희 생각에는 어떠하냐 어
떤 사람에게 두 아들이 있는데 맏
아들에게 가서 이르되 얘 오늘 포
도원에 가서 일하라 하니
29 대답하여 이르되 아버지 가겠나이
다 하더니 가지 아니하고
30 둘째 아들에게 가서 또 그와 같이
말하니 대답하여 이르되 싫소이다
하였다가 그 후에 뉘우치고 갔으니
31 그 둘 중의 누가 아버지의 뜻대로
하였느냐 이르되 둘째 아들이니이
다 예수께서 그들에게 이르시되 내
가 진실로 너희에게 이르노니 세리
들과 창녀들이 너희보다 먼저 하나
님의 나라에 들어가리라
32 요한이 의의 도로 너희에게 왔거늘
너희는 그를 믿지 아니하였으되 세
리와 창녀는 믿었으며 너희는 이것
을 보고도 끝내 뉘우쳐 믿지 아니
하였도다
33 다른 한 비유를 들으라 한 집 주인
이 포도원을 만들어 산울타리로 두
르고 거기에 즙 짜는 틀을 만들고
망대를 짓고 농부들에게 세로 주고
타국에 갔더니
34 열매 거둘 때가 가까우매 그 열매
를 받으려고 자기 종들을 농부들에

기록일 : . . .

게 보내니
35 농부들이 종들을 잡아 하나는 심히
때리고 하나는 죽이고 하나는 돌로
쳤거늘
36 다시 다른 종들을 처음보다 많이
보내니 그들에게도 그렇게 하였는
지라
37 후에 자기 아들을 보내며 이르되
그들이 내 아들은 존대하리라 하였
더니
38 농부들이 그 아들을 보고 서로 말
하되 이는 상속자니 자 죽이고 그
의 유산을 차지하자 하고
39 이에 잡아 포도원 밖에 내쫓아 죽
였느니라
40 그러면 포도원 주인이 올 때에 그
농부들을 어떻게 하겠느냐
41 그들이 말하되 그 악한 자들을 진
멸하고 포도원은 제 때에 열매를
바칠 만한 다른 농부들에게 세로
줄지니이다
42 예수께서 이르시되 너희가 성경에
건축자들이 버린 돌이 모퉁이의 머
릿돌이 되었나니 이것은 주로 말미
암아 된 것이요 우리 눈에 기이하
도다 함을 읽어 본 일이 없느냐
43 그러므로 내가 너희에게 이르노니
하나님의 나라를 너희는 빼앗기고
그 나라의 열매 맺는 백성이 받으
리라
44 이 돌 위에 떨어지는 자는 깨지겠
고 이 돌이 사람 위에 떨어지면 그
를 가루로 만들어 흩으리라 하시니
45 대제사장들과 바리새인들이 예수의
비유를 듣고 자기들을 가리켜 말씀
하심인 줄 알고
46 잡고자 하나 무리를 무서워하니 이
는 그들이 예수를 선지자로 앎이었
더라

22 예수께서 다시 비유로 대답하여
이르시되
2 천국은 마치 자기 아들을 위하여
혼인 잔치를 베푼 어떤 임금과 같
으니
3 그 종들을 보내어 그 청한 사람들
을 혼인 잔치에 오라 하였더니 오기
를 싫어하거늘
4 다시 다른 종들을 보내며 이르되
청한 사람들에게 이르기를 내가 오
찬을 준비하되 나의 소와 살진 짐
승을 잡고 모든 것을 갖추었으니
혼인 잔치에 오소서 하라 하였더니
5 그들이 돌아 보지도 않고 한 사람
은 자기 밭으로, 한 사람은 자기 사
업하러 가고
6 그 남은 자들은 종들을 잡아 모욕
하고 죽이니
7 임금이 노하여 군대를 보내어 그
살인한 자들을 진멸하고 그 동네를
불사르고

8 이에 종들에게 이르되 혼인 잔치는
준비되었으나 청한 사람들은 합당
하지 아니하니
9 네거리 길에 가서 사람을 만나는 대
로 혼인 잔치에 청하여 오라 한대
10 종들이 길에 나가 악한 자나 선한
자나 만나는 대로 모두 데려오니
혼인 잔치에 손님들이 가득한지라
11 임금이 손님들을 보러 들어올새 거
기서 예복을 입지 않은 한 사람을
보고
12 이르되 친구여 어찌하여 예복을 입
지 않고 여기 들어왔느냐 하니 그
가 아무 말도 못하거늘
13 임금이 사환들에게 말하되 그 손발
을 묶어 바깥 어두운 데에 내던지
라 거기서 슬피 울며 이를 갈게 되
리라 하니라
14 청함을 받은 자는 많되 택함을 입
은 자는 적으니라
15 이에 바리새인들이 가서 어떻게 하
면 예수를 말의 올무에 걸리게 할
까 상의하고
16 자기 제자들을 헤롯 당원들과 함
께 예수께 보내어 말하되 선생님이
여 우리가 아노니 당신은 참되시고
진리로 하나님의 도를 가르치시며
아무도 꺼리는 일이 없으시니 이는
사람을 외모로 보지 아니하심이니
이다
17 그러면 당신의 생각에는 어떠한지
우리에게 이르소서 가이사에게 세
금을 바치는 것이 옳으니이까 옳지
아니하니이까 하니
18 예수께서 그들의 악함을 아시고 이
르시되 외식하는 자들아 어찌하여
나를 시험하느냐
19 세금 낼 돈을 내게 보이라 하시니
데나리온 하나를 가져왔거늘
20 예수께서 말씀하시되 이 형상과 이
글이 누구의 것이냐
21 이르되 가이사의 것이니이다 이에
이르시되 그런즉 가이사의 것은 가
이사에게, 하나님의 것은 하나님께
바치라 하시니
22 그들이 이 말씀을 듣고 놀랍게 여
겨 예수를 떠나가니라
23 부활이 없다 하는 사두개인들이 그
날 예수께 와서 물어 이르되
24 선생님이여 모세가 일렀으되 사람
이 만일 자식이 없이 죽으면 그 동
생이 그 아내에게 장가 들어 형을
위하여 상속자를 세울지니라 하였
나이다
25 우리 중에 칠 형제가 있었는데 맏
이가 장가 들었다가 죽어 상속자가
없으므로 그 아내를 그 동생에게
물려 주고
26 그 둘째와 셋째로 일곱째까지 그렇
게 하다가

기록일 : . . .

27 최후에 그 여자도 죽었나이다
28 그런즉 그들이 다 그를 취하였으니
부활 때에 일곱 중의 누구의 아내
가 되리이까
29 예수께서 대답하여 이르시되 너희
가 성경도, 하나님의 능력도 알지
못하는 고로 오해하였도다
30 부활 때에는 장가도 아니 가고 시
집도 아니 가고 하늘에 있는 천사
들과 같으니라
31 죽은 자의 부활을 논할진대 하나님
이 너희에게 말씀하신 바
32 나는 아브라함의 하나님이요 이삭
의 하나님이요 야곱의 하나님이로
라 하신 것을 읽어 보지 못하였느냐
하나님은 죽은 자의 하나님이 아니
요 살아 있는 자의 하나님이시니라
하시니
33 무리가 듣고 그의 가르치심에 놀라
더라
34 예수께서 사두개인들로 대답할 수
없게 하셨다 함을 바리새인들이 듣
고 모였는데
35 그 중의 한 율법사가 예수를 시험
하여 묻되
36 선생님 율법 중에서 어느 계명이 크
니이까
37 예수께서 이르시되 네 마음을 다하
고 목숨을 다하고 뜻을 다하여 주
너의 하나님을 사랑하라 하셨으니
38 이것이 크고 첫째 되는 계명이요
39 둘째도 그와 같으니 네 이웃을 네
자신 같이 사랑하라 하셨으니
40 이 두 계명이 온 율법과 선지자의
강령이니라
41 바리새인들이 모였을 때에 예수께
서 그들에게 물으시되
42 너희는 그리스도에 대하여 어떻게
생각하느냐 누구의 자손이냐 대답
하되 다윗의 자손이니이다
43 이르시되 그러면 다윗이 성령에 감
동되어 어찌 그리스도를 주라 칭하
여 말하되
44 주께서 내 주께 이르시되 내가 네
원수를 네 발 아래에 둘 때까지 내
우편에 앉아 있으라 하셨도다 하였
느냐
45 다윗이 그리스도를 주라 칭하였은
즉 어찌 그의 자손이 되겠느냐 하
시니
46 한 마디도 능히 대답하는 자가 없
고 그 날부터 감히 그에게 묻는 자
도 없더라

23 이에 예수께서 무리와 제자들에
게 말씀하여 이르시되
2 서기관들과 바리새인들이 모세의
자리에 앉았으니
3 그러므로 무엇이든지 그들이 말하
는 바는 행하고 지키되 그들이 하
는 행위는 본받지 말라 그들은 말

기록일 : . . .

만 하고 행하지 아니하며
4 또 무거운 짐을 묶어 사람의 어깨
에 지우되 자기는 이것을 한 손가
락으로도 움직이려 하지 아니하며
5 그들의 모든 행위를 사람에게 보이
고자 하나니 곧 그 경문 띠를 넓게
하며 옷술을 길게 하고
6 잔치의 윗자리와 회당의 높은 자
리와
7 시장에서 문안 받는 것과 사람에게
랍비라 칭함을 받는 것을 좋아하느
니라
8 그러나 너희는 랍비라 칭함을 받지
말라 너희 선생은 하나요 너희는
다 형제니라
9 땅에 있는 자를 아버지라 하지 말
라 너희의 아버지는 한 분이시니 곧
하늘에 계신 이시니라
10 또한 지도자라 칭함을 받지 말라
너희의 지도자는 한 분이시니 곧
그리스도시니라
11 너희 중에 큰 자는 너희를 섬기는
자가 되어야 하리라
12 누구든지 자기를 높이는 자는 낮아
지고 누구든지 자기를 낮추는 자는
높아지리라
13 화 있을진저 외식하는 서기관들과
바리새인들이여 너희는 천국 문을
사람들 앞에서 닫고 너희도 들어가
지 않고 들어가려 하는 자도 들어
가지 못하게 하는도다
14 (없음)
15 화 있을진저 외식하는 서기관들과
바리새인들이여 너희는 교인 한 사
람을 얻기 위하여 바다와 육지를
두루 다니다가 생기면 너희보다 배
나 더 지옥 자식이 되게 하는도다
16 화 있을진저 눈 먼 인도자여 너희가
말하되 누구든지 성전으로 맹세하
면 아무 일 없거니와 성전의 금으로
맹세하면 지킬지라 하는도다
17 어리석은 맹인들이여 어느 것이 크
냐 그 금이냐 그 금을 거룩하게 하
는 성전이냐
18 너희가 또 이르되 누구든지 제단으
로 맹세하면 아무 일 없거니와 그
위에 있는 예물로 맹세하면 지킬지
라 하는도다
19 맹인들이여 어느 것이 크냐 그 예물
이냐 그 예물을 거룩하게 하는 제
단이냐
20 그러므로 제단으로 맹세하는 자는
제단과 그 위에 있는 모든 것으로
맹세함이요
21 또 성전으로 맹세하는 자는 성전과
그 안에 계신 이로 맹세함이요
22 또 하늘로 맹세하는 자는 하나님의
보좌와 그 위에 앉으신 이로 맹세
함이니라
23 화 있을진저 외식하는 서기관들과

기록일 : . . .

바리새인들이여 너희가 박하와 회
향과 근채의 십일조는 드리되 율법
의 더 중한 바 정의와 긍휼과 믿음
은 버렸도다 그러나 이것도 행하고
저것도 버리지 말아야 할지니라
24 맹인 된 인도자여 하루살이는 걸러
내고 낙타는 삼키는도다
25 화 있을진저 외식하는 서기관들과
바리새인들이여 잔과 대접의 겉은
깨끗이 하되 그 안에는 탐욕과 방
탕으로 가득하게 하는도다
26 눈 먼 바리새인이여 너는 먼저 안을
깨끗이 하라 그리하면 겉도 깨끗하
리라
27 화 있을진저 외식하는 서기관들과
바리새인들이여 회칠한 무덤 같으
니 겉으로는 아름답게 보이나 그
안에는 죽은 사람의 뼈와 모든 더
러운 것이 가득하도다
28 이와 같이 너희도 겉으로는 사람에
게 옳게 보이되 안으로는 외식과
불법이 가득하도다
29 화 있을진저 외식하는 서기관들과
바리새인들이여 너희는 선지자들의
무덤을 만들고 의인들의 비석을 꾸
미며 이르되
30 만일 우리가 조상 때에 있었더라면
우리는 그들이 선지자의 피를 흘리는
데 참여하지 아니하였으리라 하니
31 그러면 너희가 선지자를 죽인 자의
자손임을 스스로 증명함이로다
32 너희가 너희 조상의 분량을 채우라
33 뱀들아 독사의 새끼들아 너희가 어
떻게 지옥의 판결을 피하겠느냐
34 그러므로 내가 너희에게 선지자들
과 지혜 있는 자들과 서기관들을
보내매 너희가 그 중에서 더러는
죽이거나 십자가에 못 박고 그 중
에서 더러는 너희 회당에서 채찍질
하고 이 동네에서 저 동네로 따라
다니며 박해하리라
35 그러므로 의인 아벨의 피로부터 성
전과 제단 사이에서 너희가 죽인
바라갸의 아들 사가랴의 피까지 땅
위에서 흘린 의로운 피가 다 너희
에게 돌아가리라
36 내가 진실로 너희에게 이르노니 이
것이 다 이 세대에 돌아가리라
37 예루살렘아 예루살렘아 선지자들
을 죽이고 네게 파송된 자들을 돌
로 치는 자여 암탉이 그 새끼를 날
개 아래에 모음 같이 내가 네 자녀
를 모으려 한 일이 몇 번이더냐 그
러나 너희가 원하지 아니하였도다
38 보라 너희 집이 황폐하여 버려진 바
되리라
39 내가 너희에게 이르노니 이제부터
너희는 찬송하리로다 주의 이름으
로 오시는 이여 할 때까지 나를 보
지 못하리라 하시니라

기록일 : . . .

24 예수께서 성전에서 나와서 가실
때에 제자들이 성전 건물들을 가리
켜 보이려고 나아오니
2 대답하여 이르시되 너희가 이 모든
것을 보지 못하느냐 내가 진실로
너희에게 이르노니 돌 하나도 돌
위에 남지 않고 다 무너뜨려지리라
3 예수께서 감람 산 위에 앉으셨을
때에 제자들이 조용히 와서 이르되
우리에게 이르소서 어느 때에 이런
일이 있겠사오며 또 주의 임하심과
세상 끝에는 무슨 징조가 있사오리
이까
4 예수께서 대답하여 이르시되 너희
가 사람의 미혹을 받지 않도록 주
의하라
5 많은 사람이 내 이름으로 와서 이
르되 나는 그리스도라 하여 많은
사람을 미혹하리라
6 난리와 난리 소문을 듣겠으나 너희
는 삼가 두려워하지 말라 이런 일이
있어야 하되 아직 끝은 아니니라
7 민족이 민족을, 나라가 나라를 대적
하여 일어나겠고 곳곳에 기근과 지
진이 있으리니
8 이 모든 것은 재난의 시작이니라
9 그 때에 사람들이 너희를 환난에
넘겨 주겠으며 너희를 죽이리니 너
희가 내 이름 때문에 모든 민족에
게 미움을 받으리라
10 그 때에 많은 사람이 실족하게 되어
서로 잡아 주고 서로 미워하겠으며
11 거짓 선지자가 많이 일어나 많은 사
람을 미혹하겠으며
12 불법이 성하므로 많은 사람의 사랑
이 식어지리라
13 그러나 끝까지 견디는 자는 구원을
얻으리라
14 이 천국 복음이 모든 민족에게 증
언되기 위하여 온 세상에 전파되리
니 그제야 끝이 오리라
15 그러므로 너희가 선지자 다니엘이
말한 바 멸망의 가증한 것이 거룩
한 곳에 선 것을 보거든 (읽는 자는
깨달을진저)
16 그 때에 유대에 있는 자들은 산으
로 도망할지어다
17 지붕 위에 있는 자는 집 안에 있는
물건을 가지러 내려 가지 말며
18 밭에 있는 자는 겉옷을 가지러 뒤
로 돌이키지 말지어다
19 그 날에는 아이 밴 자들과 젖 먹이
는 자들에게 화가 있으리로다
20 너희가 도망하는 일이 겨울에나 안
식일에 되지 않도록 기도하라
21 이는 그 때에 큰 환난이 있겠음이
라 창세로부터 지금까지 이런 환난
이 없었고 후에도 없으리라
22 그 날들을 감하지 아니하면 모든
육체가 구원을 얻지 못할 것이나

기록일 : . . .

그러나 택하신 자들을 위하여 그
날들을 감하시리라
23 그 때에 사람이 너희에게 말하되
보라 그리스도가 여기 있다 혹은
저기 있다 하여도 믿지 말라
24 거짓 그리스도들과 거짓 선지자들
이 일어나 큰 표적과 기사를 보여
할 수만 있으면 택하신 자들도 미
혹하리라
25 보라 내가 너희에게 미리 말하였
노라
26 그러면 사람들이 너희에게 말하되
보라 그리스도가 광야에 있다 하여
도 나가지 말고 보라 골방에 있다
하여도 믿지 말라
27 번개가 동편에서 나서 서편까지 번
쩍임 같이 인자의 임함도 그러하
리라
28 주검이 있는 곳에는 독수리들이 모
일 것이니라
29 그 날 환난 후에 즉시 해가 어두워
지며 달이 빛을 내지 아니하며 별들
이 하늘에서 떨어지며 하늘의 권능
들이 흔들리리라
30 그 때에 인자의 징조가 하늘에서
보이겠고 그 때에 땅의 모든 족속
들이 통곡하며 그들이 인자가 구름
을 타고 능력과 큰 영광으로 오는
것을 보리라
31 그가 큰 나팔소리와 함께 천사들을
보내리니 그들이 그의 택하신 자들
을 하늘 이 끝에서 저 끝까지 사방
에서 모으리라
32 무화과나무의 비유를 배우라 그 가
지가 연하여지고 잎사귀를 내면 여
름이 가까운 줄을 아나니
33 이와 같이 너희도 이 모든 일을 보
거든 인자가 가까이 곧 문 앞에 이
른 줄 알라
34 내가 진실로 너희에게 말하노니 이
세대가 지나가기 전에 이 일이 다
일어나리라
35 천지는 없어질지언정 내 말은 없어
지지 아니하리라
36 그러나 그 날과 그 때는 아무도 모
르나니 하늘의 천사들도, 아들도
모르고 오직 아버지만 아시느니라
37 노아의 때와 같이 인자의 임함도
그러하리라
38 홍수 전에 노아가 방주에 들어가던
날까지 사람들이 먹고 마시고 장가
들고 시집 가고 있으면서
39 홍수가 나서 그들을 다 멸하기까지
깨닫지 못하였으니 인자의 임함도
이와 같으리라
40 그 때에 두 사람이 밭에 있으매 한
사람은 데려가고 한 사람은 버려둠
을 당할 것이요
41 두 여자가 맷돌질을 하고 있으매
한 사람은 데려가고 한 사람은 버

기록일 : . . .

려둠을 당할 것이니라
42 그러므로 깨어 있으라 어느 날에
너희 주가 임할는지 너희가 알지
못함이니라
43 너희도 아는 바니 만일 집 주인이
도둑이 어느 시각에 올 줄을 알았
더라면 깨어 있어 그 집을 뚫지 못
하게 하였으리라
44 이러므로 너희도 준비하고 있으라
생각하지 않은 때에 인자가 오리라
45 충성되고 지혜 있는 종이 되어 주인
에게 그 집 사람들을 맡아 때를 따
라 양식을 나눠 줄 자가 누구냐
46 주인이 올 때에 그 종이 이렇게 하
는 것을 보면 그 종이 복이 있으리
로다
47 내가 진실로 너희에게 이르노니 주
인이 그의 모든 소유를 그에게 맡
기리라
48 만일 그 악한 종이 마음에 생각하
기를 주인이 더디 오리라 하여
49 동료들을 때리며 술친구들과 더불
어 먹고 마시게 되면
50 생각하지 않은 날 알지 못하는 시
각에 그 종의 주인이 이르러
51 엄히 때리고 외식하는 자가 받는
벌에 처하리니 거기서 슬피 울며 이
를 갈리라

25

그 때에 천국은 마치 등을 들고
신랑을 맞으러 나간 열 처녀와 같
다 하리니
2 그 중의 다섯은 미련하고 다섯은
슬기 있는 자라
3 미련한 자들은 등을 가지되 기름을
가지지 아니하고
4 슬기 있는 자들은 그릇에 기름을
담아 등과 함께 가져갔더니
5 신랑이 더디 오므로 다 졸며 잘새
6 밤중에 소리가 나되 보라 신랑이로
다 맞으러 나오라 하매
7 이에 그 처녀들이 다 일어나 등을
준비할새
8 미련한 자들이 슬기 있는 자들에게
이르되 우리 등불이 꺼져가니 너희
기름을 좀 나눠 달라 하거늘
9 슬기 있는 자들이 대답하여 이르되
우리와 너희가 쓰기에 다 부족할까
하노니 차라리 파는 자들에게 가서
너희 쓸 것을 사라 하니
10 그들이 사러 간 사이에 신랑이 오
므로 준비하였던 자들은 함께 혼인
잔치에 들어가고 문은 닫힌지라
11 그 후에 남은 처녀들이 와서 이르
되 주여 주여 우리에게 열어 주소서
12 대답하여 이르되 진실로 너희에게
이르노니 내가 너희를 알지 못하노
라 하였느니라
13 그런즉 깨어 있으라 너희는 그 날
과 그 때를 알지 못하느니라
14 또 어떤 사람이 타국에 갈 때 그

기록일 : . . .

종들을 불러 자기 소유를 맡김과
같으니
15 각각 그 재능대로 한 사람에게는
금 다섯 달란트를, 한 사람에게는
두 달란트를, 한 사람에게는 한 달
란트를 주고 떠났더니
16 다섯 달란트 받은 자는 바로 가서
그것으로 장사하여 또 다섯 달란트
를 남기고
17 두 달란트 받은 자도 그같이 하여
또 두 달란트를 남겼으되
18 한 달란트 받은 자는 가서 땅을 파
고 그 주인의 돈을 감추어 두었더니
19 오랜 후에 그 종들의 주인이 돌아
와 그들과 결산할새
20 다섯 달란트 받았던 자는 다섯 달
란트를 더 가지고 와서 이르되 주
인이여 내게 다섯 달란트를 주셨는
데 보소서 내가 또 다섯 달란트를
남겼나이다
21 그 주인이 이르되 잘하였도다 착하
고 충성된 종아 네가 적은 일에 충
성하였으매 내가 많은 것을 네게
맡기리니 네 주인의 즐거움에 참여
할지어다 하고
22 두 달란트 받았던 자도 와서 이르
되 주인이여 내게 두 달란트를 주
셨는데 보소서 내가 또 두 달란트
를 남겼나이다
23 그 주인이 이르되 잘하였도다 착하
고 충성된 종아 네가 적은 일에 충
성하였으매 내가 많은 것을 네게
맡기리니 네 주인의 즐거움에 참여
할지어다 하고
24 한 달란트 받았던 자는 와서 이르
되 주인이여 당신은 굳은 사람이라
심지 않은 데서 거두고 헤치지 않은
데서 모으는 줄을 내가 알았으므로
25 두려워하여 나가서 당신의 달란트
를 땅에 감추어 두었었나이다 보소
서 당신의 것을 가지셨나이다
26 그 주인이 대답하여 이르되 악하고
게으른 종아 나는 심지 않은 데서
거두고 헤치지 않은 데서 모으는
줄로 네가 알았느냐
27 그러면 네가 마땅히 내 돈을 취리
하는 자들에게나 맡겼다가 내가 돌
아와서 내 원금과 이자를 받게 하
였을 것이니라 하고
28 그에게서 그 한 달란트를 빼앗아
열 달란트 가진 자에게 주라
29 무릇 있는 자는 받아 풍족하게 되
고 없는 자는 그 있는 것까지 빼앗
기리라
30 이 무익한 종을 바깥 어두운 데로
내쫓으라 거기서 슬피 울며 이를 갈
리라 하니라
31 인자가 자기 영광으로 모든 천사와
함께 올 때에 자기 영광의 보좌에
앉으리니

기록일 : . . .

32 모든 민족을 그 앞에 모으고 각각
구분하기를 목자가 양과 염소를 구
분하는 것 같이 하여
33 양은 그 오른편에 염소는 왼편에
두리라
34 그 때에 임금이 그 오른편에 있는
자들에게 이르시되 내 아버지께 복
받을 자들이여 나아와 창세로부터
너희를 위하여 예비된 나라를 상속
받으라
35 내가 주릴 때에 너희가 먹을 것을
주었고 목마를 때에 마시게 하였고
나그네 되었을 때에 영접하였고
36 헐벗었을 때에 옷을 입혔고 병들었
을 때에 돌보았고 옥에 갇혔을 때
에 와서 보았느니라
37 이에 의인들이 대답하여 이르되 주
여 우리가 어느 때에 주께서 주리
신 것을 보고 음식을 대접하였으며
목마르신 것을 보고 마시게 하였나
이까
38 어느 때에 나그네 되신 것을 보고
영접하였으며 헐벗으신 것을 보고
옷 입혔나이까
39 어느 때에 병드신 것이나 옥에 갇
히신 것을 보고 가서 뵈었나이까
하리니
40 임금이 대답하여 이르시되 내가 진
실로 너희에게 이르노니 너희가 여
기 내 형제 중에 지극히 작은 자 하
나에게 한 것이 곧 내게 한 것이니
라 하시고
41 또 왼편에 있는 자들에게 이르시되
저주를 받은 자들아 나를 떠나 마
귀와 그 사자들을 위하여 예비된
영원한 불에 들어가라
42 내가 주릴 때에 너희가 먹을 것을
주지 아니하였고 목마를 때에 마시
게 하지 아니하였고
43 나그네 되었을 때에 영접하지 아니
하였고 헐벗었을 때에 옷 입히지 아
니하였고 병들었을 때와 옥에 갇혔
을 때에 돌보지 아니하였느니라 하
시니
44 그들도 대답하여 이르되 주여 우
리가 어느 때에 주께서 주리신 것
이나 목마르신 것이나 나그네 되신
것이나 헐벗으신 것이나 병드신 것
이나 옥에 갇히신 것을 보고 공양
하지 아니하더이까
45 이에 임금이 대답하여 이르시되 내
가 진실로 너희에게 이르노니 이 지
극히 작은 자 하나에게 하지 아니
한 것이 곧 내게 하지 아니한 것이
니라 하시리니
46 그들은 영벌에, 의인들은 영생에 들
어가리라 하시니라

26 예수께서 이 말씀을 다 마치시고
제자들에게 이르시되
2 너희가 아는 바와 같이 이틀이 지나

면 유월절이라 인자가 십자가에 못
박히기 위하여 팔리리라 하시더라
3 그 때에 대제사장들과 백성의 장로
들이 가야바라 하는 대제사장의 관
정에 모여
4 예수를 흉계로 잡아 죽이려고 의논
하되
5 말하기를 민란이 날까 하노니 명절
에는 하지 말자 하더라
6 예수께서 베다니 나병환자 시몬의
집에 계실 때에
7 한 여자가 매우 귀한 향유 한 옥합
을 가지고 나아와서 식사하시는 예
수의 머리에 부으니
8 제자들이 보고 분개하여 이르되 무
슨 의도로 이것을 허비하느냐
9 이것을 비싼 값에 팔아 가난한 자
들에게 줄 수 있었겠도다 하거늘
10 예수께서 아시고 그들에게 이르시
되 너희가 어찌하여 이 여자를 괴
롭게 하느냐 그가 내게 좋은 일을
하였느니라
11 가난한 자들은 항상 너희와 함께
있거니와 나는 항상 함께 있지 아
니하리라
12 이 여자가 내 몸에 이 향유를 부은
것은 내 장례를 위하여 함이니라
13 내가 진실로 너희에게 이르노니 온
천하에 어디서든지 이 복음이 전파
되는 곳에서는 이 여자가 행한 일도
말하여 그를 기억하리라 하시니라
14 그 때에 열둘 중의 하나인 가룟 유
다라 하는 자가 대제사장들에게 가
서 말하되
15 내가 예수를 너희에게 넘겨 주리니
얼마나 주려느냐 하니 그들이 은
삼십을 달아 주거늘
16 그가 그 때부터 예수를 넘겨 줄 기
회를 찾더라
17 무교절의 첫날에 제자들이 예수께
나아와서 이르되 유월절 음식 잡수
실 것을 우리가 어디서 준비하기를
원하시나이까
18 이르시되 성안 아무에게 가서 이르
되 선생님 말씀이 내 때가 가까이
왔으니 내 제자들과 함께 유월절을
네 집에서 지키겠다 하시더라 하라
하시니
19 제자들이 예수께서 시키신 대로 하
여 유월절을 준비하였더라
20 저물 때에 예수께서 열두 제자와
함께 앉으셨더니
21 그들이 먹을 때에 이르시되 내가
진실로 너희에게 이르노니 너희 중
의 한 사람이 나를 팔리리 히시니
22 그들이 몹시 근심하여 각각 여짜오
되 주여 나는 아니지요
23 대답하여 이르시되 나와 함께 그릇
에 손을 넣는 그가 나를 팔리라
24 인자는 자기에 대하여 기록된 대로

기록일 : . . .

가거니와 인자를 파는 그 사람에게
는 화가 있으리로다 그 사람은 차
라리 태어나지 아니하였더라면 제
게 좋을 뻔하였느니라
25 예수를 파는 유다가 대답하여 이르
되 랍비여 나는 아니지요 대답하시
되 네가 말하였도다 하시니라
26 그들이 먹을 때에 예수께서 떡을
가지사 축복하시고 떼어 제자들에
게 주시며 이르시되 받아서 먹으라
이것은 내 몸이니라 하시고
27 또 잔을 가지사 감사 기도 하시고
그들에게 주시며 이르시되 너희가
다 이것을 마시라
28 이것은 죄 사함을 얻게 하려고 많
은 사람을 위하여 흘리는 바 나의
피 곧 언약의 피니라
29 그러나 너희에게 이르노니 내가 포
도나무에서 난 것을 이제부터 내
아버지의 나라에서 새것으로 너희
와 함께 마시는 날까지 마시지 아
니하리라 하시니라
30 이에 그들이 찬미하고 감람 산으로
나아가니라
31 그 때에 예수께서 제자들에게 이르
시되 오늘 밤에 너희가 다 나를 버
리리라 기록된 바 내가 목자를 치
리니 양의 떼가 흩어지리라 하였느
니라
32 그러나 내가 살아난 후에 너희보다
먼저 갈릴리로 가리라
33 베드로가 대답하여 이르되 모두 주
를 버릴지라도 나는 결코 버리지 않
겠나이다
34 예수께서 이르시되 내가 진실로 네
게 이르노니 오늘 밤 닭 울기 전에
네가 세 번 나를 부인하리라
35 베드로가 이르되 내가 주와 함께
죽을지언정 주를 부인하지 않겠나
이다 하고 모든 제자도 그와 같이
말하니라
36 이에 예수께서 제자들과 함께 겟세
마네라 하는 곳에 이르러 제자들에
게 이르시되 내가 저기 가서 기도할
동안에 너희는 여기 앉아 있으라
하시고
37 베드로와 세베대의 두 아들을 데리
고 가실새 고민하고 슬퍼하사
38 이에 말씀하시되 내 마음이 매우
고민하여 죽게 되었으니 너희는 여
기 머물러 나와 함께 깨어 있으라
하시고
39 조금 나아가사 얼굴을 땅에 대시고
엎드려 기도하여 이르시되 내 아버
지여 만일 할 만하시거든 이 잔을
내게서 지나가게 하옵소서 그러나
나의 원대로 마시옵고 아버지의 원
대로 하옵소서 하시고
40 제자들에게 오사 그 자는 것을 보
시고 베드로에게 말씀하시되 너희

기록일 : . . .

가 나와 함께 한 시간도 이렇게 깨
어 있을 수 없더냐
41 시험에 들지 않게 깨어 기도하라
마음에는 원이로되 육신이 약하도
다 하시고
42 다시 두 번째 나아가 기도하여 이
르시되 내 아버지여 만일 내가 마시
지 않고는 이 잔이 내게서 지나갈
수 없거든 아버지의 원대로 되기를
원하나이다 하시고
43 다시 오사 보신즉 그들이 자니 이
는 그들의 눈이 피곤함일러라
44 또 그들을 두시고 나아가 세 번째
같은 말씀으로 기도하신 후
45 이에 제자들에게 오사 이르시되 이
제는 자고 쉬라 보라 때가 가까이
왔으니 인자가 죄인의 손에 팔리느
니라
46 일어나라 함께 가자 보라 나를 파
는 자가 가까이 왔느니라
47 말씀하실 때에 열둘 중의 하나인
유다가 왔는데 대제사장들과 백성
의 장로들에게서 파송된 큰 무리가
칼과 몽치를 가지고 그와 함께 하
였더라
48 예수를 파는 자가 그들에게 군호를
짜 이르되 내가 입맞추는 자가 그
이니 그를 잡으라 한지라
49 곧 예수께 나아와 랍비여 안녕하시
옵니까 하고 입을 맞추니
50 예수께서 이르시되 친구여 네가 무
엇을 하려고 왔는지 행하라 하신대
이에 그들이 나아와 예수께 손을
대어 잡는지라
51 예수와 함께 있던 자 중의 하나가
손을 펴 칼을 빼어 대제사장의 종
을 쳐 그 귀를 떨어뜨리니
52 이에 예수께서 이르시되 네 칼을
도로 칼집에 꽂으라 칼을 가지는
자는 다 칼로 망하느니라
53 너는 내가 내 아버지께 구하여 지
금 열두 군단 더 되는 천사를 보내
시게 할 수 없는 줄로 아느냐
54 내가 만일 그렇게 하면 이런 일이
있으리라 한 성경이 어떻게 이루어
지겠느냐 하시더라
55 그 때에 예수께서 무리에게 말씀하
시되 너희가 강도를 잡는 것 같이
칼과 몽치를 가지고 나를 잡으러
나왔느냐 내가 날마다 성전에 앉아
가르쳤으되 너희가 나를 잡지 아니
하였도다
56 그러나 이렇게 된 것은 다 선지자들
의 글을 이루려 함이니라 하시더라
이에 제자들이 다 예수를 버리고
도망하니라
57 예수를 잡은 자들이 그를 끌고 대
제사장 가야바에게로 가니 거기 서
기관과 장로들이 모여 있더라
58 베드로가 멀찍이 예수를 따라 대

제사장의 집 뜰에까지 가서 그 결
말을 보려고 안에 들어가 하인들과
함께 앉아 있더라
59 대제사장들과 온 공회가 예수를 죽
이려고 그를 칠 거짓 증거를 찾으매
60 거짓 증인이 많이 왔으나 얻지 못하
더니 후에 두 사람이 와서
61 이르되 이 사람의 말이 내가 하나
님의 성전을 헐고 사흘 동안에 지
을 수 있다 하더라 하니
62 대제사장이 일어서서 예수께 묻되
아무 대답도 없느냐 이 사람들이
너를 치는 증거가 어떠하냐 하되
63 예수께서 침묵하시거늘 대제사장이
이르되 내가 너로 살아 계신 하나
님께 맹세하게 하노니 네가 하나님
의 아들 그리스도인지 우리에게 말
하라
64 예수께서 이르시되 네가 말하였느
니라 그러나 내가 너희에게 이르노
니 이 후에 인자가 권능의 우편에
앉아 있는 것과 하늘 구름을 타고
오는 것을 너희가 보리라 하시니
65 이에 대제사장이 자기 옷을 찢으며
이르되 그가 신성 모독 하는 말을
하였으니 어찌 더 증인을 요구하리
요 보라 너희가 지금 이 신성 모독
하는 말을 들었도다
66 너희 생각은 어떠하냐 대답하여 이
르되 그는 사형에 해당하니라 하고
67 이에 예수의 얼굴에 침 뱉으며 주
먹으로 치고 어떤 사람은 손바닥으
로 때리며
68 이르되 그리스도야 우리에게 선지
자 노릇을 하라 너를 친 자가 누구
냐 하더라
69 베드로가 바깥 뜰에 앉았더니 한
여종이 나아와 이르되 너도 갈릴리
사람 예수와 함께 있었도다 하거늘
70 베드로가 모든 사람 앞에서 부인하
여 이르되 나는 네가 무슨 말을 하
는지 알지 못하겠노라 하며
71 앞문까지 나아가니 다른 여종이 그
를 보고 거기 있는 사람들에게 말
하되 이 사람은 나사렛 예수와 함
께 있었도다 하매
72 베드로가 맹세하고 또 부인하여 이
르되 나는 그 사람을 알지 못하노
라 하더라
73 조금 후에 곁에 섰던 사람들이 나
아와 베드로에게 이르되 너도 진실
로 그 도당이라 네 말소리가 너를
표명한다 하거늘
74 그가 저주하며 맹세하여 이르되 나
는 그 사람을 알지 못하노라 하니
곧 닭이 울더라
75 이에 베드로가 예수의 말씀에 닭
울기 전에 네가 세 번 나를 부인하
리라 하심이 생각나서 밖에 나가서
심히 통곡하니라

기록일 : . . .

27 새벽에 모든 대제사장과 백성의
장로들이 예수를 죽이려고 함께 의
논하고
2 결박하여 끌고 가서 총독 빌라도에
게 넘겨 주니라
3 그 때에 예수를 판 유다가 그의 정
죄됨을 보고 스스로 뉘우쳐 그 은
삼십을 대제사장들과 장로들에게
도로 갖다 주며
4 이르되 내가 무죄한 피를 팔고 죄
를 범하였도다 하니 그들이 이르되
그것이 우리에게 무슨 상관이냐 네
가 당하라 하거늘
5 유다가 은을 성소에 던져 넣고 물
러가서 스스로 목매어 죽은지라
6 대제사장들이 그 은을 거두며 이르
되 이것은 핏값이라 성전고에 넣어
둠이 옳지 않다 하고
7 의논한 후 이것으로 토기장이의 밭
을 사서 나그네의 묘지를 삼았으니
8 그러므로 오늘날까지 그 밭을 피밭
이라 일컫느니라
9 이에 선지자 예레미야를 통하여 하
신 말씀이 이루어졌나니 일렀으되
그들이 그 가격 매겨진 자 곧 이스
라엘 자손 중에서 가격 매긴 자의
가격 곧 은 삼십을 가지고
10 토기장이의 밭 값으로 주었으니 이
는 주께서 내게 명하신 바와 같으
니라 하였더라
11 예수께서 총독 앞에 섰으매 총독이
물어 이르되 네가 유대인의 왕이냐
예수께서 대답하시되 네 말이 옳도
다 하시고
12 대제사장들과 장로들에게 고발을
당하되 아무 대답도 아니하시는지라
13 이에 빌라도가 이르되 그들이 너를
쳐서 얼마나 많은 것으로 증언하는
지 듣지 못하느냐 하되
14 한 마디도 대답하지 아니하시니 총
독이 크게 놀라워하더라
15 명절이 되면 총독이 무리의 청원대
로 죄수 한 사람을 놓아 주는 전례
가 있더니
16 그 때에 바라바라 하는 유명한 죄
수가 있는데
17 그들이 모였을 때에 빌라도가 물어
이르되 너희는 내가 누구를 너희에
게 놓아 주기를 원하느냐 바라바냐
그리스도라 하는 예수냐 하니
18 이는 그가 그들의 시기로 예수를
넘겨 준 줄 앎이더라
19 총독이 재판석에 앉았을 때에 그의
아내가 사람을 보내어 이르되 저
옳은 사람에게 아무 상관도 하지
마옵소서 오늘 꿈에 내가 그 사람
으로 인하여 애를 많이 태웠나이다
하더라
20 대제사장들과 장로들이 무리를 권
하여 바라바를 달라 하게 하고 예

기록일 : . . .

수를 죽이자 하게 하였더니
21 총독이 대답하여 이르되 둘 중의
누구를 너희에게 놓아 주기를 원하
느냐 이르되 바라바로소이다
22 빌라도가 이르되 그러면 그리스도
라 하는 예수를 내가 어떻게 하랴
그들이 다 이르되 십자가에 못 박
혀야 하겠나이다
23 빌라도가 이르되 어찜이냐 무슨 악
한 일을 하였느냐 그들이 더욱 소
리 질러 이르되 십자가에 못 박혀야
하겠나이다 하는지라
24 빌라도가 아무 성과도 없이 도리어
민란이 나려는 것을 보고 물을 가
져다가 무리 앞에서 손을 씻으며
이르되 이 사람의 피에 대하여 나
는 무죄하니 너희가 당하라
25 백성이 다 대답하여 이르되 그 피
를 우리와 우리 자손에게 돌릴지어
다 하거늘
26 이에 바라바는 그들에게 놓아 주고
예수는 채찍질하고 십자가에 못 박
히게 넘겨 주니라
27 이에 총독의 군병들이 예수를 데리
고 관정 안으로 들어가서 온 군대
를 그에게로 모으고
28 그의 옷을 벗기고 홍포를 입히며
29 가시관을 엮어 그 머리에 씌우고 갈
대를 그 오른손에 들리고 그 앞에서
무릎을 꿇고 희롱하여 이르되 유대
인의 왕이여 평안할지어다 하며
30 그에게 침 뱉고 갈대를 빼앗아 그
의 머리를 치더라
31 희롱을 다 한 후 홍포를 벗기고 도
로 그의 옷을 입혀 십자가에 못 박
으려고 끌고 나가니라
32 나가다가 시몬이란 구레네 사람을
만나매 그에게 예수의 십자가를 억
지로 지워 가게 하였더라
33 골고다 즉 해골의 곳이라는 곳에
이르러
34 쓸개 탄 포도주를 예수께 주어 마
시게 하려 하였더니 예수께서 맛보
시고 마시고자 하지 아니하시더라
35 그들이 예수를 십자가에 못 박은
후에 그 옷을 제비 뽑아 나누고
36 거기 앉아 지키더라
37 그 머리 위에 이는 유대인의 왕 예
수라 쓴 죄패를 붙였더라
38 이 때에 예수와 함께 강도 둘이 십
자가에 못 박히니 하나는 우편에,
하나는 좌편에 있더라
39 지나가는 자들은 자기 머리를 흔들
며 예수를 모욕하여
40 이르되 성전을 헐고 사흘에 짓는
자여 네가 만일 하나님의 아들이어
든 자기를 구원하고 십자가에서 내
려오라 하며
41 그와 같이 대제사장들도 서기관들
과 장로들과 함께 희롱하여 이르되

기록일 : . . .

42 그가 남은 구원하였으되 자기는 구
원할 수 없도다 그가 이스라엘의
왕이로다 지금 십자가에서 내려올
지어다 그리하면 우리가 믿겠노라
43 그가 하나님을 신뢰하니 하나님이
원하시면 이제 그를 구원하실지라
그의 말이 나는 하나님의 아들이라
하였도다 하며
44 함께 십자가에 못 박힌 강도들도
이와 같이 욕하더라
45 제육시로부터 온 땅에 어둠이 임하
여 제구시까지 계속되더니
46 제구시쯤에 예수께서 크게 소리 질
러 이르시되 엘리 엘리 라마 사박
다니 하시니 이는 곧 나의 하나님,
나의 하나님, 어찌하여 나를 버리셨
나이까 하는 뜻이라
47 거기 섰던 자 중 어떤 이들이 듣고
이르되 이 사람이 엘리야를 부른다
하고
48 그 중의 한 사람이 곧 달려가서 해
면을 가져다가 신 포도주에 적시어
갈대에 꿰어 마시게 하거늘
49 그 남은 사람들이 이르되 가만 두
라 엘리야가 와서 그를 구원하니
보자 하더라
50 예수께서 다시 크게 소리 지르시고
영혼이 떠나시니라
51 이에 성소 휘장이 위로부터 아래까
지 찢어져 둘이 되고 땅이 진동하
며 바위가 터지고
52 무덤들이 열리며 자던 성도의 몸이
많이 일어나되
53 예수의 부활 후에 그들이 무덤에서
나와서 거룩한 성에 들어가 많은
사람에게 보이니라
54 백부장과 및 함께 예수를 지키던
자들이 지진과 그 일어난 일들을
보고 심히 두려워하여 이르되 이는
진실로 하나님의 아들이었도다 하
더라
55 예수를 섬기며 갈릴리에서부터 따
라온 많은 여자가 거기 있어 멀리서
바라보고 있으니
56 그 중에는 막달라 마리아와 또 야
고보와 요셉의 어머니 마리아와
또 세베대의 아들들의 어머니도 있
더라
57 저물었을 때에 아리마대의 부자 요
셉이라 하는 사람이 왔으니 그도
예수의 제자라
58 빌라도에게 가서 예수의 시체를 달
라 하니 이에 빌라도가 내주라 명
령하거늘
59 요셉이 시체를 가져다가 깨끗한 세
마포로 싸서
60 바위 속에 판 자기 새 무덤에 넣어
두고 큰 돌을 굴려 무덤 문에 놓고
가니
61 거기 막달라 마리아와 다른 마리아

가 무덤을 향하여 앉았더라
62 그 이튿날은 준비일 다음 날이라
대제사장들과 바리새인들이 함께
빌라도에게 모여 이르되
63 주여 저 속이던 자가 살아 있을 때
에 말하되 내가 사흘 후에 다시 살
아나리라 한 것을 우리가 기억하
노니
64 그러므로 명령하여 그 무덤을 사흘
까지 굳게 지키게 하소서 그의 제
자들이 와서 시체를 도둑질하여 가
고 백성에게 말하되 그가 죽은 자
가운데서 살아났다 하면 후의 속임
이 전보다 더 클까 하나이다 하니
65 빌라도가 이르되 너희에게 경비병
이 있으니 가서 힘대로 굳게 지키라
하거늘
66 그들이 경비병과 함께 가서 돌을
인봉하고 무덤을 굳게 지키니라

28

안식일이 다 지나고 안식 후 첫
날이 되려는 새벽에 막달라 마리아
와 다른 마리아가 무덤을 보려고
갔더니
2 큰 지진이 나며 주의 천사가 하늘
로부터 내려와 돌을 굴려 내고 그
위에 앉았는데
3 그 형상이 번개 같고 그 옷은 눈 같
이 희거늘
4 지키던 자들이 그를 무서워하여 떨
며 죽은 사람과 같이 되었더라
5 천사가 여자들에게 말하여 이르되
너희는 무서워하지 말라 십자가에
못 박히신 예수를 너희가 찾는 줄
을 내가 아노라
6 그가 여기 계시지 않고 그가 말씀
하시던 대로 살아나셨느니라 와서
그가 누우셨던 곳을 보라
7 또 빨리 가서 그의 제자들에게 이
르되 그가 죽은 자 가운데서 살아
나셨고 너희보다 먼저 갈릴리로 가
시나니 거기서 너희가 뵈오리라 하
라 보라 내가 너희에게 일렀느니라
하거늘
8 그 여자들이 무서움과 큰 기쁨으로
빨리 무덤을 떠나 제자들에게 알리
려고 달음질할새
9 예수께서 그들을 만나 이르시되 평
안하냐 하시거늘 여자들이 나아가
그 발을 붙잡고 경배하니
10 이에 예수께서 이르시되 무서워하
지 말라 가서 내 형제들에게 갈릴
리로 가라 하라 거기서 나를 보리
라 하시니라
11 여자들이 갈 때 경비병 중 몇이 성
에 들어가 모든 된 일을 대제사장
들에게 알리니
12 그들이 장로들과 함께 모여 의논하
고 군인들에게 돈을 많이 주며
13 이르되 너희는 말하기를 그의 제자
들이 밤에 와서 우리가 잘 때에 그

기록일 : . . .

를 도둑질하여 갔다 하라
14 만일 이 말이 총독에게 들리면 우
리가 권하여 너희로 근심하지 않게
하리라 하니
15 군인들이 돈을 받고 가르친 대로
하였으니 이 말이 오늘날까지 유대
인 가운데 두루 퍼지니라
16 열한 제자가 갈릴리에 가서 예수께
서 지시하신 산에 이르러
17 예수를 뵈옵고 경배하나 아직도 의
심하는 사람들이 있더라
18 예수께서 나아와 말씀하여 이르시
되 하늘과 땅의 모든 권세를 내게
주셨으니
19 그러므로 너희는 가서 모든 민족을
제자로 삼아 아버지와 아들과 성령
의 이름으로 침례를 베풀고
20 내가 너희에게 분부한 모든 것을
가르쳐 지키게 하라 볼지어다 내가
세상 끝날까지 너희와 항상 함께
있으리라 하시니라

기록일 : . . .

MARK

마가복음

저 자 마가

주 제 종으로 오신 하나님의 아들 예수 그리스도

기록목적 박해와 고난을 당하는 로마 성도들에게 예수 그리스도의 행적과 교훈을 가르침으로써 그리스도만 바라보도록 하려 했다. 그들이 겪는 고난이 아무리 커도 그것은 이미 그리스도께서 당하신 고난이며 그리스도의 부활이 모든 성도들의 부활임을 선포함으로써 위기 상황에 있는 기독교인들에게 용기와 격려를 주고자 했다.

기록배경 주후 64년, 로마의 네로 황제는 로마 대화재 사건의 책임을 기독교인들에게 돌려 심한 박해를 가했다. 사도 바울과 베드로도 이 시기에 순교했을 가능성이 크다. 이때 기독교인들은 박해를 피해 지하 동굴 묘지인 카타콤에 들어가 신앙의 절개를 지키고 있었다. 이러한 상황에서 마가 요한은 기독교의 고난과 부활의 신앙을 바르게 알리고자 하였다.

특 징

- 하나님의 아들로서 인류를 위해 고난받는 종으로 오신 예수 그리스도의 사역에 초점을 맞춘 복음서다. 그러므로 예수님의 말씀보다는 행하심에 중점을 두고 기록되었다.
- 로마인을 위한 복음서다. 그러므로 다른 복음서에 비해 구약 인용이 적으며, 유대적 족보나 탄생 기록 등을 생략하고 있다.
- 빠르게 전개되는 사건들을 매우 간결한 문체로 나타내며, 특히 '곧', '즉시'라는 부사를 42번이나 사용했다는 점이 특징이다.
- 예수님의 노하심3:5; 10:14, 슬퍼하심14:33, 34, 한숨 쉬심7:34; 8:12 등 예수님의 감정이 구체적으로 표현되어 있으며, 문장 전체가 그림 그리듯이 생생하게 묘사된 문학적 예술성을 지닌 복음서다.

나의 기도

마가복음

1 하나님의 아들 예수 그리스도의
복음의 시작이라
2 선지자 이사야의 글에 보라 내가
내 사자를 네 앞에 보내노니 그가
네 길을 준비하리라
3 광야에 외치는 자의 소리가 있어
이르되 너희는 주의 길을 준비하라
그의 오실 길을 곧게 하라 기록된
것과 같이
4 침례 요한이 광야에 이르러 죄 사
함을 받게 하는 회개의 침례를 전
파하니
5 온 유대 지방과 예루살렘 사람이
다 나아가 자기 죄를 자복하고 요
단 강에서 그에게 침례를 받더라
6 요한은 낙타털 옷을 입고 허리에
가죽 띠를 띠고 메뚜기와 석청을
먹더라
7 그가 전파하여 이르되 나보다 능력
많으신 이가 내 뒤에 오시나니 나
는 굽혀 그의 신발끈을 풀기도 감
당하지 못하겠노라
8 나는 너희에게 물로 침례를 베풀었
거니와 그는 너희에게 성령으로 침
례를 베푸시리라
9 그 때에 예수께서 갈릴리 나사렛으
로부터 와서 요단 강에서 요한에게
침례를 받으시고
10 곧 물에서 올라오실새 하늘이 갈라
짐과 성령이 비둘기 같이 자기에게
내려오심을 보시더니
11 하늘로부터 소리가 나기를 너는 내
사랑하는 아들이라 내가 너를 기뻐
하노라 하시니라
12 성령이 곧 예수를 광야로 몰아내신
지라
13 광야에서 사십 일을 계시면서 사탄
에게 시험을 받으시며 들짐승과 함
께 계시니 천사들이 수종들더라
14 요한이 잡힌 후 예수께서 갈릴리에
오셔서 하나님의 복음을 전파하여
15 이르시되 때가 찼고 하나님의 나라
가 가까이 왔으니 회개하고 복음을
믿으라 하시더라
16 갈릴리 해변으로 지나가시다가 시
몬과 그 형제 안드레가 바다에 그물
던지는 것을 보시니 그들은 어부라
17 예수께서 이르시되 나를 따라오라
내가 너희로 사람을 낚는 어부가
되게 하리라 하시니
18 곧 그물을 버려 두고 따르니라
19 조금 더 가시다가 세베대의 아들
야고보와 그 형제 요한을 보시니
그들도 배에 있어 그물을 깁는데
20 곧 부르시니 그 아버지 세베대를
품꾼들과 함께 배에 버려 두고 예

기록일 : . . .

수를 따라가니라
21 그들이 가버나움에 들어가니라 예
수께서 곧 안식일에 회당에 들어가
가르치시매
22 뭇 사람이 그의 교훈에 놀라니 이
는 그가 가르치시는 것이 권위 있
는 자와 같고 서기관들과 같지 아
니함일러라
23 마침 그들의 회당에 더러운 귀신
들린 사람이 있어 소리 질러 이르되
24 나사렛 예수여 우리가 당신과 무슨
상관이 있나이까 우리를 멸하러 왔
나이까 나는 당신이 누구인 줄 아
노니 하나님의 거룩한 자니이다
25 예수께서 꾸짖어 이르시되 잠잠하
고 그 사람에게서 나오라 하시니
26 더러운 귀신이 그 사람에게 경련을
일으키고 큰 소리를 지르며 나오는
지라
27 다 놀라 서로 물어 이르되 이는 어
찜이냐 권위 있는 새 교훈이로다
더러운 귀신들에게 명한즉 순종하
는도다 하더라
28 예수의 소문이 곧 온 갈릴리 사방
에 퍼지더라
29 회당에서 나와 곧 야고보와 요한과
함께 시몬과 안드레의 집에 들어가
시니
30 시몬의 장모가 열병으로 누워 있는
지라 사람들이 곧 그 여자에 대하
여 예수께 여짜온대
31 나아가사 그 손을 잡아 일으키시니
열병이 떠나고 여자가 그들에게 수
종드니라
32 저물어 해 질 때에 모든 병자와 귀
신 들린 자를 예수께 데려오니
33 온 동네가 그 문 앞에 모였더라
34 예수께서 각종 병이 든 많은 사람
을 고치시며 많은 귀신을 내쫓으시
되 귀신이 자기를 알므로 그 말하
는 것을 허락하지 아니하시니라
35 새벽 아직도 밝기 전에 예수께서
일어나 나가 한적한 곳으로 가사
거기서 기도하시더니
36 시몬과 및 그와 함께 있는 자들이
예수의 뒤를 따라가
37 만나서 이르되 모든 사람이 주를
찾나이다
38 이르시되 우리가 다른 가까운 마을
들로 가자 거기서도 전도하리니 내
가 이를 위하여 왔노라 하시고
39 이에 온 갈릴리에 다니시며 그들의
여러 회당에서 전도하시고 또 귀신
들을 내쫓으시더라
40 한 나병환자가 예수께 와서 꿇어
엎드려 간구하여 이르되 원하시면
저를 깨끗하게 하실 수 있나이다
41 예수께서 불쌍히 여기사 손을 내
밀어 그에게 대시며 이르시되 내가
원하노니 깨끗함을 받으라 하시니

기록일 : . . .

42 곧 나병이 그 사람에게서 떠나가고
깨끗하여진지라
43 곧 보내시며 엄히 경고하사
44 이르시되 삼가 아무에게 아무 말도
하지 말고 가서 네 몸을 제사장에
게 보이고 네가 깨끗하게 되었으니
모세가 명한 것을 드려 그들에게
입증하라 하셨더라
45 그러나 그 사람이 나가서 이 일을
많이 전파하여 널리 퍼지게 하니 그
러므로 예수께서 다시는 드러나게
동네에 들어가지 못하시고 오직 바
깥 한적한 곳에 계셨으나 사방에서
사람들이 그에게로 나아오더라

2

수 일 후에 예수께서 다시 가버나
움에 들어가시니 집에 계시다는 소
문이 들린지라
2 많은 사람이 모여서 문 앞까지도
들어설 자리가 없게 되었는데 예수
께서 그들에게 도를 말씀하시더니
3 사람들이 한 중풍병자를 네 사람에
게 메워 가지고 예수께로 올새
4 무리들 때문에 예수께 데려갈 수
없으므로 그 계신 곳의 지붕을 뜯
어 구멍을 내고 중풍병자가 누운
상을 달아 내리니
5 예수께서 그들의 믿음을 보시고 중
풍병자에게 이르시되 작은 자야 네
죄 사함을 받았느니라 하시니
6 어떤 서기관들이 거기 앉아서 마음
에 생각하기를
7 이 사람이 어찌 이렇게 말하는가
신성 모독이로다 오직 하나님 한
분 외에는 누가 능히 죄를 사하겠
느냐
8 그들이 속으로 이렇게 생각하는 줄
을 예수께서 곧 중심에 아시고 이
르시되 어찌하여 이것을 마음에 생
각하느냐
9 중풍병자에게 네 죄 사함을 받았느
니라 하는 말과 일어나 네 상을 가
지고 걸어가라 하는 말 중에서 어
느 것이 쉽겠느냐
10 그러나 인자가 땅에서 죄를 사하는
권세가 있는 줄을 너희로 알게 하
려 하노라 하시고 중풍병자에게 말
씀하시되
11 내가 네게 이르노니 일어나 네 상
을 가지고 집으로 가라 하시니
12 그가 일어나 곧 상을 가지고 모든
사람 앞에서 나가거늘 그들이 다
놀라 하나님께 영광을 돌리며 이르
되 우리가 이런 일을 도무지 보지
못하였다 하더라
13 예수께서 다시 바닷가에 나가시매
큰 무리가 나왔거늘 예수께서 그들
을 가르치시니라
14 또 지나가시다가 알패오의 아들 레
위가 세관에 앉아 있는 것을 보시
고 그에게 이르시되 나를 따르라

하시니 일어나 따르니라
15 그의 집에 앉아 잡수실 때에 많은
세리와 죄인들이 예수와 그의 제자
들과 함께 앉았으니 이는 그러한
사람들이 많이 있어서 예수를 따름
이러라
16 바리새인의 서기관들이 예수께서
죄인 및 세리들과 함께 잡수시는
것을 보고 그의 제자들에게 이르되
어찌하여 세리 및 죄인들과 함께
먹는가
17 예수께서 들으시고 그들에게 이르
시되 건강한 자에게는 의사가 쓸
데 없고 병든 자에게라야 쓸 데 있
느니라 나는 의인을 부르러 온 것
이 아니요 죄인을 부르러 왔노라
하시니라
18 요한의 제자들과 바리새인들이 금
식하고 있는지라 사람들이 예수께
와서 말하되 요한의 제자들과 바리
새인의 제자들은 금식하는데 어찌
하여 당신의 제자들은 금식하지 아
니하나이까
19 예수께서 그들에게 이르시되 혼인
집 손님들이 신랑과 함께 있을 때
에 금식할 수 있느냐 신랑과 함께
있을 동안에는 금식할 수 없느니라
20 그러나 신랑을 빼앗길 날이 이르리
니 그 날에는 금식할 것이니라
21 생베 조각을 낡은 옷에 붙이는 자
가 없나니 만일 그렇게 하면 기운
새 것이 낡은 그것을 당기어 해어짐
이 더하게 되느니라
22 새 포도주를 낡은 가죽 부대에 넣는
자가 없나니 만일 그렇게 하면 새
포도주가 부대를 터뜨려 포도주와
부대를 버리게 되리라 오직 새 포도
주는 새 부대에 넣느니라 하시니라
23 안식일에 예수께서 밀밭 사이로 지
나가실새 그의 제자들이 길을 열며
이삭을 자르니
24 바리새인들이 예수께 말하되 보시
오 저들이 어찌하여 안식일에 하지
못할 일을 하나이까
25 예수께서 이르시되 다윗이 자기와
및 함께 한 자들이 먹을 것이 없어
시장할 때에 한 일을 읽지 못하였
느냐
26 그가 아비아달 대제사장 때에 하나
님의 전에 들어가서 제사장 외에는
먹어서는 안 되는 진설병을 먹고
함께 한 자들에게도 주지 아니하였
느냐
27 또 이르시되 안식일이 사람을 위하
여 있는 것이요 사람이 안식일을 위
하여 있는 것이 아니니
28 이러므로 인자는 안식일에도 주인
이니라

3 예수께서 다시 회당에 들어가시
니 한쪽 손 마른 사람이 거기 있는

기록일 : . . .

지라
2 사람들이 예수를 고발하려 하여 안
식일에 그 사람을 고치시는가 주시
하고 있거늘
3 예수께서 손 마른 사람에게 이르시
되 한 가운데에 일어서라 하시고
4 그들에게 이르시되 안식일에 선을
행하는 것과 악을 행하는 것, 생
명을 구하는 것과 죽이는 것, 어느
것이 옳으냐 하시니 그들이 잠잠하
거늘
5 그들의 마음이 완악함을 탄식하사
노하심으로 그들을 둘러 보시고
그 사람에게 이르시되 네 손을 내
밀라 하시니 내밀매 그 손이 회복
되었더라
6 바리새인들이 나가서 곧 헤롯당과
함께 어떻게 하여 예수를 죽일까
의논하니라
7 예수께서 제자들과 함께 바다로 물
러가시니 갈릴리에서 큰 무리가 따
르며
8 유대와 예루살렘과 이두매와 요단
강 건너편과 또 두로와 시돈 근처
에서 많은 무리가 그가 하신 큰 일
을 듣고 나아오는지라
9 예수께서 무리가 에워싸 미는 것을
피하기 위하여 작은 배를 대기하도
록 제자들에게 명하셨으니
10 이는 많은 사람을 고치셨으므로 병
으로 고생하는 자들이 예수를 만지
고자 하여 몰려왔음이더라
11 더러운 귀신들도 어느 때든지 예수
를 보면 그 앞에 엎드려 부르짖어
이르되 당신은 하나님의 아들이니
이다 하니
12 예수께서 자기를 나타내지 말라고
많이 경고하시니라
13 또 산에 오르사 자기가 원하는 자
들을 부르시니 나아온지라
14 이에 열둘을 세우셨으니 이는 자기
와 함께 있게 하시고 또 보내사 전
도도 하며
15 귀신을 내쫓는 권능도 가지게 하려
하심이러라
16 이 열둘을 세우셨으니 시몬에게는
베드로란 이름을 더하셨고
17 또 세베대의 아들 야고보와 야고보
의 형제 요한이니 이 둘에게는 보
아너게 곧 우레의 아들이란 이름을
더하셨으며
18 또 안드레와 빌립과 바돌로매와 마
태와 도마와 알패오의 아들 야고보
와 및 다대오와 가나나인 시몬이며
19 또 가룟 유다니 이는 예수를 판 자
더라
20 집에 들어가시니 무리가 다시 모이
므로 식사할 겨를도 없는지라
21 예수의 친족들이 듣고 그를 붙들러
나오니 이는 그가 미쳤다 함일러라

기록일 : . . .

22 예루살렘에서 내려온 서기관들은
그가 바알세불이 지폈다 하며 또
귀신의 왕을 힘입어 귀신을 쫓아낸
다 하니
23 예수께서 그들을 불러다가 비유로
말씀하시되 사탄이 어찌 사탄을 쫓
아낼 수 있느냐
24 또 만일 나라가 스스로 분쟁하면
그 나라가 설 수 없고
25 만일 집이 스스로 분쟁하면 그 집이
설 수 없고
26 만일 사탄이 자기를 거슬러 일어나
분쟁하면 설 수 없고 망하느니라
27 사람이 먼저 강한 자를 결박하지
않고는 그 강한 자의 집에 들어가
세간을 강탈하지 못하리니 결박한
후에야 그 집을 강탈하리라
28 내가 진실로 너희에게 이르노니 사
람의 모든 죄와 모든 모독하는 일
은 사하심을 얻되
29 누구든지 성령을 모독하는 자는 영
원히 사하심을 얻지 못하고 영원한
죄가 되느니라 하시니
30 이는 그들이 말하기를 더러운 귀신
이 들렸다 함이러라
31 그 때에 예수의 어머니와 동생들이
와서 밖에 서서 사람을 보내어 예
수를 부르니
32 무리가 예수를 둘러 앉았다가 여짜
오되 보소서 당신의 어머니와 동생
들과 누이들이 밖에서 찾나이다
33 대답하시되 누가 내 어머니이며 동
생들이냐 하시고
34 둘러 앉은 자들을 보시며 이르시되
내 어머니와 내 동생들을 보라
35 누구든지 하나님의 뜻대로 행하는
자가 내 형제요 자매요 어머니이
니라

4

예수께서 다시 바닷가에서 가르
치시니 큰 무리가 모여들거늘 예수
께서 바다에 떠 있는 배에 올라 앉
으시고 온 무리는 바닷가 육지에
있더라
2 이에 예수께서 여러 가지를 비유로
가르치시니 그 가르치시는 중에 그
들에게 이르시되
3 들으라 씨를 뿌리는 자가 뿌리러
나가서
4 뿌릴새 더러는 길 가에 떨어지매
새들이 와서 먹어 버렸고
5 더러는 흙이 얕은 돌밭에 떨어지매
흙이 깊지 아니하므로 곧 싹이 나
오나
6 해가 돋은 후에 타서 뿌리가 없으
므로 말랐고
7 더러는 가시떨기에 떨어지매 가시
가 자라 기운을 막으므로 결실하지
못하였고
8 더러는 좋은 땅에 떨어지매 자라
무성하여 결실하였으니 삼십 배나

기록일 : . . .

육십 배나 백 배가 되었느니라 하
시고
9 또 이르시되 들을 귀 있는 자는 들
으라 하시니라
10 예수께서 홀로 계실 때에 함께 한
사람들이 열두 제자와 더불어 그
비유들에 대하여 물으니
11 이르시되 하나님 나라의 비밀을 너
희에게는 주었으나 외인에게는 모
든 것을 비유로 하나니
12 이는 그들로 보기는 보아도 알지
못하며 듣기는 들어도 깨닫지 못하
게 하여 돌이켜 죄 사함을 얻지 못
하게 하려 함이라 하시고
13 또 이르시되 너희가 이 비유를 알지
못할진대 어떻게 모든 비유를 알겠
느냐
14 뿌리는 자는 말씀을 뿌리는 것이라
15 말씀이 길 가에 뿌려졌다는 것은 이
들을 가리킴이니 곧 말씀을 들었을
때에 사탄이 즉시 와서 그들에게
뿌려진 말씀을 빼앗는 것이요
16 또 이와 같이 돌밭에 뿌려졌다는
것은 이들을 가리킴이니 곧 말씀을
들을 때에 즉시 기쁨으로 받으나
17 그 속에 뿌리가 없어 잠깐 견디다
가 말씀으로 인하여 환난이나 박
해가 일어나는 때에는 곧 넘어지는
자요
18 또 어떤 이는 가시떨기에 뿌려진
자니 이들은 말씀을 듣기는 하되
19 세상의 염려와 재물의 유혹과 기타
욕심이 들어와 말씀을 막아 결실하
지 못하게 되는 자요
20 좋은 땅에 뿌려졌다는 것은 곧 말
씀을 듣고 받아 삼십 배나 육십 배
나 백 배의 결실을 하는 자니라
21 또 그들에게 이르시되 사람이 등불
을 가져오는 것은 말 아래에나 평
상 아래에 두려 함이냐 등경 위에
두려 함이 아니냐
22 드러내려 하지 않고는 숨긴 것이 없
고 나타내려 하지 않고는 감추인
것이 없느니라
23 들을 귀 있는 자는 들으라
24 또 이르시되 너희가 무엇을 듣는가
스스로 삼가라 너희의 헤아리는 그
헤아림으로 너희가 헤아림을 받을
것이며 더 받으리니
25 있는 자는 받을 것이요 없는 자는
그 있는 것까지도 빼앗기리라
26 또 이르시되 하나님의 나라는 사람
이 씨를 땅에 뿌림과 같으니
27 그가 밤낮 자고 깨고 하는 중에 씨
가 나서 자라되 어떻게 그리 되는
지를 알지 못하느니라
28 땅이 스스로 열매를 맺되 처음에는
싹이요 다음에는 이삭이요 그 다음
에는 이삭에 충실한 곡식이라
29 열매가 익으면 곧 낫을 대나니 이

기록일 : . . .

는 추수 때가 이르렀음이라
30 또 이르시되 우리가 하나님의 나라
를 어떻게 비교하며 또 무슨 비유
로 나타낼까
31 겨자씨 한 알과 같으니 땅에 심길
때에는 땅 위의 모든 씨보다 작은
것이로되
32 심긴 후에는 자라서 모든 풀보다
커지며 큰 가지를 내나니 공중의
새들이 그 그늘에 깃들일 만큼 되
느니라
33 예수께서 이러한 많은 비유로 그들
이 알아 들을 수 있는 대로 말씀을
가르치시되
34 비유가 아니면 말씀하지 아니하시
고 다만 혼자 계실 때에 그 제자들
에게 모든 것을 해석하시더라
35 그 날 저물 때에 제자들에게 이르
시되 우리가 저편으로 건너가자 하
시니
36 그들이 무리를 떠나 예수를 배에
계신 그대로 모시고 가매 다른 배
들도 함께 하더니
37 큰 광풍이 일어나며 물결이 배에
부딪쳐 들어와 배에 가득하게 되었
더라
38 예수께서는 고물에서 베개를 베고
주무시더니 제자들이 깨우며 이르
되 선생님이여 우리가 죽게 된 것을
돌보지 아니하시나이까 하니
39 예수께서 깨어 바람을 꾸짖으시며
바다더러 이르시되 잠잠하라 고요
하라 하시니 바람이 그치고 아주
잔잔하여지더라
40 이에 제자들에게 이르시되 어찌하
여 이렇게 무서워하느냐 너희가 어
찌 믿음이 없느냐 하시니
41 그들이 심히 두려워하여 서로 말하
되 그가 누구이기에 바람과 바다도
순종하는가 하였더라
5 예수께서 바다 건너편 거라사인
의 지방에 이르러
2 배에서 나오시매 곧 더러운 귀신
들린 사람이 무덤 사이에서 나와
예수를 만나니라
3 그 사람은 무덤 사이에 거처하는데
이제는 아무도 그를 쇠사슬로도 맬
수 없게 되었으니
4 이는 여러 번 고랑과 쇠사슬에 매
였어도 쇠사슬을 끊고 고랑을 깨뜨
렸음이러라 그리하여 아무도 그를
제어할 힘이 없는지라
5 밤낮 무덤 사이에서나 산에서나 늘
소리 지르며 돌로 자기의 몸을 해
치고 있었더라
6 그가 멀리서 예수를 보고 달려와
절하며
7 큰 소리로 부르짖어 이르되 지극히
높으신 하나님의 아들 예수여 나와
당신이 무슨 상관이 있나이까 원하

기록일 : . . .

건대 하나님 앞에 맹세하고 나를
괴롭히지 마옵소서 하니
8 이는 예수께서 이미 그에게 이르시
기를 더러운 귀신아 그 사람에게서
나오라 하셨음이라
9 이에 물으시되 네 이름이 무엇이냐
이르되 내 이름은 군대니 우리가
많음이니이다 하고
10 자기를 그 지방에서 내보내지 마시
기를 간구하더니
11 마침 거기 돼지의 큰 떼가 산 곁에
서 먹고 있는지라
12 이에 간구하여 이르되 우리를 돼
지에게로 보내어 들어가게 하소서
하니
13 허락하신대 더러운 귀신들이 나와서
돼지에게로 들어가매 거의 이천 마
리 되는 떼가 바다를 향하여 비탈로
내리달아 바다에서 몰사하거늘
14 치던 자들이 도망하여 읍내와 여러
마을에 말하니 사람들이 어떻게 되
었는지를 보러 와서
15 예수께 이르러 그 귀신 들렸던 자
곧 군대 귀신 지폈던 자가 옷을 입
고 정신이 온전하여 앉은 것을 보고
두려워하더라
16 이에 귀신 들렸던 자가 당한 것과
돼지의 일을 본 자들이 그들에게
알리매
17 그들이 예수께 그 지방에서 떠나시
기를 간구하더라
18 예수께서 배에 오르실 때에 귀신
들렸던 사람이 함께 있기를 간구하
였으나
19 허락하지 아니하시고 그에게 이르
시되 집으로 돌아가 주께서 네게
어떻게 큰 일을 행하사 너를 불쌍
히 여기신 것을 네 가족에게 알리라
하시니
20 그가 가서 예수께서 자기에게 어떻
게 큰 일 행하셨는지를 데가볼리에
전파하니 모든 사람이 놀랍게 여기
더라
21 예수께서 배를 타시고 다시 맞은
편으로 건너가시니 큰 무리가 그에
게로 모이거늘 이에 바닷가에 계시
더니
22 회당장 중의 하나인 야이로라 하는
이가 와서 예수를 보고 발 아래 엎
드리어
23 간곡히 구하여 이르되 내 어린 딸
이 죽게 되었사오니 오셔서 그 위
에 손을 얹으사 그로 구원을 받아
살게 하소서 하거늘
24 이에 그와 함께 가실새 큰 무리가
따라가며 에워싸 밀더라
25 열두 해를 혈루증으로 앓아 온 한
여자가 있어
26 많은 의사에게 많은 괴로움을 받았
고 가진 것도 다 허비하였으되 아

기록일 : . . .

무 효험이 없고 도리어 더 중하여졌
던 차에
27 예수의 소문을 듣고 무리 가운데 끼
어 뒤로 와서 그의 옷에 손을 대니
28 이는 내가 그의 옷에만 손을 대어
도 구원을 받으리라 생각함일러라
29 이에 그의 혈루 근원이 곧 마르매
병이 나은 줄을 몸에 깨달으니라
30 예수께서 그 능력이 자기에게서 나
간 줄을 곧 스스로 아시고 무리 가
운데서 돌이켜 말씀하시되 누가 내
옷에 손을 대었느냐 하시니
31 제자들이 여짜오되 무리가 에워싸
미는 것을 보시며 누가 내게 손을
대었느냐 물으시나이까 하되
32 예수께서 이 일 행한 여자를 보려
고 둘러 보시니
33 여자가 자기에게 이루어진 일을 알
고 두려워하여 떨며 와서 그 앞에
엎드려 모든 사실을 여쭈니
34 예수께서 이르시되 딸아 네 믿음이
너를 구원하였으니 평안히 가라 네
병에서 놓여 건강할지어다
35 아직 예수께서 말씀하실 때에 회당
장의 집에서 사람들이 와서 회당장
에게 이르되 당신의 딸이 죽었나이
다 어찌하여 선생을 더 괴롭게 하
나이까
36 예수께서 그 하는 말을 곁에서 들
으시고 회당장에게 이르시되 두려
워하지 말고 믿기만 하라 하시고
37 베드로와 야고보와 야고보의 형제
요한 외에 아무도 따라옴을 허락하
지 아니하시고
38 회당장의 집에 함께 가사 떠드는
것과 사람들이 울며 심히 통곡함을
보시고
39 들어가서 그들에게 이르시되 너희
가 어찌하여 떠들며 우느냐 이 아
이가 죽은 것이 아니라 잔다 하시니
40 그들이 비웃더라 예수께서 그들을
다 내보내신 후에 아이의 부모와
또 자기와 함께 한 자들을 데리시
고 아이 있는 곳에 들어가사
41 그 아이의 손을 잡고 이르시되 달
리다굼 하시니 번역하면 곧 내가 네
게 말하노니 소녀야 일어나라 하심
이라
42 소녀가 곧 일어나서 걸으니 나이가
열두 살이라 사람들이 곧 크게 놀
라고 놀라거늘
43 예수께서 이 일을 아무도 알지 못
하게 하라고 그들을 많이 경계하시
고 이에 소녀에게 먹을 것을 주라
하시니라

6 예수께서 거기를 떠나사 고향으
로 가시니 제자들도 따르니라
2 안식일이 되어 회당에서 가르치시
니 많은 사람이 듣고 놀라 이르되
이 사람이 어디서 이런 것을 얻었느

기록일 : . . .

냐 이 사람이 받은 지혜와 그 손으
로 이루어지는 이런 권능이 어찌됨
이냐
3 이 사람이 마리아의 아들 목수가
아니냐 야고보와 요셉과 유다와 시
몬의 형제가 아니냐 그 누이들이
우리와 함께 여기 있지 아니하냐
하고 예수를 배척한지라
4 예수께서 그들에게 이르시되 선지
자가 자기 고향과 자기 친척과 자
기 집 외에서는 존경을 받지 못함이
없느니라 하시며
5 거기서는 아무 권능도 행하실 수
없어 다만 소수의 병자에게 안수하
여 고치실 뿐이었고
6 그들이 믿지 않음을 이상히 여기셨
더라 이에 모든 촌에 두루 다니시
며 가르치시더라
7 열두 제자를 부르사 둘씩 둘씩 보
내시며 더러운 귀신을 제어하는 권
능을 주시고
8 명하시되 여행을 위하여 지팡이 외
에는 양식이나 배낭이나 전대의 돈
이나 아무 것도 가지지 말며
9 신만 신고 두 벌 옷도 입지 말라 하
시고
10 또 이르시되 어디서든지 누구의 집
에 들어가거든 그 곳을 떠나기까지
거기 유하라
11 어느 곳에서든지 너희를 영접하지
아니하고 너희 말을 듣지도 아니하
거든 거기서 나갈 때에 발 아래 먼
지를 떨어버려 그들에게 증거를 삼
으라 하시니
12 제자들이 나가서 회개하라 전파하고
13 많은 귀신을 쫓아내며 많은 병자에
게 기름을 발라 고치더라
14 이에 예수의 이름이 드러난지라 헤
롯 왕이 듣고 이르되 이는 침례 요
한이 죽은 자 가운데서 살아났도다
그러므로 이런 능력이 그 속에서 일
어나느니라 하고
15 어떤 이는 그가 엘리야라 하고 또
어떤 이는 그가 선지자니 옛 선지자
중의 하나와 같다 하되
16 헤롯은 듣고 이르되 내가 목 벤 요
한 그가 살아났다 하더라
17 전에 헤롯이 자기가 동생 빌립의
아내 헤로디아에게 장가 든 고로
이 여자를 위하여 사람을 보내어
요한을 잡아 옥에 가두었으니
18 이는 요한이 헤롯에게 말하되 동생
의 아내를 취한 것이 옳지 않다 하
였음이라
19 헤로디아가 요한을 원수로 여겨 죽
이고자 하였으되 하지 못한 것은
20 헤롯이 요한을 의롭고 거룩한 사람
으로 알고 두려워하여 보호하며 또
그의 말을 들을 때에 크게 번민을
하면서도 달갑게 들음이러라

기록일 : . . .

21 마침 기회가 좋은 날이 왔으니 곧
헤롯이 자기 생일에 대신들과 천부
장들과 갈릴리의 귀인들로 더불어
잔치할새
22 헤로디아의 딸이 친히 들어와 춤을
추어 헤롯과 그와 함께 앉은 자들
을 기쁘게 한지라 왕이 그 소녀에게
이르되 무엇이든지 네가 원하는 것
을 내게 구하라 내가 주리라 하고
23 또 맹세하기를 무엇이든지 네가 내
게 구하면 내 나라의 절반까지라도
주리라 하거늘
24 그가 나가서 그 어머니에게 말하되
내가 무엇을 구하리이까 그 어머니
가 이르되 침례 요한의 머리를 구
하라 하니
25 그가 곧 왕에게 급히 들어가 구하
여 이르되 침례 요한의 머리를 소
반에 얹어 곧 내게 주기를 원하옵
나이다 하니
26 왕이 심히 근심하나 자기가 맹세한
것과 그 앉은 자들로 인하여 그를
거절할 수 없는지라
27 왕이 곧 시위병 하나를 보내어 요한
의 머리를 가져오라 명하니 그 사람
이 나가 옥에서 요한을 목 베어
28 그 머리를 소반에 얹어다가 소녀에
게 주니 소녀가 이것을 그 어머니에
게 주니라
29 요한의 제자들이 듣고 와서 시체를
가져다가 장사하니라
30 사도들이 예수께 모여 자기들이 행
한 것과 가르친 것을 낱낱이 고하니
31 이르시되 너희는 따로 한적한 곳에
가서 잠깐 쉬어라 하시니 이는 오
고 가는 사람이 많아 음식 먹을 겨
를도 없음이라
32 이에 배를 타고 따로 한적한 곳에
갈새
33 그들이 가는 것을 보고 많은 사람
이 그들인 줄 안지라 모든 고을로
부터 도보로 그 곳에 달려와 그들
보다 먼저 갔더라
34 예수께서 나오사 큰 무리를 보시고
그 목자 없는 양 같음으로 인하여
불쌍히 여기사 이에 여러 가지로 가
르치시더라
35 때가 저물어가매 제자들이 예수께
나아와 여짜오되 이 곳은 빈 들이
요 날도 저물어가니
36 무리를 보내어 두루 촌과 마을로
가서 무엇을 사 먹게 하옵소서
37 대답하여 이르시되 너희가 먹을 것
을 주라 하시니 여짜오되 우리가
가서 이백 데나리온의 떡을 사다
먹이리이까
38 이르시되 너희에게 떡 몇 개나 있
는지 가서 보라 하시니 알아보고
이르되 떡 다섯 개와 물고기 두 마
리가 있더이다 하거늘

기록일 : . . .

39 제자들에게 명하사 그 모든 사람으
로 떼를 지어 푸른 잔디 위에 앉게
하시니
40 떼로 백 명씩 또는 오십 명씩 앉은
지라
41 예수께서 떡 다섯 개와 물고기 두
마리를 가지사 하늘을 우러러 축사
하시고 떡을 떼어 제자들에게 주어
사람들에게 나누어 주게 하시고 또
물고기 두 마리도 모든 사람에게
나누시매
42 다 배불리 먹고
43 남은 떡 조각과 물고기를 열두 바
구니에 차게 거두었으며
44 떡을 먹은 남자는 오천 명이었더라
45 예수께서 즉시 제자들을 재촉하사
자기가 무리를 보내는 동안에 배
타고 앞서 건너편 벳새다로 가게
하시고
46 무리를 작별하신 후에 기도하러 산
으로 가시니라
47 저물매 배는 바다 가운데 있고 예
수께서는 홀로 뭍에 계시다가
48 바람이 거스르므로 제자들이 힘겹
게 노 젓는 것을 보시고 밤 사경쯤
에 바다 위로 걸어서 그들에게 오
사 지나가려고 하시매
49 제자들이 그가 바다 위로 걸어 오심
을 보고 유령인가 하여 소리 지르니
50 그들이 다 예수를 보고 놀람이라
이에 예수께서 곧 그들에게 말씀하
여 이르시되 안심하라 내니 두려워
하지 말라 하시고
51 배에 올라 그들에게 가시니 바람이
그치는지라 제자들이 마음에 심히
놀라니
52 이는 그들이 그 떡 떼시던 일을 깨
닫지 못하고 도리어 그 마음이 둔
하여졌음이러라
53 건너가 게네사렛 땅에 이르러 대고
54 배에서 내리니 사람들이 곧 예수신
줄을 알고
55 그 온 지방으로 달려 돌아 다니며
예수께서 어디 계시다는 말을 듣는
대로 병든 자를 침상째로 메고 나
아오니
56 아무 데나 예수께서 들어가시는 지
방이나 도시나 마을에서 병자를 시
장에 두고 예수께 그의 옷 가에라
도 손을 대게 하시기를 간구하니 손
을 대는 자는 다 성함을 얻으니라

7 바리새인들과 또 서기관 중 몇이
예루살렘에서 와서 예수께 모여들
었다가
2 그의 제자 중 몇 사람이 부정한 손
곧 씻지 아니한 손으로 떡 먹는 것
을 보았더라
3 (바리새인들과 모든 유대인들은 장
로들의 전통을 지키어 손을 잘 씻
지 않고서는 음식을 먹지 아니하며

기록일 : . . .

4 또 시장에서 돌아와서도 물을 뿌리
지 않고서는 먹지 아니하며 그 외
에도 여러 가지를 지키어 오는 것이
있으니 잔과 주발과 놋그릇을 씻음
이러라)
5 이에 바리새인들과 서기관들이 예
수께 묻되 어찌하여 당신의 제자들
은 장로들의 전통을 준행하지 아니
하고 부정한 손으로 떡을 먹나이까
6 이르시되 이사야가 너희 외식하는
자에 대하여 잘 예언하였도다 기록
하였으되 이 백성이 입술로는 나를
공경하되 마음은 내게서 멀도다
7 사람의 계명으로 교훈을 삼아 가르
치니 나를 헛되이 경배하는도다 하
였느니라
8 너희가 하나님의 계명은 버리고 사
람의 전통을 지키느니라
9 또 이르시되 너희가 너희 전통을 지
키려고 하나님의 계명을 잘 저버리
는도다
10 모세는 네 부모를 공경하라 하고
또 아버지나 어머니를 모욕하는 자
는 죽임을 당하리라 하였거늘
11 너희는 이르되 사람이 아버지에게
나 어머니에게나 말하기를 내가 드
려 유익하게 할 것이 고르반 곧 하
나님께 드림이 되었다고 하기만 하
면 그만이라 하고
12 자기 아버지나 어머니에게 다시 아
무 것도 하여 드리기를 허락하지 아
니하여
13 너희가 전한 전통으로 하나님의 말
씀을 폐하며 또 이같은 일을 많이
행하느니라 하시고
14 무리를 다시 불러 이르시되 너희는
다 내 말을 듣고 깨달으라
15 무엇이든지 밖에서 사람에게로 들
어가는 것은 능히 사람을 더럽게
하지 못하되
16 사람 안에서 나오는 것이 사람을
더럽게 하는 것이니라 하시고
17 무리를 떠나 집으로 들어가시니 제
자들이 그 비유를 묻자온대
18 예수께서 이르시되 너희도 이렇게
깨달음이 없느냐 무엇이든지 밖에
서 들어가는 것이 능히 사람을 더럽
게 하지 못함을 알지 못하느냐
19 이는 마음으로 들어가지 아니하고
배로 들어가 뒤로 나감이라 이러므
로 모든 음식물을 깨끗하다 하시
니라
20 또 이르시되 사람에게서 나오는 그
것이 사람을 더럽게 하느니라
21 속에서 곧 사람의 마음에서 나오는
것은 악한 생각 곧 음란과 도둑질
과 살인과
22 간음과 탐욕과 악독과 속임과 음
탕과 질투와 비방과 교만과 우매함
이니

기록일 : . . .

23 이 모든 악한 것이 다 속에서 나와
서 사람을 더럽게 하느니라
24 예수께서 일어나사 거기를 떠나 두
로 지방으로 가서 한 집에 들어가
아무도 모르게 하시려 하나 숨길
수 없더라
25 이에 더러운 귀신 들린 어린 딸을
둔 한 여자가 예수의 소문을 듣고
곧 와서 그 발 아래에 엎드리니
26 그 여자는 헬라인이요 수로보니게
족속이라 자기 딸에게서 귀신 쫓아
내 주시기를 간구하거늘
27 예수께서 이르시되 자녀로 먼저 배
불리 먹게 할지니 자녀의 떡을 취
하여 개들에게 던짐이 마땅치 아니
하니라
28 여자가 대답하여 이르되 주여 옳소
이다마는 상 아래 개들도 아이들이
먹던 부스러기를 먹나이다
29 예수께서 이르시되 이 말을 하였으
니 돌아가라 귀신이 네 딸에게서
나갔느니라 하시매
30 여자가 집에 돌아가 본즉 아이가
침상에 누웠고 귀신이 나갔더라
31 예수께서 다시 두로 지방에서 나와
시돈을 지나고 데가볼리 지방을 통
과하여 갈릴리 호수에 이르시매
32 사람들이 귀 먹고 말 더듬는 자를
데리고 예수께 나아와 안수하여 주
시기를 간구하거늘
33 예수께서 그 사람을 따로 데리고
무리를 떠나사 손가락을 그의 양
귀에 넣고 침을 뱉어 그의 혀에 손
을 대시며
34 하늘을 우러러 탄식하시며 그에게
이르시되 에바다 하시니 이는 열리
라는 뜻이라
35 그의 귀가 열리고 혀가 맺힌 것이
곧 풀려 말이 분명하여졌더라
36 예수께서 그들에게 경고하사 아무
에게도 이르지 말라 하시되 경고하
실수록 그들이 더욱 널리 전파하니
37 사람들이 심히 놀라 이르되 그가
모든 것을 잘하였도다 못 듣는 사
람도 듣게 하고 말 못하는 사람도
말하게 한다 하니라

8 그 무렵에 또 큰 무리가 있어 먹
을 것이 없는지라 예수께서 제자들
을 불러 이르시되
2 내가 무리를 불쌍히 여기노라 그들
이 나와 함께 있은 지 이미 사흘이
지났으나 먹을 것이 없도다
3 만일 내가 그들을 굶겨 집으로 보
내면 길에서 기진하리라 그 중에는
멀리서 온 사람들도 있느니라
4 제자들이 대답하되 이 광야 어디서
떡을 얻어 이 사람들로 배부르게
할 수 있으리이까
5 예수께서 물으시되 너희에게 떡 몇
개나 있느냐 이르되 일곱이로소이

기록일 : . . .

다 하거늘
6 예수께서 무리를 명하여 땅에 앉게
하시고 떡 일곱 개를 가지사 축사
하시고 떼어 제자들에게 주어 나누
어 주게 하시니 제자들이 무리에게
나누어 주더라
7 또 작은 생선 두어 마리가 있는지
라 이에 축복하시고 명하사 이것도
나누어 주게 하시니
8 배불리 먹고 남은 조각 일곱 광주
리를 거두었으며
9 사람은 약 사천 명이었더라 예수께
서 그들을 흩어 보내시고
10 곧 제자들과 함께 배에 오르사 달
마누다 지방으로 가시니라
11 바리새인들이 나와서 예수를 힐난
하며 그를 시험하여 하늘로부터 오
는 표적을 구하거늘
12 예수께서 마음속으로 깊이 탄식하
시며 이르시되 어찌하여 이 세대가
표적을 구하느냐 내가 진실로 너희
에게 이르노니 이 세대에 표적을
주지 아니하리라 하시고
13 그들을 떠나 다시 배에 올라 건너
편으로 가시니라
14 제자들이 떡 가져오기를 잊었으매
배에 떡 한 개밖에 그들에게 없더라
15 예수께서 경고하여 이르시되 삼가
바리새인들의 누룩과 헤롯의 누룩
을 주의하라 하시니
16 제자들이 서로 수군거리기를 이는
우리에게 떡이 없음이로다 하거늘
17 예수께서 아시고 이르시되 너희가
어찌 떡이 없음으로 수군거리느냐
아직도 알지 못하며 깨닫지 못하느
냐 너희 마음이 둔하냐
18 너희가 눈이 있어도 보지 못하며 귀
가 있어도 듣지 못하느냐 또 기억
하지 못하느냐
19 내가 떡 다섯 개를 오천 명에게 떼
어 줄 때에 조각 몇 바구니를 거두
었더냐 이르되 열둘이니이다
20 또 일곱 개를 사천 명에게 떼어 줄
때에 조각 몇 광주리를 거두었더냐
이르되 일곱이니이다
21 이르시되 아직도 깨닫지 못하느냐
하시니라
22 벳새다에 이르매 사람들이 맹인 한
사람을 데리고 예수께 나아와 손
대시기를 구하거늘
23 예수께서 맹인의 손을 붙잡으시고
마을 밖으로 데리고 나가사 눈에
침을 뱉으시며 그에게 안수하시고
무엇이 보이느냐 물으시니
24 쳐다보며 이르되 사람들이 보이나
이다 나무 같은 것들이 걸어 가는
것을 보나이다 하거늘
25 이에 그 눈에 다시 안수하시매 그
가 주목하여 보더니 나아서 모든
것을 밝히 보는지라

기록일 : . . .

26 예수께서 그 사람을 집으로 보내시
며 이르시되 마을에는 들어가지 말
라 하시니라
27 예수와 제자들이 빌립보 가이사랴
여러 마을로 나가실새 길에서 제자
들에게 물어 이르시되 사람들이 나
를 누구라고 하느냐
28 제자들이 여짜와 이르되 침례 요한
이라 하고 더러는 엘리야, 더러는
선지자 중의 하나라 하나이다
29 또 물으시되 너희는 나를 누구라
하느냐 베드로가 대답하여 이르되
주는 그리스도시니이다 하매
30 이에 자기의 일을 아무에게도 말하
지 말라 경고하시고
31 인자가 많은 고난을 받고 장로들과
대제사장들과 서기관들에게 버린
바 되어 죽임을 당하고 사흘 만에
살아나야 할 것을 비로소 그들에게
가르치시되
32 드러내 놓고 이 말씀을 하시니 베
드로가 예수를 붙들고 항변하매
33 예수께서 돌이키사 제자들을 보시
며 베드로를 꾸짖어 이르시되 사탄
아 내 뒤로 물러가라 네가 하나님
의 일을 생각하지 아니하고 도리어
사람의 일을 생각하는도다 하시고
34 무리와 제자들을 불러 이르시되 누
구든지 나를 따라오려거든 자기를
부인하고 자기 십자가를 지고 나를
따를 것이니라
35 누구든지 자기 목숨을 구원하고자
하면 잃을 것이요 누구든지 나와
복음을 위하여 자기 목숨을 잃으면
구원하리라
36 사람이 만일 온 천하를 얻고도 자기
목숨을 잃으면 무엇이 유익하리요
37 사람이 무엇을 주고 자기 목숨과
바꾸겠느냐
38 누구든지 이 음란하고 죄 많은 세
대에서 나와 내 말을 부끄러워하면
인자도 아버지의 영광으로 거룩한
천사들과 함께 올 때에 그 사람을
부끄러워하리라

9 또 그들에게 이르시되 내가 진실
로 너희에게 이르노니 여기 서 있는
사람 중에는 죽기 전에 하나님의
나라가 권능으로 임하는 것을 볼
자들도 있느니라 하시니라
2 엿새 후에 예수께서 베드로와 야고
보와 요한을 데리시고 따로 높은
산에 올라가셨더니 그들 앞에서 변
형되사
3 그 옷이 광채가 나며 세상에서 빨
래하는 자가 그렇게 희게 할 수 없
을 만큼 매우 희어졌더라
4 이에 엘리야가 모세와 함께 그들에
게 나타나 예수와 더불어 말하거늘
5 베드로가 예수께 고하되 랍비여 우
리가 여기 있는 것이 좋사오니 우리

기록일 : . . .

가 초막 셋을 짓되 하나는 주를 위
하여, 하나는 모세를 위하여, 하나
는 엘리야를 위하여 하사이다 하니
6 이는 그들이 몹시 무서워하므로 그
가 무슨 말을 할지 알지 못함이더라
7 마침 구름이 와서 그들을 덮으며
구름 속에서 소리가 나되 이는 내
사랑하는 아들이니 너희는 그의 말
을 들으라 하는지라
8 문득 둘러보니 아무도 보이지 아니
하고 오직 예수와 자기들뿐이었더라
9 그들이 산에서 내려올 때에 예수께
서 경고하시되 인자가 죽은 자 가
운데서 살아날 때까지는 본 것을
아무에게도 이르지 말라 하시니
10 그들이 이 말씀을 마음에 두며 서
로 문의하되 죽은 자 가운데서 살
아나는 것이 무엇일까 하고
11 이에 예수께 묻자와 이르되 어찌하
여 서기관들이 엘리야가 먼저 와야
하리라 하나이까
12 이르시되 엘리야가 과연 먼저 와서
모든 것을 회복하거니와 어찌 인자
에 대하여 기록하기를 많은 고난을
받고 멸시를 당하리라 하였느냐
13 그러나 내가 너희에게 이르노니 엘
리야가 왔으되 기록된 바와 같이
사람들이 함부로 대우하였느니라
하시니라
14 이에 그들이 제자들에게 와서 보니
큰 무리가 그들을 둘러싸고 서기
관들이 그들과 더불어 변론하고 있
더라
15 온 무리가 곧 예수를 보고 매우 놀
라며 달려와 문안하거늘
16 예수께서 물으시되 너희가 무엇을
그들과 변론하느냐
17 무리 중의 하나가 대답하되 선생님
말 못하게 귀신 들린 내 아들을 선
생님께 데려왔나이다
18 귀신이 어디서든지 그를 잡으면 거
꾸러져 거품을 흘리며 이를 갈며 그
리고 파리해지는지라 내가 선생님
의 제자들에게 내쫓아 달라 하였으
나 그들이 능히 하지 못하더이다
19 대답하여 이르시되 믿음이 없는 세
대여 내가 얼마나 너희와 함께 있
으며 얼마나 너희에게 참으리요 그
를 내게로 데려오라 하시매
20 이에 데리고 오니 귀신이 예수를
보고 곧 그 아이로 심히 경련을 일
으키게 하는지라 그가 땅에 엎드러
져 구르며 거품을 흘리더라
21 예수께서 그 아버지에게 물으시되
언제부터 이렇게 되었느냐 하시니
이르되 어릴 때부터니이다
22 귀신이 그를 죽이려고 불과 물에
자주 던졌나이다 그러나 무엇을 하
실 수 있거든 우리를 불쌍히 여기사
도와 주옵소서

기록일 : . . .

23 예수께서 이르시되 할 수 있거든이
무슨 말이냐 믿는 자에게는 능히
하지 못할 일이 없느니라 하시니
24 곧 그 아이의 아버지가 소리를 질러
이르되 내가 믿나이다 나의 믿음
없는 것을 도와 주소서 하더라
25 예수께서 무리가 달려와 모이는 것
을 보시고 그 더러운 귀신을 꾸짖
어 이르시되 말 못하고 못 듣는 귀
신아 내가 네게 명하노니 그 아이
에게서 나오고 다시 들어가지 말라
하시매
26 귀신이 소리 지르며 아이로 심히 경
련을 일으키게 하고 나가니 그 아
이가 죽은 것 같이 되어 많은 사람
이 말하기를 죽었다 하나
27 예수께서 그 손을 잡아 일으키시니
이에 일어서니라
28 집에 들어가시매 제자들이 조용히
묻자오되 우리는 어찌하여 능히 그
귀신을 쫓아내지 못하였나이까
29 이르시되 기도 외에 다른 것으로는
이런 종류가 나갈 수 없느니라 하
시니라
30 그 곳을 떠나 갈릴리 가운데로 지
날새 예수께서 아무에게도 알리고
자 아니하시니
31 이는 제자들을 가르치시며 또 인자
가 사람들의 손에 넘겨져 죽임을 당
하고 죽은 지 삼 일만에 살아나리라
는 것을 말씀하셨기 때문이더라
32 그러나 제자들은 이 말씀을 깨닫지
못하고 묻기도 두려워하더라
33 가버나움에 이르러 집에 계실새 제
자들에게 물으시되 너희가 길에서
서로 토론한 것이 무엇이냐 하시되
34 그들이 잠잠하니 이는 길에서 서로
누가 크냐 하고 쟁론하였음이라
35 예수께서 앉으사 열두 제자를 불러
서 이르시되 누구든지 첫째가 되고
자 하면 뭇 사람의 끝이 되며 뭇 사
람을 섬기는 자가 되어야 하리라
하시고
36 어린 아이 하나를 데려다가 그들
가운데 세우시고 안으시며 제자들
에게 이르시되
37 누구든지 내 이름으로 이런 어린 아
이 하나를 영접하면 곧 나를 영접함
이요 누구든지 나를 영접하면 나를
영접함이 아니요 나를 보내신 이를
영접함이니라
38 요한이 예수께 여짜오되 선생님 우
리를 따르지 않는 어떤 자가 주의
이름으로 귀신을 내쫓는 것을 우리
가 보고 우리를 따르지 아니하므로
금하였나이다
39 예수께서 이르시되 금하지 말라 내
이름을 의탁하여 능한 일을 행하고
즉시로 나를 비방할 자가 없느니라
40 우리를 반대하지 않는 자는 우리를

기록일 : . . .

위하는 자니라
41 누구든지 너희가 그리스도에게 속
한 자라 하여 물 한 그릇이라도 주
면 내가 진실로 너희에게 이르노니
그가 결코 상을 잃지 않으리라
42 또 누구든지 나를 믿는 이 작은 자
들 중 하나라도 실족하게 하면 차
라리 연자맷돌이 그 목에 매여 바
다에 던져지는 것이 나으리라
43 만일 네 손이 너를 범죄하게 하거
든 찍어버리라 장애인으로 영생에
들어가는 것이 두 손을 가지고 지
옥 곧 꺼지지 않는 불에 들어가는
것보다 나으니라
44 (없음)
45 만일 네 발이 너를 범죄하게 하거든
찍어버리라 다리 저는 자로 영생에
들어가는 것이 두 발을 가지고 지옥
에 던져지는 것보다 나으니라
46 (없음)
47 만일 네 눈이 너를 범죄하게 하거
든 빼버리라 한 눈으로 하나님의
나라에 들어가는 것이 두 눈을 가
지고 지옥에 던져지는 것보다 나으
니라
48 거기에서는 구더기도 죽지 않고 불
도 꺼지지 아니하느니라
49 사람마다 불로써 소금 치듯 함을
받으리라
50 소금은 좋은 것이로되 만일 소금이
그 맛을 잃으면 무엇으로 이를 짜
게 하리요 너희 속에 소금을 두고
서로 화목하라 하시니라

10 예수께서 거기서 떠나 유대 지경
과 요단 강 건너편으로 가시니 무리
가 다시 모여들거늘 예수께서 다시
전례대로 가르치시더니
2 바리새인들이 예수께 나아와 그를
시험하여 묻되 사람이 아내를 버리
는 것이 옳으니이까
3 대답하여 이르시되 모세가 어떻게
너희에게 명하였느냐
4 이르되 모세는 이혼 증서를 써주어
버리기를 허락하였나이다
5 예수께서 그들에게 이르시되 너희
마음이 완악함으로 말미암아 이 명
령을 기록하였거니와
6 창조 때로부터 사람을 남자와 여자
로 지으셨으니
7 이러므로 사람이 그 부모를 떠나서
8 그 둘이 한 몸이 될지니라 이러한즉
이제 둘이 아니요 한 몸이니
9 그러므로 하나님이 짝지어 주신 것
을 사람이 나누지 못할지니라 하시
더라
10 집에서 제자들이 다시 이 일을 물
으니
11 이르시되 누구든지 그 아내를 버리
고 다른 데에 장가 드는 자는 본처
에게 간음을 행함이요

기록일 : . . .

12 또 아내가 남편을 버리고 다른 데
로 시집 가면 간음을 행함이니라
13 사람들이 예수께서 만져 주심을 바
라고 어린 아이들을 데리고 오매
제자들이 꾸짖거늘
14 예수께서 보시고 노하시어 이르시
되 어린 아이들이 내게 오는 것을
용납하고 금하지 말라 하나님의 나
라가 이런 자의 것이니라
15 내가 진실로 너희에게 이르노니 누
구든지 하나님의 나라를 어린 아이
와 같이 받들지 않는 자는 결단코
그 곳에 들어가지 못하리라 하시고
16 그 어린 아이들을 안고 그들 위에
안수하시고 축복하시니라
17 예수께서 길에 나가실새 한 사람이
달려와서 꿇어 앉아 묻자오되 선한
선생님이여 내가 무엇을 하여야 영
생을 얻으리이까
18 예수께서 이르시되 네가 어찌하여
나를 선하다 일컫느냐 하나님 한
분 외에는 선한 이가 없느니라
19 네가 계명을 아나니 살인하지 말라,
간음하지 말라, 도둑질하지 말라,
거짓 증언 하지 말라, 속여 빼앗지
말라, 네 부모를 공경하라 하였느
니라
20 그가 여짜오되 선생님이여 이것은
내가 어려서부터 다 지켰나이다
21 예수께서 그를 보시고 사랑하사 이
르시되 네게 아직도 한 가지 부족
한 것이 있으니 가서 네게 있는 것
을 다 팔아 가난한 자들에게 주라
그리하면 하늘에서 보화가 네게 있
으리라 그리고 와서 나를 따르라
하시니
22 그 사람은 재물이 많은 고로 이 말
씀으로 인하여 슬픈 기색을 띠고
근심하며 가니라
23 예수께서 둘러 보시고 제자들에게
이르시되 재물이 있는 자는 하나님
의 나라에 들어가기가 심히 어렵도
다 하시니
24 제자들이 그 말씀에 놀라는지라 예
수께서 다시 대답하여 이르시되 얘
들아 하나님의 나라에 들어가기가
얼마나 어려운지
25 낙타가 바늘귀로 나가는 것이 부자
가 하나님의 나라에 들어가는 것보
다 쉬우니라 하시니
26 제자들이 매우 놀라 서로 말하되
그런즉 누가 구원을 얻을 수 있는
가 하니
27 예수께서 그들을 보시며 이르시되
사람으로는 할 수 없으되 하나님으
로는 그렇지 아니하니 하나님으로
서는 다 하실 수 있느니라
28 베드로가 여짜와 이르되 보소서 우
리가 모든 것을 버리고 주를 따랐
나이다

기록일 : . . .

29 예수께서 이르시되 내가 진실로 너
희에게 이르노니 나와 복음을 위
하여 집이나 형제나 자매나 어머니
나 아버지나 자식이나 전토를 버린
자는
30 현세에 있어 집과 형제와 자매와
어머니와 자식과 전토를 백 배나
받되 박해를 겸하여 받고 내세에
영생을 받지 못할 자가 없느니라
31 그러나 먼저 된 자로서 나중 되고
나중 된 자로서 먼저 될 자가 많으
니라
32 예루살렘으로 올라가는 길에 예수
께서 그들 앞에 서서 가시는데 그
들이 놀라고 따르는 자들은 두려워
하더라 이에 다시 열두 제자를 데
리시고 자기가 당할 일을 말씀하여
이르시되
33 보라 우리가 예루살렘에 올라가노
니 인자가 대제사장들과 서기관들
에게 넘겨지매 그들이 죽이기로 결
의하고 이방인들에게 넘겨 주겠고
34 그들은 능욕하며 침 뱉으며 채찍질
하고 죽일 것이나 그는 삼 일 만에
살아나리라 하시니라
35 세베대의 아들 야고보와 요한이 주
께 나아와 여짜오되 선생님이여 무
엇이든지 우리가 구하는 바를 우리
에게 하여 주시기를 원하옵나이다
36 이르시되 너희에게 무엇을 하여 주
기를 원하느냐
37 여짜오되 주의 영광중에서 우리를
하나는 주의 우편에, 하나는 좌편
에 앉게 하여 주옵소서
38 예수께서 이르시되 너희는 너희가
구하는 것을 알지 못하는도다 내가
마시는 잔을 너희가 마실 수 있으
며 내가 받는 침례를 너희가 받을
수 있느냐
39 그들이 말하되 할 수 있나이다 예
수께서 이르시되 너희는 내가 마시
는 잔을 마시며 내가 받는 침례를
받으려니와
40 내 좌우편에 앉는 것은 내가 줄 것
이 아니라 누구를 위하여 준비되었
든지 그들이 얻을 것이니라
41 열 제자가 듣고 야고보와 요한에
대하여 화를 내거늘
42 예수께서 불러다가 이르시되 이방
인의 집권자들이 그들을 임의로 주
관하고 그 고관들이 그들에게 권세
를 부리는 줄을 너희가 알거니와
43 너희 중에는 그렇지 않을지니 너희
중에 누구든지 크고자 하는 자는
너희를 섬기는 자가 되고
44 너희 중에 누구든지 으뜸이 되고자
하는 자는 모든 사람의 종이 되어
야 하리라
45 인자가 온 것은 섬김을 받으려 함
이 아니라 도리어 섬기려 하고 자기

기록일 : . . .

목숨을 많은 사람의 대속물로 주려
함이니라
46 그들이 여리고에 이르렀더니 예수
께서 제자들과 허다한 무리와 함께
여리고에서 나가실 때에 디매오의
아들인 맹인 거지 바디매오가 길 가
에 앉았다가
47 나사렛 예수시란 말을 듣고 소리
질러 이르되 다윗의 자손 예수여
나를 불쌍히 여기소서 하거늘
48 많은 사람이 꾸짖어 잠잠하라 하되
그가 더욱 크게 소리 질러 이르되
다윗의 자손이여 나를 불쌍히 여기
소서 하는지라
49 예수께서 머물러 서서 그를 부르라
하시니 그들이 그 맹인을 부르며 이
르되 안심하고 일어나라 그가 너를
부르신다 하매
50 맹인이 겉옷을 내버리고 뛰어 일어
나 예수께 나아오거늘
51 예수께서 말씀하여 이르시되 네게
무엇을 하여 주기를 원하느냐 맹인
이 이르되 선생님이여 보기를 원하
나이다
52 예수께서 이르시되 가라 네 믿음이
너를 구원하였느니라 하시니 그가
곧 보게 되어 예수를 길에서 따르
니라

11

그들이 예루살렘에 가까이 와서
감람 산 벳바게와 베다니에 이르렀
을 때에 예수께서 제자 중 둘을 보
내시며
2 이르시되 너희는 맞은편 마을로 가
라 그리로 들어가면 곧 아직 아무
도 타 보지 않은 나귀 새끼가 매여
있는 것을 보리니 풀어 끌고 오라
3 만일 누가 너희에게 왜 이렇게 하
느냐 묻거든 주가 쓰시겠다 하라
그리하면 즉시 이리로 보내리라 하
시니
4 제자들이 가서 본즉 나귀 새끼가
문 앞 거리에 매여 있는지라 그것을
푸니
5 거기 서 있는 사람 중 어떤 이들이
이르되 나귀 새끼를 풀어 무엇 하
려느냐 하매
6 제자들이 예수께서 이르신 대로 말
한대 이에 허락하는지라
7 나귀 새끼를 예수께로 끌고 와서
자기들의 겉옷을 그 위에 얹어 놓
으매 예수께서 타시니
8 많은 사람들은 자기들의 겉옷을,
또 다른 이들은 들에서 벤 나뭇가
지를 길에 펴며
9 앞에서 가고 뒤에서 따르는 자들이
소리 지르되 호산나 찬송하리로다
주의 이름으로 오시는 이여
10 찬송하리로다 오는 우리 조상 다윗
의 나라여 가장 높은 곳에서 호산
나 하더라

기록일 : . . .

11 예수께서 예루살렘에 이르러 성전에 들어가사 모든 것을 둘러 보시고 때가 이미 저물매 열두 제자를 데리시고 베다니에 나가시니라

12 이튿날 그들이 베다니에서 나왔을 때에 예수께서 시장하신지라

13 멀리서 잎사귀 있는 한 무화과나무를 보시고 혹 그 나무에 무엇이 있을까 하여 가셨더니 가서 보신즉 잎사귀 외에 아무 것도 없더라 이는 무화과의 때가 아님이라

14 예수께서 나무에게 말씀하여 이르시되 이제부터 영원토록 사람이 네게서 열매를 따 먹지 못하리라 하시니 제자들이 이를 듣더라

15 그들이 예루살렘에 들어가니라 예수께서 성전에 들어가사 성전 안에서 매매하는 자들을 내쫓으시며 돈 바꾸는 자들의 상과 비둘기 파는 자들의 의자를 둘러 엎으시며

16 아무나 물건을 가지고 성전 안으로 지나다님을 허락하지 아니하시고

17 이에 가르쳐 이르시되 기록된 바 내 집은 만민이 기도하는 집이라 칭함을 받으리라고 하지 아니하였느냐 너희는 강도의 소굴을 만들었도다 하시매

18 대제사장들과 서기관들이 듣고 예수를 어떻게 죽일까 하고 꾀하니 이는 무리가 다 그의 교훈을 놀랍게 여기므로 그를 두려워함일러라

19 그리고 날이 저물매 그들이 성 밖으로 나가더라

20 그들이 아침에 지나갈 때에 무화과나무가 뿌리째 마른 것을 보고

21 베드로가 생각이 나서 여짜오되 랍비여 보소서 저주하신 무화과나무가 말랐나이다

22 예수께서 그들에게 대답하여 이르시되 하나님을 믿으라

23 내가 진실로 너희에게 이르노니 누구든지 이 산더러 들리어 바다에 던져지라 하며 그 말하는 것이 이루어질 줄 믿고 마음에 의심하지 아니하면 그대로 되리라

24 그러므로 내가 너희에게 말하노니 무엇이든지 기도하고 구하는 것은 받은 줄로 믿으라 그리하면 너희에게 그대로 되리라

25 서서 기도할 때에 아무에게나 혐의가 있거든 용서하라 그리하여야 하늘에 계신 너희 아버지께서도 너희 허물을 사하여 주시리라 하시니라

26 (없음)

27 그들이 다시 예루살렘에 들어가니라 예수께서 성전에서 거니실 때에 대제사장들과 서기관들과 장로들이 나아와

28 이르되 무슨 권위로 이런 일을 하느냐 누가 이런 일 할 권위를 주었

느냐
29 예수께서 이르시되 나도 한 말을
너희에게 물으리니 대답하라 그리
하면 나도 무슨 권위로 이런 일을
하는지 이르리라
30 요한의 침례가 하늘로부터냐 사람
으로부터냐 내게 대답하라
31 그들이 서로 의논하여 이르되 만일
하늘로부터라 하면 어찌하여 그를
믿지 아니하였느냐 할 것이니
32 그러면 사람으로부터라 할까 하였
으나 모든 사람이 요한을 참 선지
자로 여기므로 그들이 백성을 두려
워하는지라
33 이에 예수께 대답하여 이르되 우리
가 알지 못하노라 하니 예수께서
이르시되 나도 무슨 권위로 이런
일을 하는지 너희에게 이르지 아니
하리라 하시니라

12 예수께서 비유로 그들에게 말씀
하시되 한 사람이 포도원을 만들어
산울타리로 두르고 즙 짜는 틀을
만들고 망대를 지어서 농부들에게
세로 주고 타국에 갔더니
2 때가 이르매 농부들에게 포도원 소
출 얼마를 받으려고 한 종을 보내니
3 그들이 종을 잡아 심히 때리고 거
저 보내었거늘
4 다시 다른 종을 보내니 그의 머리
에 상처를 내고 능욕하였거늘
5 또 다른 종을 보내니 그들이 그를
죽이고 또 그 외 많은 종들도 더러
는 때리고 더러는 죽인지라
6 이제 한 사람이 남았으니 곧 그가
사랑하는 아들이라 최후로 이를 보
내며 이르되 내 아들은 존대하리라
하였더니
7 그 농부들이 서로 말하되 이는 상
속자니 자 죽이자 그러면 그 유산
이 우리 것이 되리라 하고
8 이에 잡아 죽여 포도원 밖에 내던
졌느니라
9 포도원 주인이 어떻게 하겠느냐 와
서 그 농부들을 진멸하고 포도원을
다른 사람들에게 주리라
10 너희가 성경에 건축자들이 버린 돌
이 모퉁이의 머릿돌이 되었나니
11 이것은 주로 말미암아 된 것이요
우리 눈에 놀랍도다 함을 읽어 보
지도 못하였느냐 하시니라
12 그들이 예수의 이 비유가 자기들을
가리켜 말씀하심인 줄 알고 잡고자
하되 무리를 두려워하여 예수를 두
고 가니라
13 그들이 예수의 말씀을 책잡으려 하
여 바리새인과 헤롯당 중에서 사람
을 보내매
14 와서 이르되 선생님이여 우리가 아
노니 당신은 참되시고 아무도 꺼리
는 일이 없으시니 이는 사람을 외모

기록일 : . . .

로 보지 않고 오직 진리로써 하나
님의 도를 가르치심이니이다 가이
사에게 세금을 바치는 것이 옳으니
이까 옳지 아니하니이까
15 우리가 바치리이까 말리이까 한대
예수께서 그 외식함을 아시고 이르
시되 어찌하여 나를 시험하느냐 데
나리온 하나를 가져다가 내게 보이
라 하시니
16 가져왔거늘 예수께서 이르시되 이
형상과 이 글이 누구의 것이냐 이르
되 가이사의 것이니이다
17 이에 예수께서 이르시되 가이사의
것은 가이사에게, 하나님의 것은 하
나님께 바치라 하시니 그들이 예수
께 대하여 매우 놀랍게 여기더라
18 부활이 없다 하는 사두개인들이 예
수께 와서 물어 이르되
19 선생님이여 모세가 우리에게 써 주
기를 어떤 사람의 형이 자식이 없이
아내를 두고 죽으면 그 동생이 그
아내를 취하여 형을 위하여 상속자
를 세울지니라 하였나이다
20 칠 형제가 있었는데 맏이가 아내를
취하였다가 상속자가 없이 죽고
21 둘째도 그 여자를 취하였다가 상속
자가 없이 죽고 셋째도 그렇게 하여
22 일곱이 다 상속자가 없었고 최후에
여자도 죽었나이다
23 일곱 사람이 다 그를 아내로 취하
였으니 부활 때 곧 그들이 살아날
때에 그 중의 누구의 아내가 되리
이까
24 예수께서 이르시되 너희가 성경도
하나님의 능력도 알지 못하므로 오
해함이 아니냐
25 사람이 죽은 자 가운데서 살아날
때에는 장가도 아니 가고 시집도
아니 가고 하늘에 있는 천사들과
같으니라
26 죽은 자가 살아난다는 것을 말할진
대 너희가 모세의 책 중 가시나무
떨기에 관한 글에 하나님께서 모세
에게 이르시되 나는 아브라함의 하
나님이요 이삭의 하나님이요 야곱
의 하나님이로라 하신 말씀을 읽어
보지 못하였느냐
27 하나님은 죽은 자의 하나님이 아
니요 산 자의 하나님이시라 너희가
크게 오해하였도다 하시니라
28 서기관 중 한 사람이 그들이 변론
하는 것을 듣고 예수께서 잘 대답
하신 줄을 알고 나아와 묻되 모든
계명 중에 첫째가 무엇이니이까
29 예수께서 대답하시되 첫째는 이것
이니 이스라엘아 들으라 주 곧 우
리 하나님은 유일한 주시라
30 네 마음을 다하고 목숨을 다하고
뜻을 다하고 힘을 다하여 주 너의
하나님을 사랑하라 하신 것이요

기록일 : . . .

31 둘째는 이것이니 네 이웃을 네 자
신과 같이 사랑하라 하신 것이라 이
보다 더 큰 계명이 없느니라
32 서기관이 이르되 선생님이여 옳소
이다 하나님은 한 분이시요 그 외
에 다른 이가 없다 하신 말씀이 참
이니이다
33 또 마음을 다하고 지혜를 다하고 힘
을 다하여 하나님을 사랑하는 것과
또 이웃을 자기 자신과 같이 사랑하
는 것이 전체로 드리는 모든 번제물
과 기타 제물보다 나으니이다
34 예수께서 그가 지혜 있게 대답함을
보시고 이르시되 네가 하나님의 나
라에서 멀지 않도다 하시니 그 후
에 감히 묻는 자가 없더라
35 예수께서 성전에서 가르치실새 대
답하여 이르시되 어찌하여 서기관
들이 그리스도를 다윗의 자손이라
하느냐
36 다윗이 성령에 감동되어 친히 말하
되 주께서 내 주께 이르시되 내가
네 원수를 네 발 아래에 둘 때까지
내 우편에 앉았으라 하셨도다 하였
느니라
37 다윗이 그리스도를 주라 하였은즉
어찌 그의 자손이 되겠느냐 하시니
많은 사람들이 즐겁게 듣더라
38 예수께서 가르치실 때에 이르시되
긴 옷을 입고 다니는 것과 시장에서
문안 받는 것과
39 회당의 높은 자리와 잔치의 윗자리
를 원하는 서기관들을 삼가라
40 그들은 과부의 가산을 삼키며 외식
으로 길게 기도하는 자니 그 받는
판결이 더욱 중하리라 하시니라
41 예수께서 헌금함을 대하여 앉으사
무리가 어떻게 헌금함에 돈 넣는가
를 보실새 여러 부자는 많이 넣는데
42 한 가난한 과부는 와서 두 렙돈 곧
한 고드란트를 넣는지라
43 예수께서 제자들을 불러다가 이르
시되 내가 진실로 너희에게 이르노
니 이 가난한 과부는 헌금함에 넣
는 모든 사람보다 많이 넣었도다
44 그들은 다 그 풍족한 중에서 넣었
거니와 이 과부는 그 가난한 중에
서 자기의 모든 소유 곧 생활비 전
부를 넣었느니라 하시니라

13 예수께서 성전에서 나가실 때에
제자 중 하나가 이르되 선생님이여
보소서 이 돌들이 어떠하며 이 건물
들이 어떠하니이까
2 예수께서 이르시되 네가 이 큰 건
물들을 보느냐 돌 하나도 돌 위에
남지 않고 다 무너뜨려지리라 하시
니라
3 예수께서 감람 산에서 성전을 마주
대하여 앉으셨을 때에 베드로와
야고보와 요한과 안드레가 조용히

기록일 : . . .

묻되
4 우리에게 이르소서 어느 때에 이런
일이 있겠사오며 이 모든 일이 이루
어지려 할 때에 무슨 징조가 있사
오리이까
5 예수께서 이르시되 너희가 사람의
미혹을 받지 않도록 주의하라
6 많은 사람이 내 이름으로 와서 이
르되 내가 그라 하여 많은 사람을
미혹하리라
7 난리와 난리의 소문을 들을 때에
두려워하지 말라 이런 일이 있어야
하되 아직 끝은 아니니라
8 민족이 민족을, 나라가 나라를 대적
하여 일어나겠고 곳곳에 지진이 있
으며 기근이 있으리니 이는 재난의
시작이니라
9 너희는 스스로 조심하라 사람들이
너희를 공회에 넘겨 주겠고 너희
를 회당에서 매질하겠으며 나로 말
미암아 너희가 권력자들과 임금들
앞에 서리니 이는 그들에게 증거가
되려 함이라
10 또 복음이 먼저 만국에 전파되어야
할 것이니라
11 사람들이 너희를 끌어다가 넘겨 줄
때에 무슨 말을 할까 미리 염려하
지 말고 무엇이든지 그 때에 너희
에게 주시는 그 말을 하라 말하는
이는 너희가 아니요 성령이시니라
12 형제가 형제를, 아버지가 자식을 죽
는 데에 내주며 자식들이 부모를
대적하여 죽게 하리라
13 또 너희가 내 이름으로 말미암아 모
든 사람에게 미움을 받을 것이나 끝
까지 견디는 자는 구원을 받으리라
14 멸망의 가증한 것이 서지 못할 곳
에 선 것을 보거든 (읽는 자는 깨달
을진저) 그 때에 유대에 있는 자들
은 산으로 도망할지어다
15 지붕 위에 있는 자는 내려가지도
말고 집에 있는 무엇을 가지러 들어
가지도 말며
16 밭에 있는 자는 겉옷을 가지러 뒤
로 돌이키지 말지어다
17 그 날에는 아이 밴 자들과 젖먹이
는 자들에게 화가 있으리로다
18 이 일이 겨울에 일어나지 않도록 기
도하라
19 이는 그 날들이 환난의 날이 되겠
음이라 하나님께서 창조하신 시초
부터 지금까지 이런 환난이 없었고
후에도 없으리라
20 만일 주께서 그 날들을 감하지 아
니하셨더라면 모든 육체가 구원을
얻지 못할 것이거늘 자기가 택하신
자들을 위하여 그 날들을 감하셨느
니라
21 그 때에 어떤 사람이 너희에게 말
하되 보라 그리스도가 여기 있다

기록일 : . . .

보라 저기 있다 하여도 믿지 말라
22 거짓 그리스도들과 거짓 선지자들
이 일어나서 이적과 기사를 행하여
할 수만 있으면 택하신 자들을 미
혹하려 하리라
23 너희는 삼가라 내가 모든 일을 너
희에게 미리 말하였노라
24 그 때에 그 환난 후 해가 어두워지
며 달이 빛을 내지 아니하며
25 별들이 하늘에서 떨어지며 하늘에
있는 권능들이 흔들리리라
26 그 때에 인자가 구름을 타고 큰 권
능과 영광으로 오는 것을 사람들이
보리라
27 또 그 때에 그가 천사들을 보내어
자기가 택하신 자들을 땅 끝으로부
터 하늘 끝까지 사방에서 모으리라
28 무화과나무의 비유를 배우라 그 가
지가 연하여지고 잎사귀를 내면 여
름이 가까운 줄 아나니
29 이와 같이 너희가 이런 일이 일어나
는 것을 보거든 인자가 가까이 곧
문 앞에 이른 줄 알라
30 내가 진실로 너희에게 말하노니 이
세대가 지나가기 전에 이 일이 다
일어나리라
31 천지는 없어지겠으나 내 말은 없어
지지 아니하리라
32 그러나 그 날과 그 때는 아무도 모
르나니 하늘에 있는 천사들도, 아
들도 모르고 아버지만 아시느니라
33 주의하라 깨어 있으라 그 때가 언
제인지 알지 못함이라
34 가령 사람이 집을 떠나 타국으로
갈 때에 그 종들에게 권한을 주어
각각 사무를 맡기며 문지기에게 깨
어 있으라 명함과 같으니
35 그러므로 깨어 있으라 집 주인이 언
제 올는지 혹 저물 때일는지, 밤중
일는지, 닭 울 때일는지, 새벽일는
지 너희가 알지 못함이라
36 그가 홀연히 와서 너희가 자는 것
을 보지 않도록 하라
37 깨어 있으라 내가 너희에게 하는
이 말은 모든 사람에게 하는 말이
니라 하시니라

14 이틀이 지나면 유월절과 무교절이
라 대제사장들과 서기관들이 예수
를 흉계로 잡아 죽일 방도를 구하며
2 이르되 민란이 날까 하노니 명절에
는 하지 말자 하더라
3 예수께서 베다니 나병환자 시몬의
집에서 식사하실 때에 한 여자가
매우 값진 향유 곧 순전한 나드 한
옥합을 가지고 와서 그 옥합을 깨
뜨려 예수의 머리에 부으니
4 어떤 사람들이 화를 내어 서로 말하
되 어찌하여 이 향유를 허비하는가
5 이 향유를 삼백 데나리온 이상에 팔
아 가난한 자들에게 줄 수 있었겠도

다 하며 그 여자를 책망하는지라
6 예수께서 이르시되 가만 두라 너희
가 어찌하여 그를 괴롭게 하느냐
그가 내게 좋은 일을 하였느니라
7 가난한 자들은 항상 너희와 함께
있으니 아무 때라도 원하는 대로
도울 수 있거니와 나는 너희와 항
상 함께 있지 아니하리라
8 그는 힘을 다하여 내 몸에 향유를
부어 내 장례를 미리 준비하였느
니라
9 내가 진실로 너희에게 이르노니 온
천하에 어디서든지 복음이 전파되
는 곳에는 이 여자가 행한 일도 말
하여 그를 기억하리라 하시니라
10 열둘 중의 하나인 가룟 유다가 예
수를 넘겨 주려고 대제사장들에게
가매
11 그들이 듣고 기뻐하여 돈을 주기로
약속하니 유다가 예수를 어떻게 넘
겨 줄까 하고 그 기회를 찾더라
12 무교절의 첫날 곧 유월절 양 잡는
날에 제자들이 예수께 여짜오되 우
리가 어디로 가서 선생님께서 유월
절 음식을 잡수시게 준비하기를 원
하시나이까 하매
13 예수께서 제자 중의 둘을 보내시며
이르시되 성내로 들어가라 그리하
면 물 한 동이를 가지고 가는 사람
을 만나리니 그를 따라가서
14 어디든지 그가 들어가는 그 집 주인
에게 이르되 선생님의 말씀이 내가
내 제자들과 함께 유월절 음식을
먹을 나의 객실이 어디 있느냐 하시
더라 하라
15 그리하면 자리를 펴고 준비한 큰
다락방을 보이리니 거기서 우리를
위하여 준비하라 하시니
16 제자들이 나가 성내로 들어가서 예
수께서 하시던 말씀대로 만나 유월
절 음식을 준비하니라
17 저물매 그 열둘을 데리시고 가서
18 다 앉아 먹을 때에 예수께서 이르
시되 내가 진실로 너희에게 이르노
니 너희 중의 한 사람 곧 나와 함께
먹는 자가 나를 팔리라 하신대
19 그들이 근심하며 하나씩 하나씩 나
는 아니지요 하고 말하기 시작하니
20 그들에게 이르시되 열둘 중의 하나
곧 나와 함께 그릇에 손을 넣는 자
니라
21 인자는 자기에 대하여 기록된 대로
가거니와 인자를 파는 그 사람에게
는 화가 있으리로다 그 사람은 차
라리 나지 아니하였더라면 자기에
게 좋을 뻔하였느니라 하시니라
22 그들이 먹을 때에 예수께서 떡을
가지사 축복하시고 떼어 제자들에
게 주시며 이르시되 받으라 이것은
내 몸이니라 하시고

기록일 : . . .

23 또 잔을 가지사 감사 기도 하시고
그들에게 주시니 다 이를 마시매
24 이르시되 이것은 많은 사람을 위
하여 흘리는 나의 피 곧 언약의 피
니라
25 진실로 너희에게 이르노니 내가 포
도나무에서 난 것을 하나님 나라에
서 새 것으로 마시는 날까지 다시
마시지 아니하리라 하시니라
26 이에 그들이 찬미하고 감람 산으로
가니라
27 예수께서 제자들에게 이르시되 너
희가 다 나를 버리리라 이는 기록
된 바 내가 목자를 치리니 양들이
흩어지리라 하였음이니라
28 그러나 내가 살아난 후에 너희보다
먼저 갈릴리로 가리라
29 베드로가 여짜오되 다 버릴지라도
나는 그리하지 않겠나이다
30 예수께서 이르시되 내가 진실로 네
게 이르노니 오늘 이 밤 닭이 두 번
울기 전에 네가 세 번 나를 부인하
리라
31 베드로가 힘있게 말하되 내가 주와
함께 죽을지언정 주를 부인하지 않
겠나이다 하고 모든 제자도 이와
같이 말하니라
32 그들이 겟세마네라 하는 곳에 이르
매 예수께서 제자들에게 이르시되
내가 기도할 동안에 너희는 여기
앉아 있으라 하시고
33 베드로와 야고보와 요한을 데리고
가실새 심히 놀라시며 슬퍼하사
34 말씀하시되 내 마음이 심히 고민하
여 죽게 되었으니 너희는 여기 머물
러 깨어 있으라 하시고
35 조금 나아가사 땅에 엎드리어 될
수 있는 대로 이 때가 자기에게서
지나가기를 구하여
36 이르시되 아빠 아버지여 아버지께
는 모든 것이 가능하오니 이 잔을
내게서 옮기시옵소서 그러나 나의
원대로 마시옵고 아버지의 원대로
하옵소서 하시고
37 돌아오사 제자들이 자는 것을 보시
고 베드로에게 말씀하시되 시몬아
자느냐 네가 한 시간도 깨어 있을
수 없더냐
38 시험에 들지 않게 깨어 있어 기도하
라 마음에는 원이로되 육신이 약하
도다 하시고
39 다시 나아가 동일한 말씀으로 기도
하시고
40 다시 오사 보신즉 그들이 자니 이
는 그들의 눈이 심히 피곤함이라
그들이 예수께 무엇으로 대답할 줄
을 알지 못하더라
41 세 번째 오사 그들에게 이르시되
이제는 자고 쉬라 그만 되었다 때
가 왔도다 보라 인자가 죄인의 손

기록일 : . . .

에 팔리느니라
42 일어나라 함께 가자 보라 나를 파
는 자가 가까이 왔느니라
43 예수께서 말씀하실 때에 곧 열둘
중의 하나인 유다가 왔는데 대제사
장들과 서기관들과 장로들에게서
파송된 무리가 검과 몽치를 가지고
그와 함께 하였더라
44 예수를 파는 자가 이미 그들과 군
호를 짜 이르되 내가 입맞추는 자
가 그이니 그를 잡아 단단히 끌어
가라 하였는지라
45 이에 와서 곧 예수께 나아와 랍비
여 하고 입을 맞추니
46 그들이 예수께 손을 대어 잡거늘
47 곁에 서 있는 자 중의 한 사람이 칼
을 빼어 대제사장의 종을 쳐 그 귀
를 떨어뜨리니라
48 예수께서 무리에게 말씀하여 이르
시되 너희가 강도를 잡는 것 같이
검과 몽치를 가지고 나를 잡으러
나왔느냐
49 내가 날마다 너희와 함께 성전에
있으면서 가르쳤으되 너희가 나를
잡지 아니하였도다 그러나 이는 성
경을 이루려 함이니라 하시더라
50 제자들이 다 예수를 버리고 도망하
니라
51 한 청년이 벗은 몸에 베 홑이불을
두르고 예수를 따라가다가 무리에
게 잡히매
52 베 홑이불을 버리고 벗은 몸으로
도망하니라
53 그들이 예수를 끌고 대제사장에게
로 가니 대제사장들과 장로들과 서
기관들이 다 모이더라
54 베드로가 예수를 멀찍이 따라 대제
사장의 집 뜰 안까지 들어가서 아
랫사람들과 함께 앉아 불을 쬐더라
55 대제사장들과 온 공회가 예수를 죽
이려고 그를 칠 증거를 찾되 얻지
못하니
56 이는 예수를 쳐서 거짓 증언 하는
자가 많으나 그 증언이 서로 일치
하지 못함이라
57 어떤 사람들이 일어나 예수를 쳐서
거짓 증언 하여 이르되
58 우리가 그의 말을 들으니 손으로
지은 이 성전을 내가 헐고 손으로
짓지 아니한 다른 성전을 사흘 동
안에 지으리라 하더라 하되
59 그 증언도 서로 일치하지 않더라
60 대제사장이 가운데 일어서서 예수
에게 물어 이르되 너는 아무 대답
도 없느냐 이 사람들이 너를 치는
증거가 어떠하냐 하되
61 침묵하고 아무 대답도 아니하시거
늘 대제사장이 다시 물어 이르되 네
가 찬송 받을 이의 아들 그리스도냐
62 예수께서 이르시되 내가 그니라 인

기록일 : . . .

자가 권능자의 우편에 앉은 것과
하늘 구름을 타고 오는 것을 너희
가 보리라 하시니
63 대제사장이 자기 옷을 찢으며 이르
되 우리가 어찌 더 증인을 요구하
리요
64 그 신성 모독 하는 말을 너희가 들
었도다 너희는 어떻게 생각하느냐
하니 그들이 다 예수를 사형에 해
당한 자로 정죄하고
65 어떤 사람은 그에게 침을 뱉으며
그의 얼굴을 가리고 주먹으로 치며
이르되 선지자 노릇을 하라 하고
하인들은 손바닥으로 치더라
66 베드로는 아랫뜰에 있더니 대제사
장의 여종 하나가 와서
67 베드로가 불 쬐고 있는 것을 보고
주목하여 이르되 너도 나사렛 예수
와 함께 있었도다 하거늘
68 베드로가 부인하여 이르되 나는 네
가 말하는 것이 무엇인지 알지도 못
하고 깨닫지도 못하겠노라 하며 앞
뜰로 나갈새
69 여종이 그를 보고 곁에 서 있는 자
들에게 다시 이르되 이 사람은 그
도당이라 하되
70 또 부인하더라 조금 후에 곁에 서
있는 사람들이 다시 베드로에게 말
하되 너도 갈릴리 사람이니 참으로
그 도당이니라
71 그러나 베드로가 저주하며 맹세하
되 나는 너희가 말하는 이 사람을
알지 못하노라 하니
72 닭이 곧 두 번째 울더라 이에 베드
로가 예수께서 자기에게 하신 말씀
곧 닭이 두 번 울기 전에 네가 세
번 나를 부인하리라 하심이 기억되
어 그 일을 생각하고 울었더라

15

새벽에 대제사장들이 즉시 장로
들과 서기관들 곧 온 공회와 더불
어 의논하고 예수를 결박하여 끌고
가서 빌라도에게 넘겨 주니
2 빌라도가 묻되 네가 유대인의 왕이
냐 예수께서 대답하여 이르시되 네
말이 옳도다 하시매
3 대제사장들이 여러 가지로 고발하
는지라
4 빌라도가 또 물어 이르되 아무 대
답도 없느냐 그들이 얼마나 많은
것으로 너를 고발하는가 보라 하되
5 예수께서 다시 아무 말씀으로도 대
답하지 아니하시니 빌라도가 놀랍
게 여기더라
6 명절이 되면 백성들이 요구하는 대
로 죄수 한 사람을 놓아 주는 전례
가 있더니
7 민란을 꾸미고 그 민란중에 살인하
고 체포된 자 중에 바라바라 하는
자가 있는지라
8 무리가 나아가서 전례대로 하여 주

기록일 : . . .

기를 요구한대
9 빌라도가 대답하여 이르되 너희는
내가 유대인의 왕을 너희에게 놓아
주기를 원하느냐 하니
10 이는 그가 대제사장들이 시기로 예
수를 넘겨 준 줄 앎이러라
11 그러나 대제사장들이 무리를 충동
하여 도리어 바라바를 놓아 달라
하게 하니
12 빌라도가 또 대답하여 이르되 그
러면 너희가 유대인의 왕이라 하는
이를 내가 어떻게 하랴
13 그들이 다시 소리 지르되 그를 십
자가에 못 박게 하소서
14 빌라도가 이르되 어찜이냐 무슨 악
한 일을 하였느냐 하니 더욱 소리
지르되 십자가에 못 박게 하소서
하는지라
15 빌라도가 무리에게 만족을 주고자
하여 바라바는 놓아 주고 예수는
채찍질하고 십자가에 못 박히게 넘
겨 주니라
16 군인들이 예수를 끌고 브라이도리
온이라는 뜰 안으로 들어가서 온
군대를 모으고
17 예수에게 자색 옷을 입히고 가시관
을 엮어 씌우고
18 경례하여 이르되 유대인의 왕이여
평안할지어다 하고
19 갈대로 그의 머리를 치며 침을 뱉
으며 꿇어 절하더라
20 희롱을 다 한 후 자색 옷을 벗기고
도로 그의 옷을 입히고 십자가에
못 박으려고 끌고 나가니라
21 마침 알렉산더와 루포의 아버지인
구레네 사람 시몬이 시골로부터 와
서 지나가는데 그들이 그를 억지로
같이 가게 하여 예수의 십자가를
지우고
22 예수를 끌고 골고다라 하는 곳(번
역하면 해골의 곳)에 이르러
23 몰약을 탄 포도주를 주었으나 예수
께서 받지 아니하시니라
24 십자가에 못 박고 그 옷을 나눌새
누가 어느 것을 가질까 하여 제비
를 뽑더라
25 때가 제삼시가 되어 십자가에 못
박으니라
26 그 위에 있는 죄패에 유대인의 왕
이라 썼고
27 강도 둘을 예수와 함께 십자가에
못 박으니 하나는 그의 우편에, 하
나는 좌편에 있더라
28 (없음)
29 지나가는 자들은 자기 머리를 흔들
며 예수를 모욕하여 이르되 아하
성전을 헐고 사흘에 짓는다는 자여
30 네가 너를 구원하여 십자가에서 내
려오라 하고
31 그와 같이 대제사장들도 서기관들

기록일 : . . .

과 함께 희롱하며 서로 말하되 그
가 남은 구원하였으되 자기는 구원
할 수 없도다
32 이스라엘의 왕 그리스도가 지금 십
자가에서 내려와 우리가 보고 믿게
할지어다 하며 함께 십자가에 못
박힌 자들도 예수를 욕하더라
33 제육시가 되매 온 땅에 어둠이 임
하여 제구시까지 계속하더니
34 제구시에 예수께서 크게 소리 지르
시되 엘리 엘리 라마 사박다니 하
시니 이를 번역하면 나의 하나님,
나의 하나님 어찌하여 나를 버리셨
나이까 하는 뜻이라
35 곁에 섰던 자 중 어떤 이들이 듣고
이르되 보라 엘리야를 부른다 하고
36 한 사람이 달려가서 해면에 신 포
도주를 적시어 갈대에 꿰어 마시게
하고 이르되 가만 두라 엘리야가
와서 그를 내려 주나 보자 하더라
37 예수께서 큰 소리를 지르시고 숨지
시니라
38 이에 성소 휘장이 위로부터 아래까
지 찢어져 둘이 되니라
39 예수를 향하여 섰던 백부장이 그렇
게 숨지심을 보고 이르되 이 사람
은 진실로 하나님의 아들이었도다
하더라
40 멀리서 바라보는 여자들도 있었는
데 그 중에 막달라 마리아와 또 작
은 야고보와 요세의 어머니 마리아
와 또 살로메가 있었으니
41 이들은 예수께서 갈릴리에 계실 때
에 따르며 섬기던 자들이요 또 이
외에 예수와 함께 예루살렘에 올라
온 여자들도 많이 있었더라
42 이 날은 준비일 곧 안식일 전날이므
로 저물었을 때에
43 아리마대 사람 요셉이 와서 당돌히
빌라도에게 들어가 예수의 시체를
달라 하니 이 사람은 존경 받는 공
회원이요 하나님의 나라를 기다리
는 자라
44 빌라도는 예수께서 벌써 죽었을까
하고 이상히 여겨 백부장을 불러
죽은 지가 오래냐 묻고
45 백부장에게 알아 본 후에 요셉에게
시체를 내주는지라
46 요셉이 세마포를 사서 예수를 내려
다가 그것으로 싸서 바위 속에 판
무덤에 넣어 두고 돌을 굴려 무덤
문에 놓으매
47 막달라 마리아와 요세의 어머니 마
리아가 예수 둔 곳을 보더라

16 안식일이 지나매 막달라 마리아
와 야고보의 어머니 마리아와 또
살로메가 가서 예수께 바르기 위하
여 향품을 사다 두었다가
2 안식 후 첫날 매우 일찍이 해 돋을
때에 그 무덤으로 가며

기록일 : . . .

3 서로 말하되 누가 우리를 위하여
무덤 문에서 돌을 굴려 주리요 하
더니
4 눈을 들어본즉 벌써 돌이 굴려져
있는데 그 돌이 심히 크더라
5 무덤에 들어가서 흰 옷을 입은 한
청년이 우편에 앉은 것을 보고 놀
라매
6 청년이 이르되 놀라지 말라 너희가
십자가에 못 박히신 나사렛 예수를
찾는구나 그가 살아나셨고 여기 계
시지 아니하니라 보라 그를 두었던
곳이니라
7 가서 그의 제자들과 베드로에게 이
르기를 예수께서 너희보다 먼저 갈
릴리로 가시나니 전에 너희에게 말
씀하신 대로 너희가 거기서 뵈오리
라 하라 하는지라
8 여자들이 몹시 놀라 떨며 나와 무
덤에서 도망하고 무서워하여 아무
에게 아무 말도 하지 못하더라
9 [예수께서 안식 후 첫날 이른 아침
에 살아나신 후 전에 일곱 귀신을
쫓아내어 주신 막달라 마리아에게
먼저 보이시니
10 마리아가 가서 예수와 함께 하던
사람들이 슬퍼하며 울고 있는 중에
이 일을 알리매
11 그들은 예수께서 살아나셨다는 것
과 마리아에게 보이셨다는 것을 듣
고도 믿지 아니하니라
12 그 후에 그들 중 두 사람이 걸어서
시골로 갈 때에 예수께서 다른 모
양으로 그들에게 나타나시니
13 두 사람이 가서 남은 제자들에게
알리었으되 역시 믿지 아니하니라
14 그 후에 열한 제자가 음식 먹을 때
에 예수께서 그들에게 나타나사 그
들의 믿음 없는 것과 마음이 완악
한 것을 꾸짖으시니 이는 자기가 살
아난 것을 본 자들의 말을 믿지 아
니함일러라
15 또 이르시되 너희는 온 천하에 다
니며 만민에게 복음을 전파하라
16 믿고 침례를 받는 사람은 구원을
얻을 것이요 믿지 않는 사람은 정죄
를 받으리라
17 믿는 자들에게는 이런 표적이 따르
리니 곧 그들이 내 이름으로 귀신
을 쫓아내며 새 방언을 말하며
18 뱀을 집어올리며 무슨 독을 마실지
라도 해를 받지 아니하며 병든 사
람에게 손을 얹은즉 나으리라 하시
더라
19 주 예수께서 말씀을 마치신 후에
하늘로 올려지사 하나님 우편에 앉
으시니라
20 제자들이 나가 두루 전파할새 주께
서 함께 역사하사 그 따르는 표적
으로 말씀을 확실히 증언하시니라]

기록일 : . . .

LUKE

누가복음

저 자	누가
주 제	하나님이시며 동시에 완전한 인간으로서 온 인류의 구세주가 되시기 위해 이 땅에 오신 예수 그리스도
기록목적	로마의 고위 관리인 데오빌로에게 복음을 전하며 또한 전 세계의 이방인들에게 복음을 전파하고 구원을 받게 하기 위하여 기록되었다.
기록배경	본서가 기록되던 주후 1세기 후반60년-70년은 로마 제국이 세계를 주도하던 시기였다. 로마의 속국 백성들은 로마 황제를 신이라 칭하며 황제와 로마에 충성할 것을 강요당하였으며 노예 신분으로서 박해와 고통 속에 있었다. 사람들은 모두 그 권력 앞에서 참평화와 구원에 대한 희망을 가질 수 없었다. 이러한 상황 아래 누가는 본서를 통해 이 세상이 영원한 것이 아니며, 예수 그리스도를 믿음으로 그 안에서 참인간의 모습을 회복하고 천국 구원을 누릴 수 있음을 제시하였다.
특 징	• 예수님의 인성을 강조하기 위해 예수님의 족보, 유년 시절, 인간적인 감정 등을 세심하게 기록했다. • 가난한 자, 소외된 자들에 대한 예수님의 관심과 인간의 삶 전반에 관한 깊은 이해가 특별히 강조되었다. • 누가복음은 예수님의 생애를 기록하고 사도행전은 예수님의 승천 이후 복음 전파 과정을 보여 준다는 점에서, 이 두 책은 연속성을 가진 전집이며 저자가 동일인임을 알 수 있다. • 기도와 성령에 대한 두드러진 강조가 나타나 있다.

나의 기도

누가복음

1 우리 중에 이루어진 사실에 대하여
2 처음부터 목격자와 말씀의 일꾼
된 자들이 전하여 준 그대로 내력
을 저술하려고 붓을 든 사람이 많
은지라
3 그 모든 일을 근원부터 자세히 미
루어 살핀 나도 데오빌로 각하에게
차례대로 써 보내는 것이 좋은 줄
알았노니
4 이는 각하가 알고 있는 바를 더 확
실하게 하려 함이로라
5 유대 왕 헤롯 때에 아비야 반열에
제사장 한 사람이 있었으니 이름은
사가랴요 그의 아내는 아론의 자손
이니 이름은 엘리사벳이라
6 이 두 사람이 하나님 앞에 의인이니
주의 모든 계명과 규례대로 흠이
없이 행하더라
7 엘리사벳이 잉태를 못하므로 그들
에게 자식이 없고 두 사람의 나이
가 많더라
8 마침 사가랴가 그 반열의 차례대로
하나님 앞에서 제사장의 직무를 행
할새
9 제사장의 전례를 따라 제비를 뽑아
주의 성전에 들어가 분향하고
10 모든 백성은 그 분향하는 시간에
밖에서 기도하더니
11 주의 사자가 그에게 나타나 향단
우편에 선지라
12 사가랴가 보고 놀라며 무서워하니
13 천사가 그에게 이르되 사가랴여 무
서워하지 말라 너의 간구함이 들린
지라 네 아내 엘리사벳이 네게 아
들을 낳아 주리니 그 이름을 요한
이라 하라
14 너도 기뻐하고 즐거워할 것이요 많
은 사람도 그의 태어남을 기뻐하
리니
15 이는 그가 주 앞에 큰 자가 되며 포
도주나 독한 술을 마시지 아니하며
모태로부터 성령의 충만함을 받아
16 이스라엘 자손을 주 곧 그들의 하나
님께로 많이 돌아오게 하겠음이라
17 그가 또 엘리야의 심령과 능력으로
주 앞에 먼저 와서 아버지의 마음
을 자식에게, 거스르는 자를 의인
의 슬기에 돌아오게 하고 주를 위
하여 세운 백성을 준비하리라
18 사가랴가 천사에게 이르되 내가 이
것을 어떻게 알리요 내가 늙고 아
내도 나이가 많으니이다
19 천사가 대답하여 이르되 나는 하나
님 앞에 서 있는 가브리엘이라 이
좋은 소식을 전하여 네게 말하라고
보내심을 받았노라

기록일 : . . .

20 보라 이 일이 되는 날까지 네가 말
못하는 자가 되어 능히 말을 못하
리니 이는 네가 내 말을 믿지 아니
함이거니와 때가 이르면 내 말이
이루어지리라 하더라
21 백성들이 사가랴를 기다리며 그가
성전 안에서 지체함을 이상히 여기
더라
22 그가 나와서 그들에게 말을 못하니
백성들이 그가 성전 안에서 환상을
본 줄 알았더라 그가 몸짓으로 뜻
을 표시하며 그냥 말 못하는 대로
있더니
23 그 직무의 날이 다 되매 집으로 돌
아가니라
24 이 후에 그의 아내 엘리사벳이 잉
태하고 다섯 달 동안 숨어 있으며
이르되
25 주께서 나를 돌보시는 날에 사람들
앞에서 내 부끄러움을 없게 하시려
고 이렇게 행하심이라 하더라
26 여섯째 달에 천사 가브리엘이 하나
님의 보내심을 받아 갈릴리 나사렛
이란 동네에 가서
27 다윗의 자손 요셉이라 하는 사람과
약혼한 처녀에게 이르니 그 처녀의
이름은 마리아라
28 그에게 들어가 이르되 은혜를 받은
자여 평안할지어다 주께서 너와 함
께 하시도다 하니
29 처녀가 그 말을 듣고 놀라 이런 인
사가 어찌함인가 생각하매
30 천사가 이르되 마리아여 무서워하
지 말라 네가 하나님께 은혜를 입
었느니라
31 보라 네가 잉태하여 아들을 낳으리
니 그 이름을 예수라 하라
32 그가 큰 자가 되고 지극히 높으신
이의 아들이라 일컬어질 것이요 주
하나님께서 그 조상 다윗의 왕위를
그에게 주시리니
33 영원히 야곱의 집을 왕으로 다스리
실 것이며 그 나라가 무궁하리라
34 마리아가 천사에게 말하되 나는 남
자를 알지 못하니 어찌 이 일이 있
으리이까
35 천사가 대답하여 이르되 성령이 네
게 임하시고 지극히 높으신 이의 능
력이 너를 덮으시리니 이러므로 나
실 바 거룩한 이는 하나님의 아들
이라 일컬어지리라
36 보라 네 친족 엘리사벳도 늙어서
아들을 배었느니라 본래 임신하지
못한다고 알려진 이가 이미 여섯 달
이 되었나니
37 대저 하나님의 모든 말씀은 능하지
못하심이 없느니라
38 마리아가 이르되 주의 여종이오니
말씀대로 내게 이루어지이다 하매
천사가 떠나가니라

기록일 : . . .

39 이 때에 마리아가 일어나 빨리 산
골로 가서 유대 한 동네에 이르러
40 사가랴의 집에 들어가 엘리사벳에
게 문안하니
41 엘리사벳이 마리아가 문안함을 들
으매 아이가 복중에서 뛰노는지라
엘리사벳이 성령의 충만함을 받아
42 큰 소리로 불러 이르되 여자 중에
네가 복이 있으며 네 태중의 아이
도 복이 있도다
43 내 주의 어머니가 내게 나아오니
이 어찌 된 일인가
44 보라 네 문안하는 소리가 내 귀에
들릴 때에 아이가 내 복중에서 기
쁨으로 뛰놀았도다
45 주께서 하신 말씀이 반드시 이루어
지리라고 믿은 그 여자에게 복이 있
도다
46 마리아가 이르되 내 영혼이 주를
찬양하며
47 내 마음이 하나님 내 구주를 기뻐
하였음은
48 그의 여종의 비천함을 돌보셨음이
라 보라 이제 후로는 만세에 나를
복이 있다 일컬으리로다
49 능하신 이가 큰 일을 내게 행하셨
으니 그 이름이 거룩하시며
50 긍휼하심이 두려워하는 자에게 대
대로 이르는도다
51 그의 팔로 힘을 보이사 마음의 생
각이 교만한 자들을 흩으셨고
52 권세 있는 자를 그 위에서 내리치
셨으며 비천한 자를 높이셨고
53 주리는 자를 좋은 것으로 배불리셨
으며 부자는 빈 손으로 보내셨도다
54 그 종 이스라엘을 도우사 긍휼히
여기시고 기억하시되
55 우리 조상에게 말씀하신 것과 같이
아브라함과 그 자손에게 영원히 하
시리로다 하니라
56 마리아가 석 달쯤 함께 있다가 집
으로 돌아가니라
57 엘리사벳이 해산할 기한이 차서 아
들을 낳으니
58 이웃과 친족이 주께서 그를 크게
긍휼히 여기심을 듣고 함께 즐거워
하더라
59 팔 일이 되매 아이를 할례하러 와
서 그 아버지의 이름을 따라 사가
랴라 하고자 하더니
60 그 어머니가 대답하여 이르되 아니
라 요한이라 할 것이라 하매
61 그들이 이르되 네 친족 중에 이 이
름으로 이름한 이가 없다 하고
62 그의 아버지께 몸짓하여 무엇으로
이름을 지으려 하는가 물으니
63 그가 서판을 달라 하여 그 이름을
요한이라 쓰매 다 놀랍게 여기더라
64 이에 그 입이 곧 열리고 혀가 풀리
며 말을 하여 하나님을 찬송하니

기록일 : . . .

65 그 근처에 사는 자가 다 두려워하
고 이 모든 말이 온 유대 산골에 두
루 퍼지매
66 듣는 사람이 다 이 말을 마음에 두
며 이르되 이 아이가 장차 어찌 될
까 하니 이는 주의 손이 그와 함께
하심이러라
67 그 부친 사가랴가 성령의 충만함을
받아 예언하여 이르되
68 찬송하리로다 주 이스라엘의 하나님
이여 그 백성을 돌보사 속량하시며
69 우리를 위하여 구원의 뿔을 그 종
다윗의 집에 일으키셨으니
70 이것은 주께서 예로부터 거룩한 선
지자의 입으로 말씀하신 바와 같이
71 우리 원수에게서와 우리를 미워하
는 모든 자의 손에서 구원하시는
일이라
72 우리 조상을 긍휼히 여기시며 그 거
룩한 언약을 기억하셨으니
73 곧 우리 조상 아브라함에게 하신
맹세라
74 우리가 원수의 손에서 건지심을
받고
75 종신토록 주의 앞에서 성결과 의로
두려움이 없이 섬기게 하리라 하셨
도다
76 이 아이여 네가 지극히 높으신 이의
선지자라 일컬음을 받고 주 앞에
앞서 가서 그 길을 준비하여
77 주의 백성에게 그 죄 사함으로 말
미암는 구원을 알게 하리니
78 이는 우리 하나님의 긍휼로 인함이
라 이로써 돋는 해가 위로부터 우
리에게 임하여
79 어둠과 죽음의 그늘에 앉은 자에게
비치고 우리 발을 평강의 길로 인도
하시리로다 하니라
80 아이가 자라며 심령이 강하여지며
이스라엘에게 나타나는 날까지 빈
들에 있으니라

2 그 때에 가이사 아구스도가 영을
내려 천하로 다 호적하라 하였으니
2 이 호적은 구레뇨가 수리아 총독이
되었을 때에 처음 한 것이라
3 모든 사람이 호적하러 각각 고향으
로 돌아가매
4 요셉도 다윗의 집 족속이므로 갈릴
리 나사렛 동네에서 유대를 향하여
베들레헴이라 하는 다윗의 동네로
5 그 약혼한 마리아와 함께 호적하러
올라가니 마리아가 이미 잉태하였
더라
6 거기 있을 그 때에 해산할 날이 차서
7 첫아들을 낳아 강보로 싸서 구유에
뉘었으니 이는 여관에 있을 곳이 없
음이러라
8 그 지역에 목자들이 밤에 밖에서
자기 양 떼를 지키더니
9 주의 사자가 곁에 서고 주의 영광

이 그들을 두루 비추매 크게 무서
워하는지라
10 천사가 이르되 무서워하지 말라 보
라 내가 온 백성에게 미칠 큰 기쁨
의 좋은 소식을 너희에게 전하노라
11 오늘 다윗의 동네에 너희를 위하여
구주가 나셨으니 곧 그리스도 주시
니라
12 너희가 가서 강보에 싸여 구유에
뉘어 있는 아기를 보리니 이것이 너
희에게 표적이니라 하더니
13 홀연히 수많은 천군이 그 천사들과
함께 하나님을 찬송하여 이르되
14 지극히 높은 곳에서는 하나님께 영
광이요 땅에서는 하나님이 기뻐하
신 사람들 중에 평화로다 하니라
15 천사들이 떠나 하늘로 올라가니 목
자가 서로 말하되 이제 베들레헴
으로 가서 주께서 우리에게 알리신
바 이 이루어진 일을 보자 하고
16 빨리 가서 마리아와 요셉과 구유에
누인 아기를 찾아서
17 보고 천사가 자기들에게 이 아기에
대하여 말한 것을 전하니
18 듣는 자가 다 목자들이 그들에게
말한 것들을 놀랍게 여기되
19 마리아는 이 모든 말을 마음에 새
기어 생각하니라
20 목자들은 자기들에게 이르던 바와
같이 듣고 본 그 모든 것으로 인하
여 하나님께 영광을 돌리고 찬송하
며 돌아가니라
21 할례할 팔 일이 되매 그 이름을 예
수라 하니 곧 잉태하기 전에 천사
가 일컬은 바러라
22 모세의 법대로 정결예식의 날이 차
매 아기를 데리고 예루살렘에 올라
가니
23 이는 주의 율법에 쓴 바 첫 태에 처
음 난 남자마다 주의 거룩한 자라
하리라 한 대로 아기를 주께 드리고
24 또 주의 율법에 말씀하신 대로 산
비둘기 한 쌍이나 혹은 어린 집비둘
기 둘로 제사하려 함이더라
25 예루살렘에 시므온이라 하는 사람
이 있으니 이 사람은 의롭고 경건하
여 이스라엘의 위로를 기다리는 자
라 성령이 그 위에 계시더라
26 그가 주의 그리스도를 보기 전에는
죽지 아니하리라 하는 성령의 지시
를 받았더니
27 성령의 감동으로 성전에 들어가매
마침 부모가 율법의 관례대로 행하
고자 하여 그 아기 예수를 데리고
오는지라
28 시므온이 아기를 안고 하나님을 찬
송하여 이르되
29 주재여 이제는 말씀하신 대로 종을
평안히 놓아 주시는도다
30 내 눈이 주의 구원을 보았사오니

기록일 : . . .

31 이는 만민 앞에 예비하신 것이요
32 이방을 비추는 빛이요 주의 백성 이
스라엘의 영광이니이다 하니
33 그의 부모가 그에 대한 말들을 놀
랍게 여기더라
34 시므온이 그들에게 축복하고 그
의 어머니 마리아에게 말하여 이르
되 보라 이는 이스라엘 중 많은 사
람을 패하거나 흥하게 하며 비방을
받는 표적이 되기 위하여 세움을
받았고
35 또 칼이 네 마음을 찌르듯 하리니
이는 여러 사람의 마음의 생각을
드러내려 함이니라 하더라
36 또 아셀 지파 바누엘의 딸 안나라
하는 선지자가 있어 나이가 매우
많았더라 그가 결혼한 후 일곱 해
동안 남편과 함께 살다가
37 과부가 되고 팔십사 세가 되었더라
이 사람이 성전을 떠나지 아니하고
주야로 금식하며 기도함으로 섬기
더니
38 마침 이 때에 나아와서 하나님께
감사하고 예루살렘의 속량을 바라
는 모든 사람에게 그에 대하여 말
하니라
39 주의 율법을 따라 모든 일을 마치
고 갈릴리로 돌아가 본 동네 나사
렛에 이르니라
40 아기가 자라며 강하여지고 지혜가
충만하며 하나님의 은혜가 그의 위
에 있더라
41 그의 부모가 해마다 유월절이 되면
예루살렘으로 가더니
42 예수께서 열두 살 되었을 때에 그
들이 이 절기의 관례를 따라 올라
갔다가
43 그 날들을 마치고 돌아갈 때에 아
이 예수는 예루살렘에 머무셨더라
그 부모는 이를 알지 못하고
44 동행 중에 있는 줄로 생각하고 하
룻길을 간 후 친족과 아는 자 중에
서 찾되
45 만나지 못하매 찾으면서 예루살렘
에 돌아갔더니
46 사흘 후에 성전에서 만난즉 그가
선생들 중에 앉으사 그들에게 듣기
도 하시며 묻기도 하시니
47 듣는 자가 다 그 지혜와 대답을 놀
랍게 여기더라
48 그의 부모가 보고 놀라며 그의 어
머니는 이르되 아이야 어찌하여 우
리에게 이렇게 하였느냐 보라 네
아버지와 내가 근심하여 너를 찾았
노라
49 예수께서 이르시되 어찌하여 나를
찾으셨나이까 내가 내 아버지 집에
있어야 될 줄을 알지 못하셨나이까
하시니
50 그 부모가 그가 하신 말씀을 깨닫

기록일 : . . .

지 못하더라
51 예수께서 함께 내려가사 나사렛에
이르러 순종하여 받드시더라 그 어
머니는 이 모든 말을 마음에 두니라
52 예수는 지혜와 키가 자라가며 하나
님과 사람에게 더욱 사랑스러워 가
시더라

3

디베료 황제가 통치한 지 열다섯
해 곧 본디오 빌라도가 유대의 총
독으로, 헤롯이 갈릴리의 분봉 왕
으로, 그 동생 빌립이 이두래와 드
라고닛 지방의 분봉 왕으로, 루사
니아가 아빌레네의 분봉 왕으로,
2 안나스와 가야바가 대제사장으로
있을 때에 하나님의 말씀이 빈 들
에서 사가랴의 아들 요한에게 임한
지라
3 요한이 요단 강 부근 각처에 와서
죄 사함을 받게 하는 회개의 침례
를 전파하니
4 선지자 이사야의 책에 쓴 바 광야
에서 외치는 자의 소리가 있어 이르
되 너희는 주의 길을 준비하라 그
의 오실 길을 곧게 하라
5 모든 골짜기가 메워지고 모든 산과
작은 산이 낮아지고 굽은 것이 곧아
지고 험한 길이 평탄하여질 것이요
6 모든 육체가 하나님의 구원하심을
보리라 함과 같으니라
7 요한이 침례 받으러 나아오는 무리
에게 이르되 독사의 자식들아 누가
너희에게 일러 장차 올 진노를 피
하라 하더냐
8 그러므로 회개에 합당한 열매를 맺
고 속으로 아브라함이 우리 조상이
라 말하지 말라 내가 너희에게 이
르노니 하나님이 능히 이 돌들로도
아브라함의 자손이 되게 하시리라
9 이미 도끼가 나무 뿌리에 놓였으니
좋은 열매 맺지 아니하는 나무마다
찍혀 불에 던져지리라
10 무리가 물어 이르되 그러면 우리가
무엇을 하리이까
11 대답하여 이르되 옷 두 벌 있는 자
는 옷 없는 자에게 나눠 줄 것이요
먹을 것이 있는 자도 그렇게 할 것
이니라 하고
12 세리들도 침례를 받고자 하여 와서
이르되 선생이여 우리는 무엇을 하
리이까 하매
13 이르되 부과된 것 외에는 거두지
말라 하고
14 군인들도 물어 이르되 우리는 무엇
을 하리이까 하매 이르되 사람에게
서 강탈하지 말며 거짓으로 고발하
지 말고 받는 급료를 족한 줄로 알
라 하니라
15 백성들이 바라고 기다리므로 모든
사람들이 요한을 혹 그리스도신가
심중에 생각하니

기록일 : . . .

16 요한이 모든 사람에게 대답하여 이
르되 나는 물로 너희에게 침례를
베풀거니와 나보다 능력이 많으신
이가 오시나니 나는 그의 신발끈을
풀기도 감당하지 못하겠노라 그는
성령과 불로 너희에게 침례를 베푸
실 것이요
17 손에 키를 들고 자기의 타작 마당
을 정하게 하사 알곡은 모아 곳간
에 들이고 쭉정이는 꺼지지 않는
불에 태우시리라
18 또 그밖에 여러 가지로 권하여 백
성에게 좋은 소식을 전하였으나
19 분봉 왕 헤롯은 그의 동생의 아내
헤로디아의 일과 또 자기가 행한
모든 악한 일로 말미암아 요한에게
책망을 받고
20 그 위에 한 가지 악을 더하여 요한
을 옥에 가두니라
21 백성이 다 침례를 받을새 예수도
침례를 받으시고 기도하실 때에 하
늘이 열리며
22 성령이 비둘기 같은 형체로 그의 위
에 강림하시더니 하늘로부터 소리
가 나기를 너는 내 사랑하는 아들이
라 내가 너를 기뻐하노라 하시니라
23 예수께서 가르치심을 시작하실 때
에 삼십 세쯤 되시니라 사람들이
아는 대로는 요셉의 아들이니 요셉
의 위는 헬리요
24 그 위는 맛닷이요 그 위는 레위요
그 위는 멜기요 그 위는 얀나요 그
위는 요셉이요
25 그 위는 맛다디아요 그 위는 아모
스요 그 위는 나훔이요 그 위는 에
슬리요 그 위는 낙개요
26 그 위는 마앗이요 그 위는 맛다디
아요 그 위는 서머인이요 그 위는
요섹이요 그 위는 요다요
27 그 위는 요아난이요 그 위는 레사
요 그 위는 스룹바벨이요 그 위는
스알디엘이요 그 위는 네리요
28 그 위는 멜기요 그 위는 앗디요 그
위는 고삼이요 그 위는 엘마담이요
그 위는 에르요
29 그 위는 예수요 그 위는 엘리에서
요 그 위는 요림이요 그 위는 맛닷
이요 그 위는 레위요
30 그 위는 시므온이요 그 위는 유다
요 그 위는 요셉이요 그 위는 요남
이요 그 위는 엘리아김이요
31 그 위는 멜레아요 그 위는 멘나요
그 위는 맛다다요 그 위는 나단이
요 그 위는 다윗이요
32 그 위는 이새요 그 위는 오벳이요
그 위는 보아스요 그 위는 살몬이
요 그 위는 나손이요
33 그 위는 아미나답이요 그 위는 아
니요 그 위는 헤스론이요 그 위는
베레스요 그 위는 유다요

기록일 : . . .

34 그 위는 야곱이요 그 위는 이삭이
요 그 위는 아브라함이요 그 위는
데라요 그 위는 나홀이요
35 그 위는 스룩이요 그 위는 르우요
그 위는 벨렉이요 그 위는 헤버요
그 위는 살라요
36 그 위는 가이난이요 그 위는 아박
삿이요 그 위는 셈이요 그 위는 노
아요 그 위는 레멕이요
37 그 위는 므두셀라요 그 위는 에녹
이요 그 위는 야렛이요 그 위는 마
할랄렐이요 그 위는 가이난이요
38 그 위는 에노스요 그 위는 셋이요
그 위는 아담이요 그 위는 하나님
이시니라

4

예수께서 성령의 충만함을 입어
요단 강에서 돌아오사 광야에서 사
십 일 동안 성령에게 이끌리시며
2 마귀에게 시험을 받으시더라 이 모
든 날에 아무 것도 잡수시지 아니
하시니 날 수가 다하매 주리신지라
3 마귀가 이르되 네가 만일 하나님의
아들이어든 이 돌들에게 명하여 떡
이 되게 하라
4 예수께서 대답하시되 기록된 바 사
람이 떡으로만 살 것이 아니라 하
였느니라
5 마귀가 또 예수를 이끌고 올라가서
순식간에 천하 만국을 보이며
6 이르되 이 모든 권위와 그 영광을
내가 네게 주리라 이것은 내게 넘
겨 준 것이므로 내가 원하는 자에
게 주노라
7 그러므로 네가 만일 내게 절하면
다 네 것이 되리라
8 예수께서 대답하여 이르시되 기록
된 바 주 너의 하나님께 경배하고
다만 그를 섬기라 하였느니라
9 또 이끌고 예루살렘으로 가서 성전
꼭대기에 세우고 이르되 네가 만일
하나님의 아들이어든 여기서 뛰어
내리라
10 기록되었으되 하나님이 너를 위하
여 그 사자들을 명하사 너를 지키
게 하시리라 하였고
11 또한 그들이 손으로 너를 받들어
네 발이 돌에 부딪치지 않게 하시리
라 하였느니라
12 예수께서 대답하여 이르시되 주 너
의 하나님을 시험하지 말라 하였느
니라
13 마귀가 모든 시험을 다 한 후에 얼
마 동안 떠나니라
14 예수께서 성령의 능력으로 갈릴리
에 돌아가시니 그 소문이 사방에
퍼졌고
15 친히 그 여러 회당에서 가르치시매
뭇 사람에게 칭송을 받으시더라
16 예수께서 그 자라나신 곳 나사렛에
이르사 안식일에 늘 하시던 대로

기록일 : . . .

회당에 들어가사 성경을 읽으려고
서시매
17 선지자 이사야의 글을 드리거늘 책
을 펴서 이렇게 기록된 데를 찾으시
니 곧
18 주의 성령이 내게 임하셨으니 이는
가난한 자에게 복음을 전하게 하
시려고 내게 기름을 부으시고 나를
보내사 포로 된 자에게 자유를, 눈
먼 자에게 다시 보게 함을 전파하
며 눌린 자를 자유롭게 하고
19 주의 은혜의 해를 전파하게 하려
하심이라 하였더라
20 책을 덮어 그 맡은 자에게 주시고
앉으시니 회당에 있는 자들이 다
주목하여 보더라
21 이에 예수께서 그들에게 말씀하시
되 이 글이 오늘 너희 귀에 응하였
느니라 하시니
22 그들이 다 그를 증언하고 그 입으
로 나오는 바 은혜로운 말을 놀랍
게 여겨 이르되 이 사람이 요셉의
아들이 아니냐
23 예수께서 그들에게 이르시되 너희
기 반드시 의사야 너 자신을 고치
라 하는 속담을 인용하여 내게 말
하기를 우리가 들은 바 가버나움에
서 행한 일을 네 고향 여기서도 행
하라 하리라
24 또 이르시되 내가 진실로 너희에게
이르노니 선지자가 고향에서는 환
영을 받는 자가 없느니라
25 내가 참으로 너희에게 이르노니 엘
리야 시대에 하늘이 삼 년 육 개월
간 닫히어 온 땅에 큰 흉년이 들었
을 때에 이스라엘에 많은 과부가
있었으되
26 엘리야가 그 중 한 사람에게도 보
내심을 받지 않고 오직 시돈 땅에
있는 사렙다의 한 과부에게 뿐이었
으며
27 또 선지자 엘리사 때에 이스라엘에
많은 나병환자가 있었으되 그 중의
한 사람도 깨끗함을 얻지 못하고
오직 수리아 사람 나아만뿐이었느
니라
28 회당에 있는 자들이 이것을 듣고
다 크게 화가 나서
29 일어나 동네 밖으로 쫓아내어 그
동네가 건설된 산 낭떠러지까지 끌
고 가서 밀쳐 떨어뜨리고자 하되
30 예수께서 그들 가운데로 지나서 가
시니라
31 갈릴리의 가버나움 동네에 내려오
사 안식일에 가르치시매
32 그들이 그 가르치심에 놀라니 이는
그 말씀이 권위가 있음이러라
33 회당에 더러운 귀신 들린 사람이 있
어 크게 소리 질러 이르되
34 아 나사렛 예수여 우리가 당신과

기록일 : . . .

무슨 상관이 있나이까 우리를 멸
하러 왔나이까 나는 당신이 누구
인 줄 아노니 하나님의 거룩한 자
니이다
35 예수께서 꾸짖어 이르시되 잠잠하
고 그 사람에게서 나오라 하시니
귀신이 그 사람을 무리 중에 넘어
뜨리고 나오되 그 사람은 상하지
아니한지라
36 다 놀라 서로 말하여 이르되 이 어
떠한 말씀인고 권위와 능력으로 더
러운 귀신을 명하매 나가는도다 하
더라
37 이에 예수의 소문이 그 근처 사방
에 퍼지니라
38 예수께서 일어나 회당에서 나가사
시몬의 집에 들어가시니 시몬의 장
모가 중한 열병을 앓고 있는지라 사
람들이 그를 위하여 예수께 구하니
39 예수께서 가까이 서서 열병을 꾸짖
으신대 병이 떠나고 여자가 곧 일
어나 그들에게 수종드니라
40 해 질 무렵에 사람들이 온갖 병자
들을 데리고 나아오매 예수께서 일
일이 그 위에 손을 얹으사 고치시니
41 여러 사람에게서 귀신들이 나가며
소리 질러 이르되 당신은 하나님의
아들이니이다 예수께서 꾸짖으사
그들이 말함을 허락하지 아니하시
니 이는 자기를 그리스도인 줄 앎이
러라
42 날이 밝으매 예수께서 나오사 한적
한 곳에 가시니 무리가 찾다가 만
나서 자기들에게서 떠나시지 못하
게 만류하려 하매
43 예수께서 이르시되 내가 다른 동네
들에서도 하나님의 나라 복음을 전
하여야 하리니 나는 이 일을 위해
보내심을 받았노라 하시고
44 갈릴리 여러 회당에서 전도하시더라
5 무리가 몰려와서 하나님의 말씀
을 들을새 예수는 게네사렛 호숫가
에 서서
2 호숫가에 배 두 척이 있는 것을 보
시니 어부들은 배에서 나와서 그물
을 씻는지라
3 예수께서 한 배에 오르시니 그 배
는 시몬의 배라 육지에서 조금 떼
기를 청하시고 앉으사 배에서 무리
를 가르치시더니
4 말씀을 마치시고 시몬에게 이르시
되 깊은 데로 가서 그물을 내려 고
기를 잡으라
5 시몬이 대답하여 이르되 선생님 우
리들이 밤이 새도록 수고하였으되
잡은 것이 없지마는 말씀에 의지하
여 내가 그물을 내리리이다 하고
6 그렇게 하니 고기를 잡은 것이 심히
많아 그물이 찢어지는지라
7 이에 다른 배에 있는 동무들에게

기록일 : . . .

손짓하여 와서 도와 달라 하니 그
들이 와서 두 배에 채우매 잠기게
되었더라
8 시몬 베드로가 이를 보고 예수의
무릎 아래에 엎드려 이르되 주여
나를 떠나소서 나는 죄인이로소이
다 하니
9 이는 자기 및 자기와 함께 있는 모
든 사람이 고기 잡힌 것으로 말미
암아 놀라고
10 세베대의 아들로서 시몬의 동업자
인 야고보와 요한도 놀랐음이라 예
수께서 시몬에게 이르시되 무서워
하지 말라 이제 후로는 네가 사람
을 취하리라 하시니
11 그들이 배들을 육지에 대고 모든
것을 버려 두고 예수를 따르니라
12 예수께서 한 동네에 계실 때에 온
몸에 나병 들린 사람이 있어 예수
를 보고 엎드려 구하여 이르되 주
여 원하시면 나를 깨끗하게 하실
수 있나이다 하니
13 예수께서 손을 내밀어 그에게 대시
며 이르시되 내가 원하노니 깨끗함
을 받으라 하신대 나병이 곧 떠나
니라
14 예수께서 그를 경고하시되 아무에
게도 이르지 말고 가서 제사장에게
네 몸을 보이고 또 네가 깨끗하게
됨으로 인하여 모세가 명한 대로
예물을 드려 그들에게 입증하라 하
셨더니
15 예수의 소문이 더욱 퍼지매 수많은
무리가 말씀도 듣고 자기 병도 고
침을 받고자 하여 모여 오되
16 예수는 물러가사 한적한 곳에서 기
도하시니라
17 하루는 가르치실 때에 갈릴리의 각
마을과 유대와 예루살렘에서 온 바
리새인과 율법교사들이 앉았는데
병을 고치는 주의 능력이 예수와
함께 하더라
18 한 중풍병자를 사람들이 침상에 메
고 와서 예수 앞에 들여놓고자 하
였으나
19 무리 때문에 메고 들어갈 길을 얻
지 못한지라 지붕에 올라가 기와를
벗기고 병자를 침상째 무리 가운데
로 예수 앞에 달아 내리니
20 예수께서 그들의 믿음을 보시고 이
르시되 이 사람아 네 죄 사함을 받
았느니라 하시니
21 서기관과 바리새인들이 생각하여
이르되 이 신성 모독 하는 자가 누
구냐 오직 하나님 외에 누가 능히
죄를 사하겠느냐
22 예수께서 그 생각을 아시고 대답하
여 이르시되 너희 마음에 무슨 생
각을 하느냐
23 네 죄 사함을 받았느니라 하는 말

기록일 : . . .

과 일어나 걸어가라 하는 말이 어느
것이 쉽겠느냐
24 그러나 인자가 땅에서 죄를 사하
는 권세가 있는 줄을 너희로 알게
하리라 하시고 중풍병자에게 말씀
하시되 내가 네게 이르노니 일어나
네 침상을 가지고 집으로 가라 하
시매
25 그 사람이 그들 앞에서 곧 일어나
그 누웠던 것을 가지고 하나님께 영
광을 돌리며 자기 집으로 돌아가니
26 모든 사람이 놀라 하나님께 영광을
돌리며 심히 두려워하여 이르되 오
늘 우리가 놀라운 일을 보았다 하
니라
27 그 후에 예수께서 나가사 레위라
하는 세리가 세관에 앉아 있는 것
을 보시고 나를 따르라 하시니
28 그가 모든 것을 버리고 일어나 따
르니라
29 레위가 예수를 위하여 자기 집에서
큰 잔치를 하니 세리와 다른 사람
이 많이 함께 앉아 있는지라
30 바리새인과 그들의 서기관들이 그
제자들을 비방하여 이르되 너희가
어찌하여 세리와 죄인과 함께 먹고
마시느냐
31 예수께서 대답하여 이르시되 건강
한 자에게는 의사가 쓸 데 없고 병
든 자에게라야 쓸 데 있나니
32 내가 의인을 부르러 온 것이 아니
요 죄인을 불러 회개시키러 왔노라
33 그들이 예수께 말하되 요한의 제자
는 자주 금식하며 기도하고 바리새
인의 제자들도 또한 그리하되 당신
의 제자들은 먹고 마시나이다
34 예수께서 그들에게 이르시되 혼인
집 손님들이 신랑과 함께 있을 때
에 너희가 그 손님으로 금식하게
할 수 있느냐
35 그러나 그 날에 이르러 그들이 신
랑을 빼앗기리니 그 날에는 금식할
것이니라
36 또 비유하여 이르시되 새 옷에서
한 조각을 찢어 낡은 옷에 붙이는
자가 없나니 만일 그렇게 하면 새
옷을 찢을 뿐이요 또 새 옷에서 찢
은 조각이 낡은 것에 어울리지 아니
하리라
37 새 포도주를 낡은 가죽 부대에 넣
는 자가 없나니 만일 그렇게 하면
새 포도주가 부대를 터뜨려 포도주
가 쏟아지고 부대도 못쓰게 되리라
38 새 포도주는 새 부대에 넣어야 할
것이니라
39 묵은 포도주를 마시고 새 것을 원
하는 자가 없나니 이는 묵은 것이
좋다 함이니라

6 안식일에 예수께서 밀밭 사이로
지나가실새 제자들이 이삭을 잘라

기록일 : . . .

손으로 비비어 먹으니
2 어떤 바리새인들이 말하되 어찌하
여 안식일에 하지 못할 일을 하느냐
3 예수께서 대답하여 이르시되 다윗
이 자기 및 자기와 함께 한 자들이
시장할 때에 한 일을 읽지 못하였
느냐
4 그가 하나님의 전에 들어가서 다만
제사장 외에는 먹어서는 안 되는
진설병을 먹고 함께 한 자들에게도
주지 아니하였느냐
5 또 이르시되 인자는 안식일의 주인
이니라 하시더라
6 또 다른 안식일에 예수께서 회당에
들어가사 가르치실새 거기 오른손
마른 사람이 있는지라
7 서기관과 바리새인들이 예수를 고
발할 증거를 찾으려 하여 안식일에
병을 고치시는가 엿보니
8 예수께서 그들의 생각을 아시고 손
마른 사람에게 이르시되 일어나 한
가운데 서라 하시니 그가 일어나 서
거늘
9 예수께서 그들에게 이르시되 내가
너희에게 묻노니 안식일에 선을 행
하는 것과 악을 행하는 것, 생명을
구하는 것과 죽이는 것, 어느 것이
옳으냐 하시며
10 무리를 둘러보시고 그 사람에게 이
르시되 네 손을 내밀라 하시니 그
가 그리하매 그 손이 회복된지라
11 그들은 노기가 가득하여 예수를 어
떻게 할까 하고 서로 의논하니라
12 이 때에 예수께서 기도하시러 산으
로 가사 밤이 새도록 하나님께 기
도하시고
13 밝으매 그 제자들을 부르사 그 중
에서 열둘을 택하여 사도라 칭하셨
으니
14 곧 베드로라고도 이름을 주신 시몬
과 그의 동생 안드레와 야고보와
요한과 빌립과 바돌로매와
15 마태와 도마와 알패오의 아들 야고
보와 셀롯이라는 시몬과
16 야고보의 아들 유다와 예수를 파는
자 될 가룟 유다라
17 예수께서 그들과 함께 내려오사 평
지에 서시니 그 제자의 많은 무리
와 예수의 말씀도 듣고 병 고침을
받으려고 유대 사방과 예루살렘과
두로와 시돈의 해안으로부터 온 많
은 백성도 있더라
18 더러운 귀신에게 고난 받는 자들도
고침을 받은지라
19 온 무리가 예수를 만지려고 힘쓰니
이는 능력이 예수께로부터 나와서
모든 사람을 낫게 함이러라
20 예수께서 눈을 들어 제자들을 보시
고 이르시되 너희 가난한 자는 복
이 있나니 하나님의 나라가 너희 것

기록일 : . . .

임이요
21 지금 주린 자는 복이 있나니 너희가
배부름을 얻을 것임이요 지금 우는
자는 복이 있나니 너희가 웃을 것임
이요
22 인자로 말미암아 사람들이 너희를
미워하며 멀리하고 욕하고 너희 이
름을 악하다 하여 버릴 때에는 너
희에게 복이 있도다
23 그 날에 기뻐하고 뛰놀라 하늘에서
너희 상이 큼이라 그들의 조상들이
선지자들에게 이와 같이 하였느니라
24 그러나 화 있을진저 너희 부요한
자여 너희는 너희의 위로를 이미
받았도다
25 화 있을진저 너희 지금 배부른 자여
너희는 주리리로다 화 있을진저 너
희 지금 웃는 자여 너희가 애통하
며 울리로다
26 모든 사람이 너희를 칭찬하면 화가
있도다 그들의 조상들이 거짓 선지
자들에게 이와 같이 하였느니라
27 그러나 너희 듣는 자에게 내가 이
르노니 너희 원수를 사랑하며 너희
를 미워하는 자를 선대하며
28 너희를 저주하는 자를 위하여 축복
하며 너희를 모욕하는 자를 위하여
기도하라
29 너의 이 뺨을 치는 자에게 저 뺨도
돌려대며 네 겉옷을 빼앗는 자에게
속옷도 거절하지 말라
30 네게 구하는 자에게 주며 네 것을
가져가는 자에게 다시 달라 하지
말며
31 남에게 대접을 받고자 하는 대로
너희도 남을 대접하라
32 너희가 만일 너희를 사랑하는 자만
을 사랑하면 칭찬 받을 것이 무엇이
냐 죄인들도 사랑하는 자는 사랑하
느니라
33 너희가 만일 선대하는 자만을 선대
하면 칭찬 받을 것이 무엇이냐 죄인
들도 이렇게 하느니라
34 너희가 받기를 바라고 사람들에게
꾸어 주면 칭찬 받을 것이 무엇이냐
죄인들도 그만큼 받고자 하여 죄인
에게 꾸어 주느니라
35 오직 너희는 원수를 사랑하고 선대
하며 아무 것도 바라지 말고 꾸어
주라 그리하면 너희 상이 클 것이요
또 지극히 높으신 이의 아들이 되리
니 그는 은혜를 모르는 자와 악한
자에게도 인자하시니라
36 너희 아버지의 자비로우심 같이 너
희도 자비로운 자가 되라
37 비판하지 말라 그리하면 너희가 비
판을 받지 않을 것이요 정죄하지
말라 그리하면 너희가 정죄를 받지
않을 것이요 용서하라 그리하면 너
희가 용서를 받을 것이요

기록일 : . . .

38 주라 그리하면 너희에게 줄 것이
니 곧 후히 되어 누르고 흔들어 넘
치도록 하여 너희에게 안겨 주리라
너희가 헤아리는 그 헤아림으로 너
희도 헤아림을 도로 받을 것이니라
39 또 비유로 말씀하시되 맹인이 맹인
을 인도할 수 있느냐 둘이 다 구덩
이에 빠지지 아니하겠느냐
40 제자가 그 선생보다 높지 못하나
무릇 온전하게 된 자는 그 선생과
같으리라
41 어찌하여 형제의 눈 속에 있는 티
는 보고 네 눈 속에 있는 들보는 깨
닫지 못하느냐
42 너는 네 눈 속에 있는 들보를 보지
못하면서 어찌하여 형제에게 말하
기를 형제여 나로 네 눈 속에 있는
티를 빼게 하라 할 수 있느냐 외식
하는 자여 먼저 네 눈 속에서 들보
를 빼라 그 후에야 네가 밝히 보고
형제의 눈 속에 있는 티를 빼리라
43 못된 열매 맺는 좋은 나무가 없고
또 좋은 열매 맺는 못된 나무가 없
느니라
44 나무는 각각 그 열매로 아나니 가
시나무에서 무화과를, 또는 찔레에
서 포도를 따지 못하느니라
45 선한 사람은 마음에 쌓은 선에서
선을 내고 악한 자는 그 쌓은 악에
서 악을 내나니 이는 마음에 가득
한 것을 입으로 말함이니라
46 너희는 나를 불러 주여 주여 하면서
도 어찌하여 내가 말하는 것을 행
하지 아니하느냐
47 내게 나아와 내 말을 듣고 행하는
자마다 누구와 같은 것을 너희에게
보이리라
48 집을 짓되 깊이 파고 주추를 반석
위에 놓은 사람과 같으니 큰 물이
나서 탁류가 그 집에 부딪치되 잘
지었기 때문에 능히 요동하지 못하
게 하였거니와
49 듣고 행하지 아니하는 자는 주추
없이 흙 위에 집 지은 사람과 같으
니 탁류가 부딪치매 집이 곧 무너져
파괴됨이 심하니라 하시니라

7 예수께서 모든 말씀을 백성에게
들려 주시기를 마치신 후에 가버나
움으로 들어가시니라
2 어떤 백부장의 사랑하는 종이 병들
어 죽게 되었더니
3 예수의 소문을 듣고 유대인의 장로
몇 사람을 예수께 보내어 오셔서
그 종을 구해 주시기를 청한지라
4 이에 그들이 예수께 나아와 간절히
구하여 이르되 이 일을 하시는 것이
이 사람에게는 합당하니이다
5 그가 우리 민족을 사랑하고 또한
우리를 위하여 회당을 지었나이다
하니

6 예수께서 함께 가실새 이에 그 집
이 멀지 아니하여 백부장이 벗들을
보내어 이르되 주여 수고하시지 마
옵소서 내 집에 들어오심을 나는
감당하지 못하겠나이다
7 그러므로 내가 주께 나아가기도 감
당하지 못할 줄을 알았나이다 말씀
만 하사 내 하인을 낫게 하소서
8 나도 남의 수하에 든 사람이요 내
아래에도 병사가 있으니 이더러 가
라 하면 가고 저더러 오라 하면 오
고 내 종더러 이것을 하라 하면 하
나이다
9 예수께서 들으시고 그를 놀랍게 여
겨 돌이키사 따르는 무리에게 이르
시되 내가 너희에게 이르노니 이스
라엘 중에서도 이만한 믿음은 만나
보지 못하였노라 하시더라
10 보내었던 사람들이 집으로 돌아가
보매 종이 이미 나아 있었더라
11 그 후에 예수께서 나인이란 성으로
가실새 제자와 많은 무리가 동행하
더니
12 성문에 가까이 이르실 때에 사람들
이 한 죽은 자를 메고 나오니 이는
한 어머니의 독자요 그의 어머니는
과부라 그 성의 많은 사람도 그와
함께 나오거늘
13 주께서 과부를 보시고 불쌍히 여기
사 울지 말라 하시고
14 가까이 가서 그 관에 손을 대시니
멘 자들이 서는지라 예수께서 이르
시되 청년아 내가 네게 말하노니
일어나라 하시매
15 죽었던 자가 일어나 앉고 말도 하
거늘 예수께서 그를 어머니에게 주
시니
16 모든 사람이 두려워하며 하나님께
영광을 돌려 이르되 큰 선지자가
우리 가운데 일어나셨다 하고 또
하나님께서 자기 백성을 돌보셨다
하더라
17 예수께 대한 이 소문이 온 유대와
사방에 두루 퍼지니라
18 요한의 제자들이 이 모든 일을 그
에게 알리니
19 요한이 그 제자 중 둘을 불러 주께
보내어 이르되 오실 그이가 당신이
오니이까 우리가 다른 이를 기다리
오리이까 하라 하매
20 그들이 예수께 나아가 이르되 침례
요한이 우리를 보내어 당신께 여쭈
어 보라고 하기를 오실 그이가 당
신이오니이까 우리가 다른 이를 기
다리오리이까 하더이다 하니
21 마침 그 때에 예수께서 질병과 고통
과 및 악귀 들린 자를 많이 고치시
며 또 많은 맹인을 보게 하신지라
22 예수께서 대답하여 이르시되 너희
가 가서 보고 들은 것을 요한에게

기록일 : . . .

알리되 맹인이 보며 못 걷는 사람이
걸으며 나병환자가 깨끗함을 받으
며 귀먹은 사람이 들으며 죽은 자
가 살아나며 가난한 자에게 복음이
전파된다 하라
23 누구든지 나로 말미암아 실족하지
아니하는 자는 복이 있도다 하시
니라
24 요한이 보낸 자가 떠난 후에 예수
께서 무리에게 요한에 대하여 말
씀하시되 너희가 무엇을 보려고 광
야에 나갔더냐 바람에 흔들리는
갈대냐
25 그러면 너희가 무엇을 보려고 나갔
더냐 부드러운 옷 입은 사람이냐
보라 화려한 옷을 입고 사치하게
지내는 자는 왕궁에 있느니라
26 그러면 너희가 무엇을 보려고 나갔
더냐 선지자냐 옳다 내가 너희에게
이르노니 선지자보다도 훌륭한 자
니라
27 기록된 바 보라 내가 내 사자를 네
앞에 보내노니 그가 네 앞에서 네
길을 준비하리라 한 것이 이 사람에
대한 말씀이라
28 내가 너희에게 말하노니 여자가 낳
은 자 중에 요한보다 큰 자가 없도
다 그러나 하나님의 나라에서는 극
히 작은 자라도 그보다 크니라 하
시니
29 모든 백성과 세리들은 이미 요한의
침례를 받은지라 이 말씀을 듣고
하나님을 의롭다 하되
30 바리새인과 율법교사들은 그의 침
례를 받지 아니함으로 그들 자신을
위한 하나님의 뜻을 저버리니라
31 또 이르시되 이 세대의 사람을 무
엇으로 비유할까 무엇과 같은가
32 비유하건대 아이들이 장터에 앉아
서로 불러 이르되 우리가 너희를
향하여 피리를 불어도 너희가 춤추
지 않고 우리가 곡하여도 너희가
울지 아니하였다 함과 같도다
33 침례 요한이 와서 떡도 먹지 아니
하며 포도주도 마시지 아니하매 너
희 말이 귀신이 들렸다 하더니
34 인자는 와서 먹고 마시매 너희 말이
보라 먹기를 탐하고 포도주를 즐기
는 사람이요 세리와 죄인의 친구로
다 하니
35 지혜는 자기의 모든 자녀로 인하여
옳다 함을 얻느니라
36 한 바리새인이 예수께 자기와 함께
잡수시기를 청하니 이에 바리새인
의 집에 들어가 앉으셨을 때에
37 그 동네에 죄를 지은 한 여자가 있
어 예수께서 바리새인의 집에 앉아
계심을 알고 향유 담은 옥합을 가
지고 와서
38 예수의 뒤로 그 발 곁에 서서 울며

기록일 : . . .

눈물로 그 발을 적시고 자기 머리털
로 닦고 그 발에 입맞추고 향유를
부으니
39 예수를 청한 바리새인이 그것을 보
고 마음에 이르되 이 사람이 만일
선지자라면 자기를 만지는 이 여자
가 누구며 어떠한 자 곧 죄인인 줄
을 알았으리라 하거늘
40 예수께서 대답하여 이르시되 시몬
아 내가 네게 이를 말이 있다 하시
니 그가 이르되 선생님 말씀하소서
41 이르시되 빚 주는 사람에게 빚진
자가 둘이 있어 하나는 오백 데나
리온을 졌고 하나는 오십 데나리온
을 졌는데
42 갚을 것이 없으므로 둘 다 탕감하
여 주었으니 둘 중에 누가 그를 더
사랑하겠느냐
43 시몬이 대답하여 이르되 내 생각에
는 많이 탕감함을 받은 자니이다
이르시되 네 판단이 옳다 하시고
44 그 여자를 돌아보시며 시몬에게 이
르시되 이 여자를 보느냐 내가 네
집에 들어올 때 너는 내게 발 씻을
물도 주지 아니하였으되 이 여자는
눈물로 내 발을 적시고 그 머리털
로 닦았으며
45 너는 내게 입맞추지 아니하였으되
그는 내가 들어올 때로부터 내 발
에 입맞추기를 그치지 아니하였으며
46 너는 내 머리에 감람유도 붓지 아
니하였으되 그는 향유를 내 발에
부었느니라
47 이러므로 내가 네게 말하노니 그의
많은 죄가 사하여졌도다 이는 그의
사랑함이 많음이라 사함을 받은 일
이 적은 자는 적게 사랑하느니라
48 이에 여자에게 이르시되 네 죄 사
함을 받았느니라 하시니
49 함께 앉아 있는 자들이 속으로 말
하되 이가 누구이기에 죄도 사하는
가 하더라
50 예수께서 여자에게 이르시되 네 믿
음이 너를 구원하였으니 평안히 가
라 하시니라

8

그 후에 예수께서 각 성과 마을에
두루 다니시며 하나님의 나라를 선
포하시며 그 복음을 전하실새 열두
제자가 함께 하였고
2 또한 악귀를 쫓아내심과 병 고침
을 받은 어떤 여자들 곧 일곱 귀신
이 나간 자 막달라인이라 하는 마
리아와
3 헤롯의 청지기 구사의 아내 요안나
와 수산나와 다른 여러 여자가 함
께 하여 자기들의 소유로 그들을
섬기더라
4 각 동네 사람들이 예수께로 나아와
큰 무리를 이루니 예수께서 비유로
말씀하시되

기록일 : . . .

5 씨를 뿌리는 자가 그 씨를 뿌리러
나가서 뿌릴새 더러는 길 가에 떨
어지매 밟히며 공중의 새들이 먹어
버렸고
6 더러는 바위 위에 떨어지매 싹이
났다가 습기가 없으므로 말랐고
7 더러는 가시떨기 속에 떨어지매 가
시가 함께 자라서 기운을 막았고
8 더러는 좋은 땅에 떨어지매 나서
백 배의 결실을 하였느니라 이 말
씀을 하시고 외치시되 들을 귀 있
는 자는 들을지어다
9 제자들이 이 비유의 뜻을 물으니
10 이르시되 하나님 나라의 비밀을 아
는 것이 너희에게는 허락되었으나
다른 사람에게는 비유로 하나니 이
는 그들로 보아도 보지 못하고 들
어도 깨닫지 못하게 하려 함이라
11 이 비유는 이러하니라 씨는 하나님
의 말씀이요
12 길 가에 있다는 것은 말씀을 들은
자니 이에 마귀가 가서 그들이 믿어
구원을 얻지 못하게 하려고 말씀을
그 마음에서 빼앗는 것이요
13 바위 위에 있다는 것은 말씀을 들
을 때에 기쁨으로 받으나 뿌리가
없어 잠깐 믿다가 시련을 당할 때
에 배반하는 자요
14 가시떨기에 떨어졌다는 것은 말씀
을 들은 자이나 지내는 중 이생의
염려와 재물과 향락에 기운이 막혀
온전히 결실하지 못하는 자요
15 좋은 땅에 있다는 것은 착하고 좋
은 마음으로 말씀을 듣고 지키어
인내로 결실하는 자니라
16 누구든지 등불을 켜서 그릇으로 덮
거나 평상 아래에 두지 아니하고
등경 위에 두나니 이는 들어가는
자들로 그 빛을 보게 하려 함이라
17 숨은 것이 장차 드러나지 아니할 것
이 없고 감추인 것이 장차 알려지고
나타나지 않을 것이 없느니라
18 그러므로 너희가 어떻게 들을까 스
스로 삼가라 누구든지 있는 자는
받겠고 없는 자는 그 있는 줄로 아
는 것까지도 빼앗기리라 하시니라
19 예수의 어머니와 그 동생들이 왔으
나 무리로 인하여 가까이 하지 못
하니
20 어떤 이가 알리되 당신의 어머니와
동생들이 당신을 보려고 밖에 서
있나이다
21 예수께서 대답하여 이르시되 내 어
머니와 내 동생들은 곧 하나님의
말씀을 듣고 행하는 이 사람들이라
하시니라
22 하루는 제자들과 함께 배에 오르사
그들에게 이르시되 호수 저편으로
건너가자 하시매 이에 떠나
23 행선할 때에 예수께서 잠이 드셨더

기록일 : . . .

니 마침 광풍이 호수로 내리치매 배
에 물이 가득하게 되어 위태한지라
24 제자들이 나아와 깨워 이르되 주여
주여 우리가 죽겠나이다 한대 예수
께서 잠을 깨사 바람과 물결을 꾸
짖으시니 이에 그쳐 잔잔하여지더라
25 제자들에게 이르시되 너희 믿음이
어디 있느냐 하시니 그들이 두려워
하고 놀랍게 여겨 서로 말하되 그
가 누구이기에 바람과 물을 명하매
순종하는가 하더라
26 그들이 갈릴리 맞은편 거라사인의
땅에 이르러
27 예수께서 육지에 내리시매 그 도시
사람으로서 귀신 들린 자 하나가
예수를 만나니 그 사람은 오래 옷
을 입지 아니하며 집에 거하지도 아
니하고 무덤 사이에 거하는 자라
28 예수를 보고 부르짖으며 그 앞에
엎드려 큰 소리로 불러 이르되 지
극히 높으신 하나님의 아들 예수여
당신이 나와 무슨 상관이 있나이까
당신께 구하노니 나를 괴롭게 하지
마옵소서 하니
29 이는 예수께서 이미 더러운 귀신을
명하사 그 사람에게서 나오라 하셨
음이라 (귀신이 가끔 그 사람을 붙
잡으므로 그를 쇠사슬과 고랑에 매
어 지켰으되 그 맨 것을 끊고 귀신
에게 몰려 광야로 나갔더라)
30 예수께서 네 이름이 무엇이냐 물으
신즉 이르되 군대라 하니 이는 많
은 귀신이 들렸음이라
31 무저갱으로 들어가라 하지 마시기
를 간구하더니
32 마침 그 곳에 많은 돼지 떼가 산에
서 먹고 있는지라 귀신들이 그 돼지
에게로 들어가게 허락하심을 간구
하니 이에 허락하시니
33 귀신들이 그 사람에게서 나와 돼
지에게로 들어가니 그 떼가 비탈
로 내리달아 호수에 들어가 몰사
하거늘
34 치던 자들이 그 이루어진 일을 보고
도망하여 성내와 마을에 알리니
35 사람들이 그 이루어진 일을 보러 나
와서 예수께 이르러 귀신 나간 사
람이 옷을 입고 정신이 온전하여 예
수의 발치에 앉아 있는 것을 보고
두려워하거늘
36 귀신 들렸던 자가 어떻게 구원 받았
는지를 본 자들이 그들에게 이르매
37 거라사인의 땅 근방 모든 백성이
크게 두려워하여 예수께 떠나가시
기를 구하더라 예수께서 배에 올라
돌아가실새
38 귀신 나간 사람이 함께 있기를 구
하였으나 예수께서 그를 보내시며
이르시되
39 집으로 돌아가 하나님이 네게 어떻

기록일 :　　 .　　 .　　 .

게 큰 일을 행하셨는지를 말하라
하시니 그가 가서 예수께서 자기에
게 어떻게 큰 일을 행하셨는지를
온 성내에 전파하니라
40 예수께서 돌아오시매 무리가 환영
하니 이는 다 기다렸음이러라
41 이에 회당장인 야이로라 하는 사람
이 와서 예수의 발 아래에 엎드려
자기 집에 오시기를 간구하니
42 이는 자기에게 열두 살 된 외딸이
있어 죽어감이러라 예수께서 가실
때에 무리가 밀려들더라
43 이에 열두 해를 혈루증으로 앓는
중에 아무에게도 고침을 받지 못하
던 여자가
44 예수의 뒤로 와서 그의 옷 가에 손
을 대니 혈루증이 즉시 그쳤더라
45 예수께서 이르시되 내게 손을 댄
자가 누구냐 하시니 다 아니라 할
때에 베드로가 이르되 주여 무리가
밀려들어 미나이다
46 예수께서 이르시되 내게 손을 댄
자가 있도다 이는 내게서 능력이
나간 줄 앎이로다 하신대
47 여자가 스스로 숨기지 못할 줄 알
고 떨며 나아와 엎드리어 그 손 댄
이유와 곧 나은 것을 모든 사람 앞
에서 말하니
48 예수께서 이르시되 딸아 네 믿음이
너를 구원하였으니 평안히 가라 하
시더라
49 아직 말씀하실 때에 회당장의 집에
서 사람이 와서 말하되 당신의 딸
이 죽었나이다 선생님을 더 괴롭게
하지 마소서 하거늘
50 예수께서 들으시고 이르시되 두려
워하지 말고 믿기만 하라 그리하면
딸이 구원을 얻으리라 하시고
51 그 집에 이르러 베드로와 요한과
야고보와 아이의 부모 외에는 함께
들어가기를 허락하지 아니하시니라
52 모든 사람이 아이를 위하여 울며 통
곡하매 예수께서 이르시되 울지 말
라 죽은 것이 아니라 잔다 하시니
53 그들이 그 죽은 것을 아는 고로 비
웃더라
54 예수께서 아이의 손을 잡고 불러
이르시되 아이야 일어나라 하시니
55 그 영이 돌아와 아이가 곧 일어나거
늘 예수께서 먹을 것을 주라 명하
시니
56 그 부모가 놀라는지라 예수께서 경
고하사 이 일을 아무에게도 말하지
말라 하시니라

9 예수께서 열두 제자를 불러 모으
사 모든 귀신을 제어하며 병을 고
치는 능력과 권위를 주시고
2 하나님의 나라를 전파하며 앓는 자
를 고치게 하려고 내보내시며
3 이르시되 여행을 위하여 아무 것도

기록일 : . . .

가지지 말라 지팡이나 배낭이나 양
식이나 돈이나 두 벌 옷을 가지지
말며
4 어느 집에 들어가든지 거기서 머물
다가 거기서 떠나라
5 누구든지 너희를 영접하지 아니하
거든 그 성에서 떠날 때에 너희 발
에서 먼지를 떨어 버려 그들에게
증거를 삼으라 하시니
6 제자들이 나가 각 마을에 두루 다
니며 곳곳에 복음을 전하며 병을
고치더라
7 분봉 왕 헤롯이 이 모든 일을 듣고
심히 당황하니 이는 어떤 사람은
요한이 죽은 자 가운데서 살아났다
고도 하며
8 어떤 사람은 엘리야가 나타났다고
도 하며 어떤 사람은 옛 선지자 한
사람이 다시 살아났다고도 함이라
9 헤롯이 이르되 요한은 내가 목을
베었거늘 이제 이런 일이 들리니 이
사람이 누군가 하며 그를 보고자
하더라
10 사도들이 돌아와 자기들이 행한 모
든 것을 예수께 여쭈니 데리시고
따로 벳새다라는 고을로 떠나 가셨
으나
11 무리가 알고 따라왔거늘 예수께서
그들을 영접하사 하나님 나라의 일
을 이야기하시며 병 고칠 자들은 고
치시더라
12 날이 저물어 가매 열두 사도가 나
아와 여짜오되 무리를 보내어 두루
마을과 촌으로 가서 유하며 먹을
것을 얻게 하소서 우리가 있는 여기
는 빈 들이니이다
13 예수께서 이르시되 너희가 먹을 것
을 주라 하시니 여짜오되 우리에게
떡 다섯 개와 물고기 두 마리밖에
없으니 이 모든 사람을 위하여 먹
을 것을 사지 아니하고서는 할 수
없사옵나이다 하니
14 이는 남자가 한 오천 명 됨이러라
제자들에게 이르시되 떼를 지어 한
오십 명씩 앉히라 하시니
15 제자들이 이렇게 하여 다 앉힌 후
16 예수께서 떡 다섯 개와 물고기 두
마리를 가지사 하늘을 우러러 축사
하시고 떼어 제자들에게 주어 무리
에게 나누어 주게 하시니
17 먹고 다 배불렀더라 그 남은 조각
을 열두 바구니에 거두니라
18 예수께서 따로 기도하실 때에 제자
들이 주와 함께 있더니 물어 이르시
되 무리가 나를 누구라고 하느냐
19 대답하여 이르되 침례 요한이라 하
고 더러는 엘리야라, 더러는 옛 선
지자 중의 한 사람이 살아났다 하
나이다
20 예수께서 이르시되 너희는 나를 누

기록일 : . . .

구라 하느냐 베드로가 대답하여 이
르되 하나님의 그리스도시니이다
하니
21 경고하사 이 말을 아무에게도 이르
지 말라 명하시고
22 이르시되 인자가 많은 고난을 받고
장로들과 대제사장들과 서기관들에
게 버린 바 되어 죽임을 당하고 제
삼일에 살아나야 하리라 하시고
23 또 무리에게 이르시되 아무든지 나
를 따라오려거든 자기를 부인하고
날마다 제 십자가를 지고 나를 따
를 것이니라
24 누구든지 제 목숨을 구원하고자 하
면 잃을 것이요 누구든지 나를 위
하여 제 목숨을 잃으면 구원하리라
25 사람이 만일 온 천하를 얻고도 자
기를 잃든지 빼앗기든지 하면 무엇
이 유익하리요
26 누구든지 나와 내 말을 부끄러워하
면 인자도 자기와 아버지와 거룩한
천사들의 영광으로 올 때에 그 사
람을 부끄러워하리라
27 내가 참으로 너희에게 이르노니 여
기 서 있는 사람 중에 죽기 전에 하
나님의 나라를 볼 자들도 있느니라
28 이 말씀을 하신 후 팔 일쯤 되어 예
수께서 베드로와 요한과 야고보를
데리고 기도하시러 산에 올라가사
29 기도하실 때에 용모가 변화되고 그
옷이 희어져 광채가 나더라
30 문득 두 사람이 예수와 함께 말하
니 이는 모세와 엘리야라
31 영광중에 나타나서 장차 예수께서
예루살렘에서 별세하실 것을 말할새
32 베드로와 및 함께 있는 자들이 깊이
졸다가 온전히 깨어나 예수의 영광
과 및 함께 선 두 사람을 보더니
33 두 사람이 떠날 때에 베드로가 예
수께 여짜오되 주여 우리가 여기
있는 것이 좋사오니 우리가 초막
셋을 짓되 하나는 주를 위하여, 하
나는 모세를 위하여, 하나는 엘리
야를 위하여 하사이다 하되 자기가
하는 말을 자기도 알지 못하더라
34 이 말 할 즈음에 구름이 와서 그들
을 덮는지라 구름 속으로 들어갈
때에 그들이 무서워하더니
35 구름 속에서 소리가 나서 이르되
이는 나의 아들 곧 택함을 받은 자
니 너희는 그의 말을 들으라 하고
36 소리가 그치매 오직 예수만 보이더
라 제자들이 잠잠하여 그 본 것을
무엇이든지 그 때에는 아무에게도
이르지 아니하니라
37 이튿날 산에서 내려오시니 큰 무리
가 맞을새
38 무리 중의 한 사람이 소리 질러 이
르되 선생님 청컨대 내 아들을 돌
보아 주옵소서 이는 내 외아들이니

기록일 : . . .

이다
39 귀신이 그를 잡아 갑자기 부르짖게
하고 경련을 일으켜 거품을 흘리게
하며 몹시 상하게 하고야 겨우 떠
나 가나이다
40 당신의 제자들에게 내쫓아 주기를
구하였으나 그들이 능히 못하더이다
41 예수께서 대답하여 이르시되 믿음
이 없고 패역한 세대여 내가 얼마
나 너희와 함께 있으며 너희에게
참으리요 네 아들을 이리로 데리고
오라 하시니
42 올 때에 귀신이 그를 거꾸러뜨리고
심한 경련을 일으키게 하는지라 예
수께서 더러운 귀신을 꾸짖으시고
아이를 낫게 하사 그 아버지에게
도로 주시니
43 사람들이 다 하나님의 위엄에 놀라
니라 그들이 다 그 행하시는 모든
일을 놀랍게 여길새 예수께서 제자
들에게 이르시되
44 이 말을 너희 귀에 담아 두라 인자
가 장차 사람들의 손에 넘겨지리라
하시되
45 그들이 이 말씀을 알지 못하니 이
는 그들로 깨닫지 못하게 숨긴 바
되었음이라 또 그들은 이 말씀을
묻기도 두려워하더라
46 제자 중에서 누가 크냐 하는 변론
이 일어나니
47 예수께서 그 마음에 변론하는 것을
아시고 어린 아이 하나를 데려다가
자기 곁에 세우시고
48 그들에게 이르시되 누구든지 내 이
름으로 이런 어린 아이를 영접하면
곧 나를 영접함이요 또 누구든지
나를 영접하면 곧 나를 보내신 이
를 영접함이라 너희 모든 사람 중
에 가장 작은 그가 큰 자니라
49 요한이 여짜오되 주여 어떤 사람이
주의 이름으로 귀신을 내쫓는 것을
우리가 보고 우리와 함께 따르지
아니하므로 금하였나이다
50 예수께서 이르시되 금하지 말라 너
희를 반대하지 않는 자는 너희를
위하는 자니라 하시니라
51 예수께서 승천하실 기약이 차가매
예루살렘을 향하여 올라가기로 굳
게 결심하시고
52 사자들을 앞서 보내시매 그들이 가
서 예수를 위하여 준비하려고 사마
리아인의 한 마을에 들어갔더니
53 예수께서 예루살렘을 향하여 가시
기 때문에 그들이 받아들이지 아니
하는지라
54 제자 야고보와 요한이 이를 보고
이르되 주여 우리가 불을 명하여
하늘로부터 내려 저들을 멸하라 하
기를 원하시나이까
55 예수께서 돌아보시며 꾸짖으시고

기록일 : . . .

56 함께 다른 마을로 가시니라
57 길 가실 때에 어떤 사람이 여짜오되
어디로 가시든지 나는 따르리이다
58 예수께서 이르시되 여우도 굴이 있
고 공중의 새도 집이 있으되 인자
는 머리 둘 곳이 없도다 하시고
59 또 다른 사람에게 나를 따르라 하시
니 그가 이르되 나로 먼저 가서 내
아버지를 장사하게 허락하옵소서
60 이르시되 죽은 자들로 자기의 죽은
자들을 장사하게 하고 너는 가서
하나님의 나라를 전파하라 하시고
61 또 다른 사람이 이르되 주여 내가
주를 따르겠나이다마는 나로 먼저
내 가족을 작별하게 허락하소서
62 예수께서 이르시되 손에 쟁기를 잡
고 뒤를 돌아보는 자는 하나님의
나라에 합당하지 아니하니라 하시
니라

10 그 후에 주께서 따로 칠십 인을
세우사 친히 가시려는 각 동네와
각 지역으로 둘씩 앞서 보내시며
2 이르시되 추수할 것은 많되 일꾼
이 적으니 그러므로 추수하는 주인
에게 청하여 추수할 일꾼들을 보내
주소서 하라
3 갈지어다 내가 너희를 보냄이 어린
양을 이리 가운데로 보냄과 같도다
4 전대나 배낭이나 신발을 가지지
말며 길에서 아무에게도 문안하지
말며
5 어느 집에 들어가든지 먼저 말하되
이 집이 평안할지어다 하라
6 만일 평안을 받을 사람이 거기 있으
면 너희의 평안이 그에게 머물 것이
요 그렇지 않으면 너희에게로 돌아
오리라
7 그 집에 유하며 주는 것을 먹고 마
시라 일꾼이 그 삯을 받는 것이 마
땅하니라 이 집에서 저 집으로 옮기
지 말라
8 어느 동네에 들어가든지 너희를 영
접하거든 너희 앞에 차려놓는 것을
먹고
9 거기 있는 병자들을 고치고 또 말
하기를 하나님의 나라가 너희에게
가까이 왔다 하라
10 어느 동네에 들어가든지 너희를 영
접하지 아니하거든 그 거리로 나와
서 말하되
11 너희 동네에서 우리 발에 묻은 먼
지도 너희에게 떨어버리노라 그러
나 하나님의 나라가 가까이 온 줄
을 알라 하라
12 내가 너희에게 말하노니 그 날에 소
돔이 그 동네보다 견디기 쉬우리라
13 화 있을진저 고라신아, 화 있을진저
벳새다야, 너희에게 행한 모든 권
능을 두로와 시돈에서 행하였더라
면 그들이 벌써 베옷을 입고 재에

기록일 : . . .

앉아 회개하였으리라
14 심판 때에 두로와 시돈이 너희보다
견디기 쉬우리라
15 가버나움아 네가 하늘에까지 높아
지겠느냐 음부에까지 낮아지리라
16 너희 말을 듣는 자는 곧 내 말을 듣
는 것이요 너희를 저버리는 자는 곧
나를 저버리는 것이요 나를 저버리
는 자는 나 보내신 이를 저버리는
것이라 하시니라
17 칠십 인이 기뻐하며 돌아와 이르되
주여 주의 이름이면 귀신들도 우리
에게 항복하더이다
18 예수께서 이르시되 사탄이 하늘로
부터 번개 같이 떨어지는 것을 내
가 보았노라
19 내가 너희에게 뱀과 전갈을 밟으며
원수의 모든 능력을 제어할 권능을
주었으니 너희를 해칠 자가 결코 없
으리라
20 그러나 귀신들이 너희에게 항복하
는 것으로 기뻐하지 말고 너희 이
름이 하늘에 기록된 것으로 기뻐하
라 하시니라
21 그 때에 예수께서 성령으로 기뻐하
시며 이르시되 천지의 주재이신 아
버지여 이것을 지혜롭고 슬기 있는
자들에게는 숨기시고 어린 아이들
에게는 나타내심을 감사하나이다
옳소이다 이렇게 된 것이 아버지의
뜻이니이다
22 내 아버지께서 모든 것을 내게 주
셨으니 아버지 외에는 아들이 누구
인지 아는 자가 없고 아들과 또 아
들의 소원대로 계시를 받는 자 외
에는 아버지가 누구인지 아는 자가
없나이다 하시고
23 제자들을 돌아 보시며 조용히 이르
시되 너희가 보는 것을 보는 눈은
복이 있도다
24 내가 너희에게 말하노니 많은 선지
자와 임금이 너희가 보는 바를 보
고자 하였으되 보지 못하였으며 너
희가 듣는 바를 듣고자 하였으되
듣지 못하였느니라
25 어떤 율법교사가 일어나 예수를 시
험하여 이르되 선생님 내가 무엇을
하여야 영생을 얻으리이까
26 예수께서 이르시되 율법에 무엇이라
기록되었으며 네가 어떻게 읽느냐
27 대답하여 이르되 네 마음을 다하며
목숨을 다하며 힘을 다하며 뜻을
다하여 주 너의 하나님을 사랑하고
또한 네 이웃을 네 자신 같이 사랑
하라 하였나이다
28 예수께서 이르시되 네 대답이 옳도
다 이를 행하라 그러면 살리라 하
시니
29 그 사람이 자기를 옳게 보이려고
예수께 여짜오되 그러면 내 이웃이

기록일 : . . .

누구니이까
30 예수께서 대답하여 이르시되 어떤
사람이 예루살렘에서 여리고로 내
려가다가 강도를 만나매 강도들이
그 옷을 벗기고 때려 거의 죽은 것
을 버리고 갔더라
31 마침 한 제사장이 그 길로 내려가
다가 그를 보고 피하여 지나가고
32 또 이와 같이 한 레위인도 그 곳에
이르러 그를 보고 피하여 지나가되
33 어떤 사마리아 사람은 여행하는 중
거기 이르러 그를 보고 불쌍히 여겨
34 가까이 가서 기름과 포도주를 그
상처에 붓고 싸매고 자기 짐승에
태워 주막으로 데리고 가서 돌보아
주니라
35 그 이튿날 그가 주막 주인에게 데
나리온 둘을 내어 주며 이르되 이
사람을 돌보아 주라 비용이 더 들
면 내가 돌아올 때에 갚으리라 하
였으니
36 네 생각에는 이 세 사람 중에 누가
강도 만난 자의 이웃이 되겠느냐
37 이르되 자비를 베푼 자니이다 예수
께서 이르시되 가서 너도 이와 같이
하라 하시니라
38 그들이 길 갈 때에 예수께서 한 마
을에 들어가시매 마르다라 이름하는
한 여자가 자기 집으로 영접하더라
39 그에게 마리아라 하는 동생이 있어
주의 발치에 앉아 그의 말씀을 듣
더니
40 마르다는 준비하는 일이 많아 마음
이 분주한지라 예수께 나아가 이르
되 주여 내 동생이 나 혼자 일하게
두는 것을 생각하지 아니하시나이
까 그를 명하사 나를 도와 주라 하
소서
41 주께서 대답하여 이르시되 마르다
야 마르다야 네가 많은 일로 염려
하고 근심하나
42 몇 가지만 하든지 혹은 한 가지만
이라도 족하니라 마리아는 이 좋은
편을 택하였으니 빼앗기지 아니하
리라 하시니라

11 예수께서 한 곳에서 기도하시고
마치시매 제자 중 하나가 여짜오되
주여 요한이 자기 제자들에게 기도
를 가르친 것과 같이 우리에게도
가르쳐 주옵소서
2 예수께서 이르시되 너희는 기도할
때에 이렇게 하라 아버지여 이름이
거룩히 여김을 받으시오며 나라가
임하시오며
3 우리에게 날마다 일용할 양식을 주
시옵고
4 우리가 우리에게 죄 지은 모든 사
람을 용서하오니 우리 죄도 사하여
주시옵고 우리를 시험에 들게 하지
마시옵소서 하라

기록일 : . . .

5 또 이르시되 너희 중에 누가 벗이
있는데 밤중에 그에게 가서 말하기
를 벗이여 떡 세 덩이를 내게 꾸어
달라
6 내 벗이 여행중에 내게 왔으나 내
가 먹일 것이 없노라 하면
7 그가 안에서 대답하여 이르되 나를
괴롭게 하지 말라 문이 이미 닫혔
고 아이들이 나와 함께 침실에 누
웠으니 일어나 네게 줄 수가 없노
라 하겠느냐
8 내가 너희에게 말하노니 비록 벗
됨으로 인하여서는 일어나서 주지
아니할지라도 그 간청함을 인하여
일어나 그 요구대로 주리라
9 내가 또 너희에게 이르노니 구하
라 그러면 너희에게 주실 것이요
찾으라 그러면 찾아낼 것이요 문을
두드리라 그러면 너희에게 열릴 것
이니
10 구하는 이마다 받을 것이요 찾는
이는 찾아낼 것이요 두드리는 이에
게는 열릴 것이니라
11 너희 중에 아버지 된 자로서 누가
아들이 생선을 달라 하는데 생선
대신에 뱀을 주며
12 알을 달라 하는데 전갈을 주겠느냐
13 너희가 악할지라도 좋은 것을 자식
에게 줄 줄 알거든 하물며 너희 하
늘 아버지께서 구하는 자에게 성령
을 주시지 않겠느냐 하시니라
14 예수께서 한 말 못하게 하는 귀신
을 쫓아내시니 귀신이 나가매 말
못하는 사람이 말하는지라 무리들
이 놀랍게 여겼으나
15 그 중에 더러는 말하기를 그가 귀
신의 왕 바알세불을 힘입어 귀신을
쫓아낸다 하고
16 또 더러는 예수를 시험하여 하늘로
부터 오는 표적을 구하니
17 예수께서 그들의 생각을 아시고 이
르시되 스스로 분쟁하는 나라마다
황폐하여지며 스스로 분쟁하는 집
은 무너지느니라
18 너희 말이 내가 바알세불을 힘입어
귀신을 쫓아낸다 하니 만일 사탄이
스스로 분쟁하면 그의 나라가 어떻
게 서겠느냐
19 내가 바알세불을 힘입어 귀신을 쫓
아내면 너희 아들들은 누구를 힘입
어 쫓아내느냐 그러므로 그들이 너
희 재판관이 되리라
20 그러나 내가 만일 하나님의 손을
힘입어 귀신을 쫓아낸다면 하나님
의 나라가 이미 너희에게 임하였느
니라
21 강한 자가 무장을 하고 자기 집을
지킬 때에는 그 소유가 안전하되
22 더 강한 자가 와서 그를 굴복시킬
때에는 그가 믿던 무장을 빼앗고

기록일 : . . .

그의 재물을 나누느니라
23 나와 함께 하지 아니하는 자는 나
를 반대하는 자요 나와 함께 모으
지 아니하는 자는 헤치는 자니라
24 더러운 귀신이 사람에게서 나갔을
때에 물 없는 곳으로 다니며 쉬기
를 구하되 얻지 못하고 이에 이르
되 내가 나온 내 집으로 돌아가리
라 하고
25 가서 보니 그 집이 청소되고 수리되
었거늘
26 이에 가서 저보다 더 악한 귀신 일
곱을 데리고 들어가서 거하니 그
사람의 나중 형편이 전보다 더 심하
게 되느니라
27 이 말씀을 하실 때에 무리 중에서
한 여자가 음성을 높여 이르되 당
신을 밴 태와 당신을 먹인 젖이 복
이 있나이다 하니
28 예수께서 이르시되 오히려 하나님
의 말씀을 듣고 지키는 자가 복이
있느니라 하시니라
29 무리가 모였을 때에 예수께서 말씀
하시되 이 세대는 악한 세대라 표
적을 구하되 요나의 표적 밖에는
보일 표적이 없나니
30 요나가 니느웨 사람들에게 표적이
됨과 같이 인자도 이 세대에 그러
하리라
31 심판 때에 남방 여왕이 일어나 이
세대 사람을 정죄하리니 이는 그가
솔로몬의 지혜로운 말을 들으려고
땅 끝에서 왔음이거니와 솔로몬보
다 더 큰 이가 여기 있으며
32 심판 때에 니느웨 사람들이 일어나
이 세대 사람을 정죄하리니 이는
그들이 요나의 전도를 듣고 회개하
였음이거니와 요나보다 더 큰 이가
여기 있느니라
33 누구든지 등불을 켜서 움 속에나
말 아래에 두지 아니하고 등경 위
에 두나니 이는 들어가는 자로 그
빛을 보게 하려 함이라
34 네 몸의 등불은 눈이라 네 눈이 성
하면 온 몸이 밝을 것이요 만일 나
쁘면 네 몸도 어두우리라
35 그러므로 네 속에 있는 빛이 어둡지
아니한가 보라
36 네 온 몸이 밝아 조금도 어두운
데가 없으면 등불의 빛이 너를 비출
때와 같이 온전히 밝으리라 하시
니라
37 예수께서 말씀하실 때에 한 바리새
인이 자기와 함께 점심 잡수시기를
청하므로 들어가 앉으셨더니
38 잡수시기 전에 손 씻지 아니하심을
그 바리새인이 보고 이상히 여기는
지라
39 주께서 이르시되 너희 바리새인은
지금 잔과 대접의 겉은 깨끗이 하

기록일 : . . .

나 너희 속에는 탐욕과 악독이 가
득하도다
40 어리석은 자들아 겉을 만드신 이가
속도 만들지 아니하셨느냐
41 그러나 그 안에 있는 것으로 구제
하라 그리하면 모든 것이 너희에게
깨끗하리라
42 화 있을진저 너희 바리새인이여 너
희가 박하와 운향과 모든 채소의
십일조는 드리되 공의와 하나님께
대한 사랑은 버리는도다 그러나 이
것도 행하고 저것도 버리지 말아야
할지니라
43 화 있을진저 너희 바리새인이여 너
희가 회당의 높은 자리와 시장에서
문안 받는 것을 기뻐하는도다
44 화 있을진저 너희여 너희는 평토장
한 무덤 같아서 그 위를 밟는 사람
이 알지 못하느니라
45 한 율법교사가 예수께 대답하여 이
르되 선생님 이렇게 말씀하시니 우
리까지 모욕하심이니이다
46 이르시되 화 있을진저 또 너희 율법
교사여 지기 어려운 짐을 사람에게
지우고 너희는 한 손가락도 이 짐
에 대지 않는도다
47 화 있을진저 너희는 선지자들의 무
덤을 만드는도다 그들을 죽인 자도
너희 조상들이로다
48 이와 같이 그들은 죽이고 너희는
무덤을 만드니 너희가 너희 조상의
행한 일에 증인이 되어 옳게 여기는
도다
49 그러므로 하나님의 지혜가 일렀으
되 내가 선지자와 사도들을 그들에
게 보내리니 그 중에서 더러는 죽이
며 또 박해하리라 하였느니라
50 창세 이후로 흘린 모든 선지자의
피를 이 세대가 담당하되
51 곧 아벨의 피로부터 제단과 성전
사이에서 죽임을 당한 사가랴의 피
까지 하리라 내가 너희에게 이르노
니 과연 이 세대가 담당하리라
52 화 있을진저 너희 율법교사여 너희
가 지식의 열쇠를 가져가서 너희도
들어가지 않고 또 들어가고자 하는
자도 막았느니라 하시니라
53 거기서 나오실 때에 서기관과 바리
새인들이 거세게 달려들어 여러 가
지 일을 따져 묻고
54 그 입에서 나오는 말을 책잡고자
하여 노리고 있더라

12 그 동안에 무리 수만 명이 모여
서로 밟힐 만큼 되었더니 예수께
서 먼저 제자들에게 말씀하여 이르
시되 바리새인들의 누룩 곧 외식을
주의하라
2 감추인 것이 드러나지 않을 것이 없
고 숨긴 것이 알려지지 않을 것이
없나니

기록일 : . . .

3 이러므로 너희가 어두운 데서 말한
모든 것이 광명한 데서 들리고 너희
가 골방에서 귀에 대고 말한 것이
지붕 위에서 전파되리라
4 내가 내 친구 너희에게 말하노니
몸을 죽이고 그 후에는 능히 더 못
하는 자들을 두려워하지 말라
5 마땅히 두려워할 자를 내가 너희에
게 보이리니 곧 죽인 후에 또한 지
옥에 던져 넣는 권세 있는 그를 두
려워하라 내가 참으로 너희에게 이
르노니 그를 두려워하라
6 참새 다섯 마리가 두 앗사리온에
팔리는 것이 아니냐 그러나 하나님
앞에는 그 하나도 잊어버리시는 바
되지 아니하는도다
7 너희에게는 심지어 머리털까지도
다 세신 바 되었나니 두려워하지
말라 너희는 많은 참새보다 더 귀
하니라
8 내가 또한 너희에게 말하노니 누구
든지 사람 앞에서 나를 시인하면 인
자도 하나님의 사자들 앞에서 그를
시인할 것이요
9 사람 앞에서 나를 부인하는 자는
하나님의 사자들 앞에서 부인을 당
하리라
10 누구든지 말로 인자를 거역하면 사
하심을 받으려니와 성령을 모독하
는 자는 사하심을 받지 못하리라
11 사람이 너희를 회당이나 위정자나
권세 있는 자 앞에 끌고 가거든 어
떻게 무엇으로 대답하며 무엇으로
말할까 염려하지 말라
12 마땅히 할 말을 성령이 곧 그 때에
너희에게 가르치시리라 하시니라
13 무리 중에 한 사람이 이르되 선생
님 내 형을 명하여 유산을 나와 나
누게 하소서 하니
14 이르시되 이 사람아 누가 나를 너
희의 재판장이나 물건 나누는 자로
세웠느냐 하시고
15 그들에게 이르시되 삼가 모든 탐심
을 물리치라 사람의 생명이 그 소
유의 넉넉한 데 있지 아니하니라 하
시고
16 또 비유로 그들에게 말하여 이르시
되 한 부자가 그 밭에 소출이 풍성
하매
17 심중에 생각하여 이르되 내가 곡식
쌓아 둘 곳이 없으니 어찌할까 하고
18 또 이르되 내가 이렇게 하리라 내
곳간을 헐고 더 크게 짓고 내 모든
곡식과 물건을 거기 쌓아 두리라
19 또 내가 내 영혼에게 이르되 영혼
아 여러 해 쓸 물건을 많이 쌓아 두
었으니 평안히 쉬고 먹고 마시고 즐
거워하자 하리라 하되
20 하나님은 이르시되 어리석은 자여
오늘 밤에 네 영혼을 도로 찾으리

기록일 : . . .

니 그러면 네 준비한 것이 누구의
것이 되겠느냐 하셨으니
21 자기를 위하여 재물을 쌓아 두고
하나님께 대하여 부요하지 못한 자
가 이와 같으니라
22 또 제자들에게 이르시되 그러므로
내가 너희에게 이르노니 너희 목숨
을 위하여 무엇을 먹을까 몸을 위
하여 무엇을 입을까 염려하지 말라
23 목숨이 음식보다 중하고 몸이 의복
보다 중하니라
24 까마귀를 생각하라 심지도 아니하
고 거두지도 아니하며 골방도 없고
창고도 없으되 하나님이 기르시나
니 너희는 새보다 얼마나 더 귀하냐
25 또 너희 중에 누가 염려함으로 그
키를 한 자라도 더할 수 있느냐
26 그런즉 가장 작은 일도 하지 못하
면서 어찌 다른 일들을 염려하느냐
27 백합화를 생각하여 보라 실도 만
들지 않고 짜지도 아니하느니라 그
러나 내가 너희에게 말하노니 솔
로몬의 모든 영광으로도 입은 것이
이 꽃 하나만큼 훌륭하지 못하였느
니라
28 오늘 있다가 내일 아궁이에 던져지
는 들풀도 하나님이 이렇게 입히시
거든 하물며 너희일까보냐 믿음이
작은 자들아
29 너희는 무엇을 먹을까 무엇을 마
실까 하여 구하지 말며 근심하지도
말라
30 이 모든 것은 세상 백성들이 구하
는 것이라 너희 아버지께서는 이런
것이 너희에게 있어야 할 것을 아시
느니라
31 다만 너희는 그의 나라를 구하라
그리하면 이런 것들을 너희에게 더
하시리라
32 적은 무리여 무서워 말라 너희 아버
지께서 그 나라를 너희에게 주시기
를 기뻐하시느니라
33 너희 소유를 팔아 구제하여 낡아지
지 아니하는 배낭을 만들라 곧 하
늘에 둔 바 다함이 없는 보물이니
거기는 도둑도 가까이 하는 일이
없고 좀도 먹는 일이 없느니라
34 너희 보물 있는 곳에는 너희 마음
도 있으리라
35 허리에 띠를 띠고 등불을 켜고 서
있으라
36 너희는 마치 그 주인이 혼인 집에서
돌아와 문을 두드리면 곧 열어 주
려고 기다리는 사람과 같이 되라
37 주인이 와서 깨어 있는 것을 보면
그 종들은 복이 있으리로다 내가
진실로 너희에게 이르노니 주인이
띠를 띠고 그 종들을 자리에 앉히
고 나아와 수종들리라
38 주인이 혹 이경에나 혹 삼경에 이르

기록일 : . . .

러서도 종들이 그같이 하고 있는 것
을 보면 그 종들은 복이 있으리로다
39 너희도 아는 바니 집 주인이 만일
도둑이 어느 때에 이를 줄 알았더
라면 그 집을 뚫지 못하게 하였으
리라
40 그러므로 너희도 준비하고 있으라
생각하지 않은 때에 인자가 오리라
하시니라
41 베드로가 여짜오되 주께서 이 비유
를 우리에게 하심이니이까 모든 사
람에게 하심이니이까
42 주께서 이르시되 지혜 있고 진실한
청지기가 되어 주인에게 그 집 종들
을 맡아 때를 따라 양식을 나누어
줄 자가 누구냐
43 주인이 이를 때에 그 종이 그렇게
하는 것을 보면 그 종은 복이 있으
리로다
44 내가 참으로 너희에게 이르노니 주
인이 그 모든 소유를 그에게 맡기
리라
45 만일 그 종이 마음에 생각하기를 주
인이 더디 오리라 하여 남녀 종들을
때리며 먹고 마시고 취하게 되면
46 생각하지 않은 날 알지 못하는 시
각에 그 종의 주인이 이르러 엄히
때리고 신실하지 아니한 자의 받는
벌에 처하리니
47 주인의 뜻을 알고도 준비하지 아니
하고 그 뜻대로 행하지 아니한 종
은 많이 맞을 것이요
48 알지 못하고 맞을 일을 행한 종은
적게 맞으리라 무릇 많이 받은 자
에게는 많이 요구할 것이요 많이
맡은 자에게는 많이 달라 할 것이
니라
49 내가 불을 땅에 던지러 왔노니 이
불이 이미 붙었으면 내가 무엇을 원
하리요
50 나는 받을 침례가 있으니 그것이 이
루어지기까지 나의 답답함이 어떠
하겠느냐
51 내가 세상에 화평을 주려고 온 줄
로 아느냐 내가 너희에게 이르노니
아니라 도리어 분쟁하게 하려 함이
로라
52 이 후부터 한 집에 다섯 사람이 있
어 분쟁하되 셋이 둘과, 둘이 셋과
하리니
53 아버지가 아들과, 아들이 아버지와,
어머니가 딸과, 딸이 어머니와, 시
어머니가 며느리와, 며느리가 시어
머니와 분쟁하리라 하시니라
54 또 무리에게 이르시되 너희가 구름
이 서쪽에서 이는 것을 보면 곧 말
하기를 소나기가 오리라 하나니 과
연 그러하고
55 남풍이 부는 것을 보면 말하기를
심히 더우리라 하나니 과연 그러하

기록일 : . . .

니라
56 외식하는 자여 너희가 천지의 기상
은 분간할 줄 알면서 어찌 이 시대
는 분간하지 못하느냐
57 또 어찌하여 옳은 것을 스스로 판
단하지 아니하느냐
58 네가 너를 고발하는 자와 함께 법
관에게 갈 때에 길에서 화해하기를
힘쓰라 그가 너를 재판장에게 끌어
가고 재판장이 너를 옥졸에게 넘겨
주어 옥졸이 옥에 가둘까 염려하라
59 네게 이르노니 한 푼이라도 남김이
없이 갚지 아니하고서는 결코 거기
서 나오지 못하리라 하시니라

13

그 때 마침 두어 사람이 와서 빌
라도가 어떤 갈릴리 사람들의 피를
그들의 제물에 섞은 일로 예수께
아뢰니
2 대답하여 이르시되 너희는 이 갈릴
리 사람들이 이같이 해 받으므로
다른 모든 갈릴리 사람보다 죄가
더 있는 줄 아느냐
3 너희에게 이르노니 아니라 너희도
만일 회개하지 아니하면 다 이와
같이 망하리라
4 또 실로암에서 망대가 무너져 치어
죽은 열여덟 사람이 예루살렘에 거
한 다른 모든 사람보다 죄가 더 있
는 줄 아느냐
5 너희에게 이르노니 아니라 너희도
만일 회개하지 아니하면 다 이와
같이 망하리라
6 이에 비유로 말씀하시되 한 사람이
포도원에 무화과나무를 심은 것이
있더니 와서 그 열매를 구하였으나
얻지 못한지라
7 포도원지기에게 이르되 내가 삼 년
을 와서 이 무화과나무에서 열매를
구하되 얻지 못하니 찍어버리라 어
찌 땅만 버리게 하겠느냐
8 대답하여 이르되 주인이여 금년에
도 그대로 두소서 내가 두루 파고
거름을 주리니
9 이 후에 만일 열매가 열면 좋거니와
그렇지 않으면 찍어버리소서 하였
다 하시니라
10 예수께서 안식일에 한 회당에서 가
르치실 때에
11 열여덟 해 동안이나 귀신 들려 앓
으며 꼬부라져 조금도 펴지 못하는
한 여자가 있더라
12 예수께서 보시고 불러 이르시되 여
자여 네가 네 병에서 놓였다 하시고
13 안수하시니 여자가 곧 펴고 하나님
께 영광을 돌리는지라
14 회당장이 예수께서 안식일에 병 고
치시는 것을 분 내어 무리에게 이르
되 일할 날이 엿새가 있으니 그 동
안에 와서 고침을 받을 것이요 안
식일에는 하지 말 것이니라 하거늘

기록일 : . . .

15 주께서 대답하여 이르시되 외식하
는 자들아 너희가 각각 안식일에
자기의 소나 나귀를 외양간에서 풀
어내어 이끌고 가서 물을 먹이지 아
니하느냐
16 그러면 열여덟 해 동안 사탄에게
매인 바 된 이 아브라함의 딸을 안
식일에 이 매임에서 푸는 것이 합당
하지 아니하냐
17 예수께서 이 말씀을 하시매 모든
반대하는 자들은 부끄러워하고 온
무리는 그가 하시는 모든 영광스러
운 일을 기뻐하니라
18 그러므로 예수께서 이르시되 하나
님의 나라가 무엇과 같을까 내가
무엇으로 비교할까
19 마치 사람이 자기 채소밭에 갖다
심은 겨자씨 한 알 같으니 자라 나
무가 되어 공중의 새들이 그 가지
에 깃들였느니라
20 또 이르시되 내가 하나님의 나라를
무엇으로 비교할까
21 마치 여자가 가루 서 말 속에 갖다
넣어 전부 부풀게 한 누룩과 같으
니라 하셨더라
22 예수께서 각 성 각 마을로 다니사
가르치시며 예루살렘으로 여행하시
더니
23 어떤 사람이 여짜오되 주여 구원을
받는 자가 적으니이까 그들에게 이
르시되
24 좁은 문으로 들어가기를 힘쓰라 내
가 너희에게 이르노니 들어가기를
구하여도 못하는 자가 많으리라
25 집 주인이 일어나 문을 한 번 닫은
후에 너희가 밖에 서서 문을 두드
리며 주여 열어 주소서 하면 그가
대답하여 이르되 나는 너희가 어디
에서 온 자인지 알지 못하노라 하
리니
26 그 때에 너희가 말하되 우리는 주
앞에서 먹고 마셨으며 주는 또한
우리를 길거리에서 가르치셨나이다
하나
27 그가 너희에게 말하여 이르되 나는
너희가 어디에서 왔는지 알지 못하
노라 행악하는 모든 자들아 나를
떠나 가라 하리라
28 너희가 아브라함과 이삭과 야곱과
모든 선지자는 하나님 나라에 있고
오직 너희는 밖에 쫓겨난 것을 볼
때에 거기서 슬피 울며 이를 갈리라
29 사람들이 동서남북으로부터 와서
하나님의 나라 잔치에 참여하리니
30 보라 나중 된 자로서 먼저 될 자도
있고 먼저 된 자로서 나중 될 자도
있느니라 하시더라
31 곧 그 때에 어떤 바리새인들이 나
아와서 이르되 나가서 여기를 떠나
소서 헤롯이 당신을 죽이고자 하나

기록일 : . . .

이다
32 이르시되 너희는 가서 저 여우에게
이르되 오늘과 내일은 내가 귀신을
쫓아내며 병을 고치다가 제삼일에
는 완전하여지리라 하라
33 그러나 오늘과 내일과 모레는 내가
갈 길을 가야 하리니 선지자가 예루
살렘 밖에서는 죽는 법이 없느니라
34 예루살렘아 예루살렘아 선지자들을
죽이고 네게 파송된 자들을 돌로
치는 자여 암탉이 제 새끼를 날개
아래에 모음 같이 내가 너희의 자
녀를 모으려 한 일이 몇 번이냐 그
러나 너희가 원하지 아니하였도다
35 보라 너희 집이 황폐하여 버린 바
되리라 내가 너희에게 이르노니 너
희가 주의 이름으로 오시는 이를
찬송하리로다 할 때까지는 나를 보
지 못하리라 하시니라

14 안식일에 예수께서 한 바리새인
지도자의 집에 떡 잡수시러 들어가
시니 그들이 엿보고 있더라
2 주의 앞에 수종병 든 한 사람이 있
는지라
3 예수께서 대답하여 율법교사들과
바리새인들에게 이르시되 안식일에
병 고쳐 주는 것이 합당하냐 아니
하냐
4 그들이 잠잠하거늘 예수께서 그 사
람을 데려다가 고쳐 보내시고
5 또 그들에게 이르시되 너희 중에
누가 그 아들이나 소가 우물에 빠
졌으면 안식일에라도 곧 끌어내지
않겠느냐 하시니
6 그들이 이에 대하여 대답하지 못하
니라
7 청함을 받은 사람들이 높은 자리
택함을 보시고 그들에게 비유로 말
씀하여 이르시되
8 네가 누구에게나 혼인 잔치에 청함
을 받았을 때에 높은 자리에 앉지
말라 그렇지 않으면 너보다 더 높
은 사람이 청함을 받은 경우에
9 너와 그를 청한 자가 와서 너더러
이 사람에게 자리를 내주라 하리니
그 때에 네가 부끄러워 끝자리로
가게 되리라
10 청함을 받았을 때에 차라리 가서
끝자리에 앉으라 그러면 너를 청한
자가 와서 너더러 벗이여 올라 앉으
라 하리니 그 때에야 함께 앉은 모
든 사람 앞에서 영광이 있으리라
11 무릇 자기를 높이는 자는 낮아지고
자기를 낮추는 자는 높아지리라
12 또 자기를 청한 자에게 이르시되
네가 점심이나 저녁이나 베풀거든
벗이나 형제나 친척이나 부한 이웃
을 청하지 말라 두렵건대 그 사람
들이 너를 도로 청하여 네게 갚음
이 될까 하노라

기록일 : . . .

13 잔치를 베풀거든 차라리 가난한 자
들과 몸 불편한 자들과 저는 자들
과 맹인들을 청하라
14 그리하면 그들이 갚을 것이 없으므
로 네게 복이 되리니 이는 의인들
의 부활시에 네가 갚음을 받겠음이
라 하시더라
15 함께 먹는 사람 중의 하나가 이 말
을 듣고 이르되 무릇 하나님의 나
라에서 떡을 먹는 자는 복되도다
하니
16 이르시되 어떤 사람이 큰 잔치를
베풀고 많은 사람을 청하였더니
17 잔치할 시각에 그 청하였던 자들에
게 종을 보내어 이르되 오소서 모
든 것이 준비되었나이다 하매
18 다 일치하게 사양하여 한 사람은
이르되 나는 밭을 샀으매 아무래도
나가 보아야 하겠으니 청컨대 나를
양해하도록 하라 하고
19 또 한 사람은 이르되 나는 소 다섯
겨리를 샀으매 시험하러 가니 청컨
대 나를 양해하도록 하라 하고
20 또 한 사람은 이르되 나는 장가 들
었으니 그러므로 가지 못하겠노라
하는지라
21 종이 돌아와 주인에게 그대로 고하
니 이에 집 주인이 노하여 그 종에
게 이르되 빨리 시내의 거리와 골
목으로 나가서 가난한 자들과 몸
불편한 자들과 맹인들과 저는 자들
을 데려오라 하니라
22 종이 이르되 주인이여 명하신 대로
하였으되 아직도 자리가 있나이다
23 주인이 종에게 이르되 길과 산울타
리 가로 나가서 사람을 강권하여
데려다가 내 집을 채우라
24 내가 너희에게 말하노니 전에 청하
였던 그 사람들은 하나도 내 잔치를
맛보지 못하리라 하였다 하시니라
25 수많은 무리가 함께 갈새 예수께서
돌이키사 이르시되
26 무릇 내게 오는 자가 자기 부모와
처자와 형제와 자매와 더욱이 자기
목숨까지 미워하지 아니하면 능히
내 제자가 되지 못하고
27 누구든지 자기 십자가를 지고 나를
따르지 않는 자도 능히 내 제자가
되지 못하리라
28 너희 중의 누가 망대를 세우고자
할진대 자기의 가진 것이 준공하기
까지에 족할는지 먼저 앉아 그 비
용을 계산하지 아니하겠느냐
29 그렇게 아니하여 그 기초만 쌓고
능히 이루지 못하면 보는 자가 다
비웃어
30 이르되 이 사람이 공사를 시작하고
능히 이루지 못하였다 하리라
31 또 어떤 임금이 다른 임금과 싸우
러 갈 때에 먼저 앉아 일만 명으로

기록일 : . . .

써 저 이만 명을 거느리고 오는 자
를 대적할 수 있을까 헤아리지 아
니하겠느냐
32 만일 못할 터이면 그가 아직 멀리
있을 때에 사신을 보내어 화친을
청할지니라
33 이와 같이 너희 중의 누구든지 자
기의 모든 소유를 버리지 아니하면
능히 내 제자가 되지 못하리라
34 소금이 좋은 것이나 소금도 만일
그 맛을 잃으면 무엇으로 짜게 하
리요
35 땅에도, 거름에도 쓸 데 없어 내버
리느니라 들을 귀가 있는 자는 들
을지어다 하시니라

15

모든 세리와 죄인들이 말씀을 들
으러 가까이 나아오니
2 바리새인과 서기관들이 수군거려
이르되 이 사람이 죄인을 영접하고
음식을 같이 먹는다 하더라
3 예수께서 그들에게 이 비유로 이르
시되
4 너희 중에 어떤 사람이 양 백 마리
가 있는데 그 중의 하나를 잃으면
아흔아홉 마리를 들에 두고 그 잃
은 것을 찾아내기까지 찾아다니지
아니하겠느냐
5 또 찾아낸즉 즐거워 어깨에 메고
6 집에 와서 그 벗과 이웃을 불러 모
으고 말하되 나와 함께 즐기자 나
의 잃은 양을 찾아내었노라 하리라
7 내가 너희에게 이르노니 이와 같이
죄인 한 사람이 회개하면 하늘에서
는 회개할 것 없는 의인 아흔아홉
으로 말미암아 기뻐하는 것보다 더
하리라
8 어떤 여자가 열 드라크마가 있는데
하나를 잃으면 등불을 켜고 집을
쓸며 찾아내기까지 부지런히 찾지
아니하겠느냐
9 또 찾아낸즉 벗과 이웃을 불러 모으
고 말하되 나와 함께 즐기자 잃은
드라크마를 찾아내었노라 하리라
10 내가 너희에게 이르노니 이와 같이
죄인 한 사람이 회개하면 하나님의
사자들 앞에 기쁨이 되느니라
11 또 이르시되 어떤 사람에게 두 아
들이 있는데
12 그 둘째가 아버지에게 말하되 아버
지여 재산 중에서 내게 돌아올 분
깃을 내게 주소서 하는지라 아버지
가 그 살림을 각각 나눠 주었더니
13 그 후 며칠이 안 되어 둘째 아들이
재물을 다 모아 가지고 먼 나라에
가 거기서 허랑방탕하여 그 재산을
낭비하더니
14 다 없앤 후 그 나라에 크게 흉년이
들어 그가 비로소 궁핍한지라
15 가서 그 나라 백성 중 한 사람에게
붙여 사니 그가 그를 들로 보내어

기록일 : . . .

돼지를 치게 하였는데
16 그가 돼지 먹는 쥐엄 열매로 배를
채우고자 하되 주는 자가 없는지라
17 이에 스스로 돌이켜 이르되 내 아
버지에게는 양식이 풍족한 품꾼이
얼마나 많은가 나는 여기서 주려
죽는구나
18 내가 일어나 아버지께 가서 이르기
를 아버지 내가 하늘과 아버지께
죄를 지었사오니
19 지금부터는 아버지의 아들이라 일
컬음을 감당하지 못하겠나이다 나
를 품꾼의 하나로 보소서 하리라
하고
20 이에 일어나서 아버지께로 돌아가
니라 아직도 거리가 먼데 아버지가
그를 보고 측은히 여겨 달려가 목
을 안고 입을 맞추니
21 아들이 이르되 아버지 내가 하늘과
아버지께 죄를 지었사오니 지금부
터는 아버지의 아들이라 일컬음을
감당하지 못하겠나이다 하나
22 아버지는 종들에게 이르되 제일 좋
은 옷을 내어다가 입히고 손에 가
락지를 끼우고 발에 신을 신기라
23 그리고 살진 송아지를 끌어다가 잡
으라 우리가 먹고 즐기자
24 이 내 아들은 죽었다가 다시 살아
났으며 내가 잃었다가 다시 얻었노
라 하니 그들이 즐거워하더라
25 맏아들은 밭에 있다가 돌아와 집에
가까이 왔을 때에 풍악과 춤추는
소리를 듣고
26 한 종을 불러 이 무슨 일인가 물은대
27 대답하되 당신의 동생이 돌아왔으
매 당신의 아버지가 건강한 그를
다시 맞아들이게 됨으로 인하여 살
진 송아지를 잡았나이다 하니
28 그가 노하여 들어가고자 하지 아니
하거늘 아버지가 나와서 권한대
29 아버지께 대답하여 이르되 내가 여
러 해 아버지를 섬겨 명을 어김이
없거늘 내게는 염소 새끼라도 주어
나와 내 벗으로 즐기게 하신 일이
없더니
30 아버지의 살림을 창녀들과 함께 삼
켜 버린 이 아들이 돌아오매 이를 위
하여 살진 송아지를 잡으셨나이다
31 아버지가 이르되 얘 너는 항상 나
와 함께 있으니 내 것이 다 네 것이
로되
32 이 네 동생은 죽었다가 살아났으며
내가 잃었다가 얻었기로 우리가 즐
거워하고 기뻐하는 것이 마땅하다
하니라

16

또한 제자들에게 이르시되 어떤
부자에게 청지기가 있는데 그가 주
인의 소유를 낭비한다는 말이 그
주인에게 들린지라
2 주인이 그를 불러 이르되 내가 네

기록일 : . . .

게 대하여 들은 이 말이 어찌 됨이
냐 네가 보던 일을 셈하라 청지기
직무를 계속하지 못하리라 하니
3 청지기가 속으로 이르되 주인이 내
직분을 빼앗으니 내가 무엇을 할까
땅을 파자니 힘이 없고 빌어 먹자니
부끄럽구나
4 내가 할 일을 알았도다 이렇게 하
면 직분을 빼앗긴 후에 사람들이
나를 자기 집으로 영접하리라 하고
5 주인에게 빚진 자를 일일이 불러다
가 먼저 온 자에게 이르되 네가 내
주인에게 얼마나 빚졌느냐
6 말하되 기름 백 말이니이다 이르되
여기 네 증서를 가지고 빨리 앉아
오십이라 쓰라 하고
7 또 다른 이에게 이르되 너는 얼마
나 빚졌느냐 이르되 밀 백 석이니이
다 이르되 여기 네 증서를 가지고
팔십이라 쓰라 하였는지라
8 주인이 이 옳지 않은 청지기가 일을
지혜 있게 하였으므로 칭찬하였으
니 이 세대의 아들들이 자기 시대
에 있어서는 빛의 아들들보다 더 지
혜로움이니라
9 내가 너희에게 말하노니 불의의 재
물로 친구를 사귀라 그리하면 그
재물이 없어질 때에 그들이 너희를
영주할 처소로 영접하리라
10 지극히 작은 것에 충성된 자는 큰
것에도 충성되고 지극히 작은 것에
불의한 자는 큰 것에도 불의하니라
11 너희가 만일 불의한 재물에도 충
성하지 아니하면 누가 참된 것으로
너희에게 맡기겠느냐
12 너희가 만일 남의 것에 충성하지
아니하면 누가 너희의 것을 너희에
게 주겠느냐
13 집 하인이 두 주인을 섬길 수 없나
니 혹 이를 미워하고 저를 사랑하
거나 혹 이를 중히 여기고 저를 경
히 여길 것임이니라 너희는 하나님
과 재물을 겸하여 섬길 수 없느니라
14 바리새인들은 돈을 좋아하는 자들
이라 이 모든 것을 듣고 비웃거늘
15 예수께서 이르시되 너희는 사람 앞
에서 스스로 옳다 하는 자들이나
너희 마음을 하나님께서 아시나니
사람 중에 높임을 받는 그것은 하
나님 앞에 미움을 받는 것이니라
16 율법과 선지자는 요한의 때까지요
그 후부터는 하나님 나라의 복음이
전파되어 사람마다 그리로 침입하
느니라
17 그러나 율법의 한 획이 떨어짐보다
천지가 없어짐이 쉬우리라
18 무릇 자기 아내를 버리고 다른 데
장가 드는 자도 간음함이요 무릇
버림당한 여자에게 장가드는 자도
간음함이니라

기록일 : . . .

19 한 부자가 있어 자색 옷과 고운 베
옷을 입고 날마다 호화롭게 즐기
더라
20 그런데 나사로라 이름하는 한 거지
가 헌데 투성이로 그의 대문 앞에
버려진 채
21 그 부자의 상에서 떨어지는 것으로
배불리려 하매 심지어 개들이 와서
그 헌데를 핥더라
22 이에 그 거지가 죽어 천사들에게
받들려 아브라함의 품에 들어가고
부자도 죽어 장사되매
23 그가 음부에서 고통중에 눈을 들어
멀리 아브라함과 그의 품에 있는
나사로를 보고
24 불러 이르되 아버지 아브라함이여
나를 긍휼히 여기사 나사로를 보내
어 그 손가락 끝에 물을 찍어 내 혀
를 서늘하게 하소서 내가 이 불꽃
가운데서 괴로워하나이다
25 아브라함이 이르되 얘 너는 살았을
때에 좋은 것을 받았고 나사로는
고난을 받았으니 이것을 기억하라
이제 그는 여기서 위로를 받고 너
는 괴로움을 받느니라
26 그뿐 아니라 너희와 우리 사이에
큰 구렁텅이가 놓여 있어 여기서 너
희에게 건너가고자 하되 갈 수 없
고 거기서 우리에게 건너올 수도 없
게 하였느니라
27 이르되 그러면 아버지여 구하노니
나사로를 내 아버지의 집에 보내
소서
28 내 형제 다섯이 있으니 그들에게
증언하게 하여 그들로 이 고통 받
는 곳에 오지 않게 하소서
29 아브라함이 이르되 그들에게 모세
와 선지자들이 있으니 그들에게 들
을지니라
30 이르되 그렇지 아니하니이다 아버
지 아브라함이여 만일 죽은 자에게
서 그들에게 가는 자가 있으면 회
개하리이다
31 이르되 모세와 선지자들에게 듣지
아니하면 비록 죽은 자 가운데서
살아나는 자가 있을지라도 권함을
받지 아니하리라 하였다 하시니라

17 예수께서 제자들에게 이르시되
실족하게 하는 것이 없을 수는 없
으나 그렇게 하게 하는 자에게는
화로다
2 그가 이 작은 자 중의 하나를 실족
하게 할진대 차라리 연자맷돌이 그
목에 매여 바다에 던져지는 것이 나
으리라
3 너희는 스스로 조심하라 만일 네
형제가 죄를 범하거든 경고하고 회
개하거든 용서하라
4 만일 하루에 일곱 번이라도 네게
죄를 짓고 일곱 번 네게 돌아와 내

기록일 : . . .

가 회개하노라 하거든 너는 용서하
라 하시더라
5 사도들이 주께 여짜오되 우리에게
믿음을 더하소서 하니
6 주께서 이르시되 너희에게 겨자씨
한 알만한 믿음이 있었더라면 이 뽕
나무더러 뿌리가 뽑혀 바다에 심기
어라 하였을 것이요 그것이 너희에
게 순종하였으리라
7 너희 중 누구에게 밭을 갈거나 양
을 치거나 하는 종이 있어 밭에서
돌아오면 그더러 곧 와 앉아서 먹
으라 말할 자가 있느냐
8 도리어 그더러 내 먹을 것을 준비하
고 띠를 띠고 내가 먹고 마시는 동
안에 수종들고 너는 그 후에 먹고
마시라 하지 않겠느냐
9 명한 대로 하였다고 종에게 감사하
겠느냐
10 이와 같이 너희도 명령 받은 것을
다 행한 후에 이르기를 우리는 무
익한 종이라 우리가 하여야 할 일
을 한 것뿐이라 할지니라
11 예수께서 예루살렘으로 가실 때에
사마리아와 갈릴리 사이로 지나가
시다가
12 한 마을에 들어가시니 나병환자 열
명이 예수를 만나 멀리 서서
13 소리를 높여 이르되 예수 선생님이
여 우리를 불쌍히 여기소서 하거늘
14 보시고 이르시되 가서 제사장들에
게 너희 몸을 보이라 하셨더니 그
들이 가다가 깨끗함을 받은지라
15 그 중의 한 사람이 자기가 나은 것
을 보고 큰 소리로 하나님께 영광
을 돌리며 돌아와
16 예수의 발 아래에 엎드리어 감사하
니 그는 사마리아 사람이라
17 예수께서 대답하여 이르시되 열 사
람이 다 깨끗함을 받지 아니하였느
냐 그 아홉은 어디 있느냐
18 이 이방인 외에는 하나님께 영광을
돌리러 돌아온 자가 없느냐 하시고
19 그에게 이르시되 일어나 가라 네 믿
음이 너를 구원하였느니라 하시더라
20 바리새인들이 하나님의 나라가 어느
때에 임하나이까 묻거늘 예수께서
대답하여 이르시되 하나님의 나라는
볼 수 있게 임하는 것이 아니요
21 또 여기 있다 저기 있다고도 못하리
니 하나님의 나라는 너희 안에 있
느니라
22 또 제자들에게 이르시되 때가 이르
리니 너희가 인자의 날 하루를 보
고자 하되 보지 못하리라
23 사람이 너희에게 말하되 보라 저기
있다 보라 여기 있다 하리라 그러나
너희는 가지도 말고 따르지도 말라
24 번개가 하늘 아래 이쪽에서 번쩍이
어 하늘 아래 저쪽까지 비침같이 인

기록일 : . . .

자도 자기 날에 그러하리라
25 그러나 그가 먼저 많은 고난을 받
으며 이 세대에게 버린 바 되어야
할지니라
26 노아의 때에 된 것과 같이 인자의
때에도 그러하리라
27 노아가 방주에 들어가던 날까지 사
람들이 먹고 마시고 장가 들고 시
집 가더니 홍수가 나서 그들을 다
멸망시켰으며
28 또 롯의 때와 같으리니 사람들이
먹고 마시고 사고 팔고 심고 집을
짓더니
29 롯이 소돔에서 나가던 날에 하늘로
부터 불과 유황이 비오듯 하여 그
들을 멸망시켰느니라
30 인자가 나타나는 날에도 이러하리라
31 그 날에 만일 사람이 지붕 위에 있
고 그의 세간이 그 집 안에 있으면
그것을 가지러 내려가지 말 것이요
밭에 있는 자도 그와 같이 뒤로 돌
이키지 말 것이니라
32 롯의 처를 기억하라
33 무릇 자기 목숨을 보전하고자 하는
자는 잃을 것이요 잃는 자는 살리
리라
34 내가 너희에게 이르노니 그 밤에
둘이 한 자리에 누워 있으매 하나
는 데려감을 얻고 하나는 버려둠을
당할 것이요
35 두 여자가 함께 맷돌을 갈고 있으
매 하나는 데려감을 얻고 하나는
버려둠을 당할 것이니라
36 (없음)
37 그들이 대답하여 이르되 주여 어디
오니이까 이르시되 주검 있는 곳에
는 독수리가 모이느니라 하시니라

18 예수께서 그들에게 항상 기도하
고 낙심하지 말아야 할 것을 비유
로 말씀하여
2 이르시되 어떤 도시에 하나님을 두
려워하지 않고 사람을 무시하는 한
재판장이 있는데
3 그 도시에 한 과부가 있어 자주 그
에게 가서 내 원수에 대한 나의 원
한을 풀어 주소서 하되
4 그가 얼마 동안 듣지 아니하다가 후
에 속으로 생각하되 내가 하나님을
두려워하지 않고 사람을 무시하나
5 이 과부가 나를 번거롭게 하니 내
가 그 원한을 풀어 주리라 그렇지
않으면 늘 와서 나를 괴롭게 하리
라 하였느니라
6 주께서 또 이르시되 불의한 재판장
이 말한 것을 들으라
7 하물며 하나님께서 그 밤낮 부르짖
는 택하신 자들의 원한을 풀어 주
지 아니하시겠느냐 그들에게 오래
참으시겠느냐
8 내가 너희에게 이르노니 속히 그

기록일 : . . .

원한을 풀어 주시리라 그러나 인자
가 올 때에 세상에서 믿음을 보겠
느냐 하시니라
9 또 자기를 의롭다고 믿고 다른 사
람을 멸시하는 자들에게 이 비유로
말씀하시되
10 두 사람이 기도하러 성전에 올라가
니 하나는 바리새인이요 하나는 세
리라
11 바리새인은 서서 따로 기도하여 이
르되 하나님이여 나는 다른 사람들
곧 토색, 불의, 간음을 하는 자들과
같지 아니하고 이 세리와도 같지
아니함을 감사하나이다
12 나는 이레에 두 번씩 금식하고 또
소득의 십일조를 드리나이다 하고
13 세리는 멀리 서서 감히 눈을 들어
하늘을 쳐다보지도 못하고 다만 가
슴을 치며 이르되 하나님이여 불쌍
히 여기소서 나는 죄인이로소이다
하였느니라
14 내가 너희에게 이르노니 이에 저
바리새인이 아니고 이 사람이 의롭
다 하심을 받고 그의 집으로 내려
갔느니라 무릇 자기를 높이는 자는
낮아지고 자기를 낮추는 자는 높아
지리라 하시니라
15 사람들이 예수께서 만져 주심을 바
라고 자기 어린 아기를 데리고 오
매 제자들이 보고 꾸짖거늘

16 예수께서 그 어린 아이들을 불러
가까이 하시고 이르시되 어린 아이
들이 내게 오는 것을 용납하고 금
하지 말라 하나님의 나라가 이런
자의 것이니라
17 내가 진실로 너희에게 이르노니 누
구든지 하나님의 나라를 어린 아이
와 같이 받아들이지 않는 자는 결
단코 거기 들어가지 못하리라 하시
니라
18 어떤 관리가 물어 이르되 선한 선
생님이여 내가 무엇을 하여야 영생
을 얻으리이까
19 예수께서 이르시되 네가 어찌하여
나를 선하다 일컫느냐 하나님 한
분 외에는 선한 이가 없느니라
20 네가 계명을 아나니 간음하지 말
라, 살인하지 말라, 도둑질하지 말
라, 거짓 증언 하지 말라, 네 부모
를 공경하라 하였느니라
21 여짜오되 이것은 내가 어려서부터
다 지키었나이다
22 예수께서 이 말을 들으시고 이르시
되 네게 아직도 한 가지 부족한 것
이 있으니 네게 있는 것을 다 팔아
가난한 자들에게 나눠 주라 그리하
면 하늘에서 네게 보화가 있으리라
그리고 와서 나를 따르라 하시니
23 그 사람이 큰 부자이므로 이 말씀
을 듣고 심히 근심하더라

기록일 : . . .

24 예수께서 그를 보시고 이르시되 재물이 있는 자는 하나님의 나라에 들어가기가 얼마나 어려운지

25 낙타가 바늘귀로 들어가는 것이 부자가 하나님의 나라에 들어가는 것보다 쉬우니라 하시니

26 듣는 자들이 이르되 그런즉 누가 구원을 얻을 수 있나이까

27 이르시되 무릇 사람이 할 수 없는 것을 하나님은 하실 수 있느니라

28 베드로가 여짜오되 보옵소서 우리가 우리의 것을 다 버리고 주를 따랐나이다

29 이르시되 내가 진실로 너희에게 이르노니 하나님의 나라를 위하여 집이나 아내나 형제나 부모나 자녀를 버린 자는

30 현세에 여러 배를 받고 내세에 영생을 받지 못할 자가 없느니라 하시니라

31 예수께서 열두 제자를 데리시고 이르시되 보라 우리가 예루살렘으로 올라가노니 선지자들을 통하여 기록된 모든 것이 인자에게 응하리라

32 인자가 이방인들에게 넘겨져 희롱을 당하고 능욕을 당하고 침 뱉음을 당하겠으며

33 그들은 채찍질하고 그를 죽일 것이나 그는 삼 일 만에 살아나리라 하시되

34 제자들이 이것을 하나도 깨닫지 못하였으니 그 말씀이 감취었으므로 그들이 그 이르신 바를 알지 못하였더라

35 여리고에 가까이 가셨을 때에 한 맹인이 길 가에 앉아 구걸하다가

36 무리가 지나감을 듣고 이 무슨 일이냐고 물은대

37 그들이 나사렛 예수께서 지나가신다 하니

38 맹인이 외쳐 이르되 다윗의 자손 예수여 나를 불쌍히 여기소서 하거늘

39 앞서 가는 자들이 그를 꾸짖어 잠잠하라 하되 그가 더욱 크게 소리 질러 다윗의 자손이여 나를 불쌍히 여기소서 하는지라

40 예수께서 머물러 서서 명하여 데려오라 하셨더니 그가 가까이 오매 물어 이르시되

41 네게 무엇을 하여 주기를 원하느냐 이르되 주여 보기를 원하나이다

42 예수께서 그에게 이르시되 보라 네 믿음이 너를 구원하였느니라 하시매

43 곧 보게 되어 하나님께 영광을 돌리며 예수를 따르니 백성이 다 이를 보고 하나님을 찬양하니라

19 예수께서 여리고로 들어가 지나가시더라

2 삭개오라 이름하는 자가 있으니 세

기록일 : . . .

리장이요 또한 부자라
3 그가 예수께서 어떠한 사람인가 하
여 보고자 하되 키가 작고 사람이
많아 할 수 없어
4 앞으로 달려가서 보기 위하여 돌무
화과나무에 올라가니 이는 예수께
서 그리로 지나가시게 됨이러라
5 예수께서 그 곳에 이르사 쳐다 보
시고 이르시되 삭개오야 속히 내려
오라 내가 오늘 네 집에 유하여야
하겠다 하시니
6 급히 내려와 즐거워하며 영접하거늘
7 뭇 사람이 보고 수군거려 이르되
저가 죄인의 집에 유하러 들어갔도
다 하더라
8 삭개오가 서서 주께 여짜오되 주여
보시옵소서 내 소유의 절반을 가난
한 자들에게 주겠사오며 만일 누구
의 것을 속여 빼앗은 일이 있으면
네 갑절이나 갚겠나이다
9 예수께서 이르시되 오늘 구원이 이
집에 이르렀으니 이 사람도 아브라
함의 자손임이로다
10 인자가 온 것은 잃어버린 자를 찾아
구원하려 함이니라
11 그들이 이 말씀을 듣고 있을 때에
비유를 더하여 말씀하시니 이는 자
기가 예루살렘에 가까이 오셨고 그
들은 하나님의 나라가 당장에 나타
날 줄로 생각함이더라
12 이르시되 어떤 귀인이 왕위를 받아
가지고 오려고 먼 나라로 갈 때에
13 그 종 열을 불러 은화 열 므나를 주
며 이르되 내가 돌아올 때까지 장
사하라 하니라
14 그런데 그 백성이 그를 미워하여
사자를 뒤로 보내어 이르되 우리는
이 사람이 우리의 왕 됨을 원하지
아니하나이다 하였더라
15 귀인이 왕위를 받아가지고 돌아와
서 은화를 준 종들이 각각 어떻게
장사하였는지를 알고자 하여 그들
을 부르니
16 그 첫째가 나아와 이르되 주인이여
당신의 한 므나로 열 므나를 남겼
나이다
17 주인이 이르되 잘하였다 착한 종이
여 네가 지극히 작은 것에 충성하였
으니 열 고을 권세를 차지하라 하고
18 그 둘째가 와서 이르되 주인이여
당신의 한 므나로 다섯 므나를 만
들었나이다
19 주인이 그에게도 이르되 너도 다섯
고을을 차지하라 하고
20 또 한 사람이 와서 이르되 주인이여
보소서 당신의 한 므나가 여기 있
나이다 내가 수건으로 싸 두었었나
이다
21 이는 당신이 엄한 사람인 것을 내가
무서워함이라 당신은 두지 않은 것

기록일 : . . .

을 취하고 심지 않은 것을 거두나
이다
22 주인이 이르되 악한 종아 내가 네
말로 너를 심판하노니 너는 내가
두지 않은 것을 취하고 심지 않은
것을 거두는 엄한 사람인 줄로 알
았느냐
23 그러면 어찌하여 내 돈을 은행에
맡기지 아니하였느냐 그리하였으면
내가 와서 그 이자와 함께 그 돈을
찾았으리라 하고
24 곁에 섰는 자들에게 이르되 그 한
므나를 빼앗아 열 므나 있는 자에
게 주라 하니
25 그들이 이르되 주여 그에게 이미 열
므나가 있나이다
26 주인이 이르되 내가 너희에게 말하
노니 무릇 있는 자는 받겠고 없는
자는 그 있는 것도 빼앗기리라
27 그리고 내가 왕 됨을 원하지 아니
하던 저 원수들을 이리로 끌어다가
내 앞에서 죽이라 하였느니라
28 예수께서 이 말씀을 하시고 예루살
렘을 향하여 앞서서 가시더라
29 감람원이라 불리는 산쪽에 있는 벳
바게와 베다니에 가까이 가셨을 때
에 제자 중 둘을 보내시며
30 이르시되 너희는 맞은편 마을로 가
라 그리로 들어가면 아직 아무도
타 보지 않은 나귀 새끼가 매여 있
는 것을 보리니 풀어 끌고 오라
31 만일 누가 너희에게 어찌하여 푸느
냐 묻거든 말하기를 주가 쓰시겠다
하라 하시매
32 보내심을 받은 자들이 가서 그 말
씀하신 대로 만난지라
33 나귀 새끼를 풀 때에 그 임자들이
이르되 어찌하여 나귀 새끼를 푸
느냐
34 대답하되 주께서 쓰시겠다 하고
35 그것을 예수께로 끌고 와서 자기들
의 겉옷을 나귀 새끼 위에 걸쳐 놓
고 예수를 태우니
36 가실 때에 그들이 자기의 겉옷을
길에 펴더라
37 이미 감람 산 내리막길에 가까이
오시매 제자의 온 무리가 자기들이
본 바 모든 능한 일로 인하여 기뻐
하며 큰 소리로 하나님을 찬양하여
38 이르되 찬송하리로다 주의 이름으
로 오시는 왕이여 하늘에는 평화요
가장 높은 곳에는 영광이로다 하니
39 무리 중 어떤 바리새인들이 말하되
선생이여 당신의 제자들을 책망하
소서 하거늘
40 대답하여 이르시되 내가 너희에게
말하노니 만일 이 사람들이 침묵하
면 돌들이 소리 지르리라 하시니라
41 가까이 오사 성을 보시고 우시며
42 이르시되 너도 오늘 평화에 관한

기록일 : . . .

일을 알았더라면 좋을 뻔하였거니
와 지금 네 눈에 숨겨졌도다
43 날이 이를지라 네 원수들이 토둔을
쌓고 너를 둘러 사면으로 가두고
44 또 너와 및 그 가운데 있는 네 자식
들을 땅에 메어치며 돌 하나도 돌
위에 남기지 아니하리니 이는 네가
보살핌 받는 날을 알지 못함을 인
함이니라 하시니라
45 성전에 들어가사 장사하는 자들을
내쫓으시며
46 그들에게 이르시되 기록된 바 내
집은 기도하는 집이 되리라 하였거
늘 너희는 강도의 소굴을 만들었도
다 하시니라
47 예수께서 날마다 성전에서 가르치
시니 대제사장들과 서기관들과 백
성의 지도자들이 그를 죽이려고 꾀
하되
48 백성이 다 그에게 귀를 기울여 들
으므로 어찌할 방도를 찾지 못하였
더라

20 하루는 예수께서 성전에서 백성
을 가르치시며 복음을 전하실새 대
제사장들과 서기관들이 장로들과
함께 가까이 와서
2 말하여 이르되 당신이 무슨 권위로
이런 일을 하는지 이 권위를 준 이
가 누구인지 우리에게 말하라
3 대답하여 이르시되 나도 한 말을
너희에게 물으리니 내게 말하라
4 요한의 침례가 하늘로부터냐 사람
으로부터냐
5 그들이 서로 의논하여 이르되 만일
하늘로부터라 하면 어찌하여 그를
믿지 아니하였느냐 할 것이요
6 만일 사람으로부터라 하면 백성이
요한을 선지자로 인정하니 그들이
다 우리를 돌로 칠 것이라 하고
7 대답하되 어디로부터인지 알지 못
하노라 하니
8 예수께서 이르시되 나도 무슨 권위
로 이런 일을 하는지 너희에게 이르
지 아니하리라 하시니라
9 그가 또 이 비유로 백성에게 말씀
하시기 시작하시니라 한 사람이 포
도원을 만들어 농부들에게 세로 주
고 타국에 가서 오래 있다가
10 때가 이르매 포도원 소출 얼마를
바치게 하려고 한 종을 농부들에게
보내니 농부들이 종을 몹시 때리고
거저 보내었거늘
11 다시 다른 종을 보내니 그도 몹시
때리고 능욕하고 거저 보내었거늘
12 다시 세 번째 종을 보내니 이 종도
상하게 하고 내쫓은지라
13 포도원 주인이 이르되 어찌할까 내
사랑하는 아들을 보내리니 그들이
혹 그는 존대하리라 하였더니
14 농부들이 그를 보고 서로 의논하여

기록일 : . . .

이르되 이는 상속자니 죽이고 그
유산을 우리의 것으로 만들자 하고
15 포도원 밖에 내쫓아 죽였느니라 그
런즉 포도원 주인이 이 사람들을
어떻게 하겠느냐
16 와서 그 농부들을 진멸하고 포도원
을 다른 사람들에게 주리라 하시니
사람들이 듣고 이르되 그렇게 되지
말아지이다 하거늘
17 그들을 보시며 이르시되 그러면 기
록된 바 건축자들의 버린 돌이 모
퉁이의 머릿돌이 되었느니라 함이
어찜이냐
18 무릇 이 돌 위에 떨어지는 자는 깨
어지겠고 이 돌이 사람 위에 떨어
지면 그를 가루로 만들어 흩으리라
하시니라
19 서기관들과 대제사장들이 예수의
이 비유는 자기들을 가리켜 말씀하
심인 줄 알고 즉시 잡고자 하되 백
성을 두려워하더라
20 이에 그들이 엿보다가 예수를 총
독의 다스림과 권세 아래에 넘기려
하여 정탐들을 보내어 그들로 스스
로 의인인 체하며 예수의 말을 책
잡게 하니
21 그들이 물어 이르되 선생님이여 우
리가 아노니 당신은 바로 말씀하시
고 가르치시며 사람을 외모로 취하
지 아니하시고 오직 진리로써 하나
님의 도를 가르치시나이다
22 우리가 가이사에게 세를 바치는
것이 옳으니이까 옳지 않으니이까
하니
23 예수께서 그 간계를 아시고 이르
시되
24 데나리온 하나를 내게 보이라 누구
의 형상과 글이 여기 있느냐 대답
하되 가이사의 것이니이다
25 이르시되 그런즉 가이사의 것은 가
이사에게, 하나님의 것은 하나님께
바치라 하시니
26 그들이 백성 앞에서 그의 말을 능
히 책잡지 못하고 그의 대답을 놀
랍게 여겨 침묵하니라
27 부활이 없다고 주장하는 사두개인
중 어떤 이들이 와서
28 물어 이르되 선생님이여 모세가 우
리에게 써 주기를 만일 어떤 사람
의 형이 아내를 두고 자식이 없이
죽으면 그 동생이 그 아내를 취하
여 형을 위하여 상속자를 세울지니
라 하였나이다
29 그런데 칠 형제가 있었는데 맏이
가 아내를 취하였다가 자식이 없이
죽고
30 그 둘째와 셋째가 그를 취하고
31 일곱이 다 그와 같이 자식이 없이
죽고
32 그 후에 여자도 죽었나이다

기록일 : . . .

33 일곱이 다 그를 아내로 취하였으니
부활 때에 그 중에 누구의 아내가
되리이까
34 예수께서 이르시되 이 세상의 자녀
들은 장가도 가고 시집도 가되
35 저 세상과 및 죽은 자 가운데서 부
활함을 얻기에 합당히 여김을 받은
자들은 장가 가고 시집 가는 일이
없으며
36 그들은 다시 죽을 수도 없나니 이
는 천사와 동등이요 부활의 자녀로
서 하나님의 자녀임이라
37 죽은 자가 살아난다는 것은 모세도
가시나무 떨기에 관한 글에서 주를
아브라함의 하나님이요 이삭의 하
나님이요 야곱의 하나님이시라 칭
하였나니
38 하나님은 죽은 자의 하나님이 아
니요 살아 있는 자의 하나님이시라
하나님에게는 모든 사람이 살았느
니라 하시니
39 서기관 중 어떤 이들이 말하되 선
생님 잘 말씀하셨나이다 하니
40 그들은 아무 것도 감히 더 물을 수
없음이더라
41 예수께서 그들에게 이르시되 사람
들이 어찌하여 그리스도를 다윗의
자손이라 하느냐
42 시편에 다윗이 친히 말하였으되 주
께서 내 주께 이르시되
43 내가 네 원수를 네 발등상으로 삼
을 때까지 내 우편에 앉았으라 하
셨도다 하였느니라
44 그런즉 다윗이 그리스도를 주라 칭
하였으니 어찌 그의 자손이 되겠느
냐 하시니라
45 모든 백성이 들을 때에 예수께서
그 제자들에게 이르시되
46 긴 옷을 입고 다니는 것을 원하며
시장에서 문안 받는 것과 회당의
높은 자리와 잔치의 윗자리를 좋아
하는 서기관들을 삼가라
47 그들은 과부의 가산을 삼키며 외식
으로 길게 기도하니 그들이 더 엄중
한 심판을 받으리라 하시니라

21 예수께서 눈을 들어 부자들이 헌
금함에 헌금 넣는 것을 보시고
2 또 어떤 가난한 과부가 두 렙돈 넣
는 것을 보시고
3 이르시되 내가 참으로 너희에게 말
하노니 이 가난한 과부가 다른 모
든 사람보다 많이 넣었도다
4 저들은 그 풍족한 중에서 헌금을
넣었거니와 이 과부는 그 가난한
중에서 자기가 가지고 있는 생활비
전부를 넣었느니라 하시니라
5 어떤 사람들이 성전을 가리켜 그
아름다운 돌과 헌물로 꾸민 것을
말하매 예수께서 이르시되
6 너희 보는 이것들이 날이 이르면 돌

기록일 : . . .

하나도 돌 위에 남지 않고 다 무너
뜨려지리라
7 그들이 물어 이르되 선생님이여 그
러면 어느 때에 이런 일이 있겠사오
며 이런 일이 일어나려 할 때에 무
슨 징조가 있사오리이까
8 이르시되 미혹을 받지 않도록 주의
하라 많은 사람이 내 이름으로 와
서 이르되 내가 그라 하며 때가 가
까이 왔다 하겠으나 그들을 따르지
말라
9 난리와 소요의 소문을 들을 때에
두려워하지 말라 이 일이 먼저 있어
야 하되 끝은 곧 되지 아니하리라
10 또 이르시되 민족이 민족을, 나라가
나라를 대적하여 일어나겠고
11 곳곳에 큰 지진과 기근과 전염병이
있겠고 또 무서운 일과 하늘로부터
큰 징조들이 있으리라
12 이 모든 일 전에 내 이름으로 말미
암아 너희에게 손을 대어 박해하며
회당과 옥에 넘겨 주며 임금들과
집권자들 앞에 끌어 가려니와
13 이 일이 도리어 너희에게 증거가 되
리라
14 그러므로 너희는 변명할 것을 미리
궁리하지 않도록 명심하라
15 내가 너희의 모든 대적이 능히 대
항하거나 변박할 수 없는 구변과
지혜를 너희에게 주리라
16 심지어 부모와 형제와 친척과 벗이
너희를 넘겨 주어 너희 중의 몇을
죽이게 하겠고
17 또 너희가 내 이름으로 말미암아
모든 사람에게 미움을 받을 것이나
18 너희 머리털 하나도 상하지 아니하
리라
19 너희의 인내로 너희 영혼을 얻으
리라
20 너희가 예루살렘이 군대들에게 에
워싸이는 것을 보거든 그 멸망이
가까운 줄을 알라
21 그 때에 유대에 있는 자들은 산으
로 도망갈 것이며 성내에 있는 자
들은 나갈 것이며 촌에 있는 자들
은 그리로 들어가지 말지어다
22 이 날들은 기록된 모든 것을 이루
는 징벌의 날이니라
23 그 날에는 아이 밴 자들과 젖먹이
는 자들에게 화가 있으리니 이는
땅에 큰 환난과 이 백성에게 진노
가 있겠음이로다
24 그들이 칼날에 죽임을 당하며 모든
이방에 사로잡혀 가겠고 예루살렘
은 이방인의 때가 차기까지 이방인
들에게 밟히리라
25 일월 성신에는 징조가 있겠고 땅에
서는 민족들이 바다와 파도의 성난
소리로 인하여 혼란한 중에 곤고하
리라

기록일 : . . .

26 사람들이 세상에 임할 일을 생각하
고 무서워하므로 기절하리니 이는
하늘의 권능들이 흔들리겠음이라
27 그 때에 사람들이 인자가 구름을
타고 능력과 큰 영광으로 오는 것
을 보리라
28 이런 일이 되기를 시작하거든 일어
나 머리를 들라 너희 속량이 가까
웠느니라 하시더라
29 이에 비유로 이르시되 무화과나무
와 모든 나무를 보라
30 싹이 나면 너희가 보고 여름이 가
까운 줄을 자연히 아나니
31 이와 같이 너희가 이런 일이 일어
나는 것을 보거든 하나님의 나라가
가까이 온 줄을 알라
32 내가 진실로 너희에게 말하노니 이
세대가 지나가기 전에 모든 일이
다 이루어지리라
33 천지는 없어지겠으나 내 말은 없어
지지 아니하리라
34 너희는 스스로 조심하라 그렇지 않
으면 방탕함과 술취함과 생활의 염
려로 마음이 둔하여지고 뜻밖에 그
날이 덫과 같이 너희에게 임하리라
35 이 날은 온 지구상에 거하는 모든
사람에게 임하리라
36 이러므로 너희는 장차 올 이 모든
일을 능히 피하고 인자 앞에 서도
록 항상 기도하며 깨어 있으라 하
시니라
37 예수께서 낮에는 성전에서 가르치
시고 밤에는 나가 감람원이라 하는
산에서 쉬시니
38 모든 백성이 그 말씀을 들으려고
이른 아침에 성전에 나아가더라

22 유월절이라 하는 무교절이 다가
오매
2 대제사장들과 서기관들이 예수를
무슨 방도로 죽일까 궁리하니 이는
그들이 백성을 두려워함이더라
3 열둘 중의 하나인 가룟인이라 부르
는 유다에게 사탄이 들어가니
4 이에 유다가 대제사장들과 성전 경
비대장들에게 가서 예수를 넘겨 줄
방도를 의논하매
5 그들이 기뻐하여 돈을 주기로 언약
하는지라
6 유다가 허락하고 예수를 무리가 없
을 때에 넘겨 줄 기회를 찾더라
7 유월절 양을 잡을 무교절날이 이른
지라
8 예수께서 베드로와 요한을 보내시
며 이르시되 가서 우리를 위하여 유
월절을 준비하여 우리로 먹게 하라
9 여짜오되 어디서 준비하기를 원하
시나이까
10 이르시되 보라 너희가 성내로 들어
가면 물 한 동이를 가지고 가는 사
람을 만나리니 그가 들어가는 집으

기록일 : . . .

로 따라 들어가서
11 그 집 주인에게 이르되 선생님이 네
게 하는 말씀이 내가 내 제자들과
함께 유월절을 먹을 객실이 어디 있
느냐 하시더라 하라
12 그리하면 그가 자리를 마련한 큰
다락방을 보이리니 거기서 준비하
라 하시니
13 그들이 나가 그 하신 말씀대로 만
나 유월절을 준비하니라
14 때가 이르매 예수께서 사도들과 함
께 앉으사
15 이르시되 내가 고난을 받기 전에
너희와 함께 이 유월절 먹기를 원
하고 원하였노라
16 내가 너희에게 이르노니 이 유월절
이 하나님의 나라에서 이루기까지
다시 먹지 아니하리라 하시고
17 이에 잔을 받으사 감사 기도 하시
고 이르시되 이것을 갖다가 너희끼
리 나누라
18 내가 너희에게 이르노니 내가 이제
부터 하나님의 나라가 임할 때까지
포도나무에서 난 것을 다시 마시지
아니하리라 하시고
19 또 떡을 가져 감사 기도 하시고 떼
어 그들에게 주시며 이르시되 이것
은 너희를 위하여 주는 내 몸이라
너희가 이를 행하여 나를 기념하라
하시고
20 저녁 먹은 후에 잔도 그와 같이 하
여 이르시되 이 잔은 내 피로 세우
는 새 언약이니 곧 너희를 위하여
붓는 것이라
21 그러나 보라 나를 파는 자의 손이
나와 함께 상 위에 있도다
22 인자는 이미 작정된 대로 가거니와
그를 파는 그 사람에게는 화가 있
으리로다 하시니
23 그들이 서로 묻되 우리 중에서 이
일을 행할 자가 누구일까 하더라
24 또 그들 사이에 그 중 누가 크냐 하
는 다툼이 난지라
25 예수께서 이르시되 이방인의 임금
들은 그들을 주관하며 그 집권자들
은 은인이라 칭함을 받으나
26 너희는 그렇지 않을지니 너희 중에
큰 자는 젊은 자와 같고 다스리는
자는 섬기는 자와 같을지니라
27 앉아서 먹는 자가 크냐 섬기는 자
가 크냐 앉아서 먹는 자가 아니냐
그러나 나는 섬기는 자로 너희 중
에 있노라
28 너희는 나의 모든 시험 중에 항상
나와 함께 한 자들인즉
29 내 아버지께서 나라를 내게 맡기신
것 같이 나도 너희에게 맡겨
30 너희로 내 나라에 있어 내 상에서
먹고 마시며 또는 보좌에 앉아 이
스라엘 열두 지파를 다스리게 하려

기록일 : . . .

하노라
31 시몬아, 시몬아, 보라 사탄이 너희를
밀 까부르듯 하려고 요구하였으나
32 그러나 내가 너를 위하여 네 믿음
이 떨어지지 않기를 기도하였노니
너는 돌이킨 후에 네 형제를 굳게
하라
33 그가 말하되 주여 내가 주와 함께
옥에도, 죽는 데에도 가기를 각오
하였나이다
34 이르시되 베드로야 내가 네게 말
하노니 오늘 닭 울기 전에 네가 세
번 나를 모른다고 부인하리라 하시
니라
35 그들에게 이르시되 내가 너희를 전
대와 배낭과 신발도 없이 보내었을
때에 부족한 것이 있더냐 이르되
없었나이다
36 이르시되 이제는 전대 있는 자는
가질 것이요 배낭도 그리하고 검 없
는 자는 겉옷을 팔아 살지어다
37 내가 너희에게 말하노니 기록된 바
그는 불법자의 동류로 여김을 받았
다 한 말이 내게 이루어져야 하리니
내게 관한 일이 이루어져 감이니라
38 그들이 여짜오되 주여 보소서 여기
검 둘이 있나이다 대답하시되 족하
다 하시니라
39 예수께서 나가사 습관을 따라 감람
산에 가시매 제자들도 따라갔더니
40 그 곳에 이르러 그들에게 이르시되
유혹에 빠지지 않게 기도하라 하
시고
41 그들을 떠나 돌 던질 만큼 가서 무
릎을 꿇고 기도하여
42 이르시되 아버지여 만일 아버지의
뜻이거든 이 잔을 내게서 옮기시옵
소서 그러나 내 원대로 마시옵고
아버지의 원대로 되기를 원하나이
다 하시니
43 천사가 하늘로부터 예수께 나타나
힘을 더하더라
44 예수께서 힘쓰고 애써 더욱 간절히
기도하시니 땀이 땅에 떨어지는 핏
방울 같이 되더라
45 기도 후에 일어나 제자들에게 가서
슬픔으로 인하여 잠든 것을 보시고
46 이르시되 어찌하여 자느냐 시험에
들지 않게 일어나 기도하라 하시
니라
47 말씀하실 때에 한 무리가 오는데
열둘 중의 하나인 유다라 하는 자
가 그들을 앞장서 와서
48 예수께 입을 맞추려고 가까이 하
는지라 예수께서 이르시되 유다야
네가 입맞춤으로 인자를 파느냐 하
시니
49 그의 주위 사람들이 그 된 일을 보
고 여짜오되 주여 우리가 칼로 치
리이까 하고

기록일 :   .   .   .

50 그 중의 한 사람이 대제사장의 종을
쳐 그 오른쪽 귀를 떨어뜨린지라
51 예수께서 일러 이르시되 이것까지
참으라 하시고 그 귀를 만져 낫게
하시더라
52 예수께서 그 잡으러 온 대제사장
들과 성전의 경비대장들과 장로들
에게 이르시되 너희가 강도를 잡는
것 같이 검과 몽치를 가지고 나왔
느냐
53 내가 날마다 너희와 함께 성전에
있을 때에 내게 손을 대지 아니하
였도다 그러나 이제는 너희 때요
어둠의 권세로다 하시더라
54 예수를 잡아 끌고 대제사장의 집으
로 들어갈새 베드로가 멀찍이 따라
가니라
55 사람들이 뜰 가운데 불을 피우고
함께 앉았는지라 베드로도 그 가운
데 앉았더니
56 한 여종이 베드로의 불빛을 향하
여 앉은 것을 보고 주목하여 이르
되 이 사람도 그와 함께 있었느니
라 하니
57 베드로가 부인하여 이르되 이 여자
여 내가 그를 알지 못하노라 하더라
58 조금 후에 다른 사람이 보고 이르
되 너도 그 도당이라 하거늘 베드
로가 이르되 이 사람아 나는 아니
로라 하더라
59 한 시간쯤 있다가 또 한 사람이 장
담하여 이르되 이는 갈릴리 사람이
니 참으로 그와 함께 있었느니라
60 베드로가 이르되 이 사람아 나는
네가 하는 말을 알지 못하노라고
아직 말하고 있을 때에 닭이 곧 울
더라
61 주께서 돌이켜 베드로를 보시니 베
드로가 주의 말씀 곧 오늘 닭 울기
전에 네가 세 번 나를 부인하리라
하심이 생각나서
62 밖에 나가서 심히 통곡하니라
63 지키는 사람들이 예수를 희롱하고
때리며
64 그의 눈을 가리고 물어 이르되 선
지자 노릇 하라 너를 친 자가 누구
냐 하고
65 이 외에도 많은 말로 욕하더라
66 날이 새매 백성의 장로들 곧 대제
사장들과 서기관들이 모여서 예수
를 그 공회로 끌어들여
67 이르되 네가 그리스도이거든 우리
에게 말하라 대답하시되 내가 말할
지라도 너희가 믿지 아니할 것이요
68 내가 물어도 너희가 대답하지 아니
할 것이니라
69 그러나 이제부터는 인자가 하나님
의 권능의 우편에 앉아 있으리라
하시니
70 다 이르되 그러면 네가 하나님의

기록일 : . . .

아들이냐 대답하시되 너희들이 내
가 그라고 말하고 있느니라
71 그들이 이르되 어찌 더 증거를 요
구하리요 우리가 친히 그 입에서 들
었노라 하더라

23

무리가 다 일어나 예수를 빌라도
에게 끌고 가서
2 고발하여 이르되 우리가 이 사람을
보매 우리 백성을 미혹하고 가이사
에게 세금 바치는 것을 금하며 자
칭 왕 그리스도라 하더이다 하니
3 빌라도가 예수께 물어 이르되 네가
유대인의 왕이냐 대답하여 이르시
되 네 말이 옳도다
4 빌라도가 대제사장들과 무리에게
이르되 내가 보니 이 사람에게 죄
가 없도다 하니
5 무리가 더욱 강하게 말하되 그가
온 유대에서 가르치고 갈릴리에서
부터 시작하여 여기까지 와서 백성
을 소동하게 하나이다
6 빌라도가 듣고 그가 갈릴리 사람이
냐 물어
7 헤롯의 관할에 속한 줄을 알고 헤
롯에게 보내니 그 때에 헤롯이 예
루살렘에 있더라
8 헤롯이 예수를 보고 매우 기뻐하
니 이는 그의 소문을 들었으므로
보고자 한 지 오래였고 또한 무엇이
나 이적 행하심을 볼까 바랐던 연고
러라
9 여러 말로 물으나 아무 말도 대답
하지 아니하시니
10 대제사장들과 서기관들이 서서 힘
써 고발하더라
11 헤롯이 그 군인들과 함께 예수를
업신여기며 희롱하고 빛난 옷을 입
혀 빌라도에게 도로 보내니
12 헤롯과 빌라도가 전에는 원수였으
나 당일에 서로 친구가 되니라
13 빌라도가 대제사장들과 관리들과
백성을 불러 모으고
14 이르되 너희가 이 사람이 백성을 미
혹하는 자라 하여 내게 끌고 왔도
다 보라 내가 너희 앞에서 심문하
였으되 너희가 고발하는 일에 대하
여 이 사람에게서 죄를 찾지 못하
였고
15 헤롯이 또한 그렇게 하여 그를 우
리에게 도로 보내었도다 보라 그가
행한 일에는 죽일 일이 없느니라
16 그러므로 때려서 놓겠노라
17 (없음)
18 무리가 일제히 소리 질러 이르되 이
사람을 없이하고 바라바를 우리에
게 놓아 주소서 하니
19 이 바라바는 성중에서 일어난 민란
과 살인으로 말미암아 옥에 갇힌
자러라
20 빌라도는 예수를 놓고자 하여 다시

기록일 : . . .

그들에게 말하되
21 그들은 소리 질러 이르되 그를 십
자가에 못 박게 하소서 십자가에
못 박게 하소서 하는지라
22 빌라도가 세 번째 말하되 이 사람
이 무슨 악한 일을 하였느냐 나는
그에게서 죽일 죄를 찾지 못하였나
니 때려서 놓으리라 하니
23 그들이 큰 소리로 재촉하여 십자가
에 못 박기를 구하니 그들의 소리
가 이긴지라
24 이에 빌라도가 그들이 구하는 대로
하기를 언도하고
25 그들이 요구하는 자 곧 민란과 살
인으로 말미암아 옥에 갇힌 자를
놓아 주고 예수는 넘겨 주어 그들
의 뜻대로 하게 하니라
26 그들이 예수를 끌고 갈 때에 시몬
이라는 구레네 사람이 시골에서 오
는 것을 붙들어 그에게 십자가를
지워 예수를 따르게 하더라
27 또 백성과 및 그를 위하여 가슴을
치며 슬피 우는 여자의 큰 무리가
따라오는지라
28 예수께서 돌이켜 그들을 향하여 이
르시되 예루살렘의 딸들아 나를 위
하여 울지 말고 너희와 너희 자녀
를 위하여 울라
29 보라 날이 이르면 사람이 말하기를
잉태하지 못하는 이와 해산하지 못
한 배와 먹이지 못한 젖이 복이 있
다 하리라
30 그 때에 사람이 산들을 대하여 우
리 위에 무너지라 하며 작은 산들
을 대하여 우리를 덮으라 하리라
31 푸른 나무에도 이같이 하거든 마른
나무에는 어떻게 되리요 하시니라
32 또 다른 두 행악자도 사형을 받게
되어 예수와 함께 끌려 가니라
33 해골이라 하는 곳에 이르러 거기서
예수를 십자가에 못 박고 두 행악
자도 그렇게 하니 하나는 우편에,
하나는 좌편에 있더라
34 이에 예수께서 이르시되 아버지 저
들을 사하여 주옵소서 자기들이 하
는 것을 알지 못함이니이다 하시더
라 그들이 그의 옷을 나눠 제비 뽑
을새
35 백성은 서서 구경하는데 관리들은
비웃어 이르되 저가 남을 구원하였
으니 만일 하나님이 택하신 자 그
리스도이면 자신도 구원할지어다
하고
36 군인들도 희롱하면서 나아와 신 포
도주를 주며
37 이르되 네가 만일 유대인의 왕이면
네가 너를 구원하라 하더라
38 그의 위에 이는 유대인의 왕이라
쓴 패가 있더라
39 달린 행악자 중 하나는 비방하여

기록일 : . . .

이르되 네가 그리스도가 아니냐 너
와 우리를 구원하라 하되
40 하나는 그 사람을 꾸짖어 이르되
네가 동일한 정죄를 받고서도 하나
님을 두려워하지 아니하느냐
41 우리는 우리가 행한 일에 상당한
보응을 받는 것이니 이에 당연하거
니와 이 사람이 행한 것은 옳지 않
은 것이 없느니라 하고
42 이르되 예수여 당신의 나라에 임하
실 때에 나를 기억하소서 하니
43 예수께서 이르시되 내가 진실로 네
게 이르노니 오늘 네가 나와 함께
낙원에 있으리라 하시니라
44 때가 제육시쯤 되어 해가 빛을 잃
고 온 땅에 어둠이 임하여 제구시
까지 계속하며
45 성소의 휘장이 한가운데가 찢어지
더라
46 예수께서 큰 소리로 불러 이르시되
아버지 내 영혼을 아버지 손에 부
탁하나이다 하고 이 말씀을 하신
후 숨지시니라
47 백부장이 그 된 일을 보고 하나님
께 영광을 돌려 이르되 이 사람은
정녕 의인이었도다 하고
48 이를 구경하러 모인 무리도 그 된
일을 보고 다 가슴을 치며 돌아가고
49 예수를 아는 자들과 갈릴리로부터
따라온 여자들도 다 멀리 서서 이
일을 보니라
50 공회 의원으로 선하고 의로운 요셉
이라 하는 사람이 있으니
51 (그들의 결의와 행사에 찬성하지
아니한 자라) 그는 유대인의 동네
아리마대 사람이요 하나님의 나라
를 기다리는 자라
52 그가 빌라도에게 가서 예수의 시체
를 달라 하여
53 이를 내려 세마포로 싸고 아직 사
람을 장사한 일이 없는 바위에 판
무덤에 넣어 두니
54 이 날은 준비일이요 안식일이 거의
되었더라
55 갈릴리에서 예수와 함께 온 여자들
이 뒤를 따라 그 무덤과 그의 시체
를 어떻게 두었는지를 보고
56 돌아가 향품과 향유를 준비하더라
계명을 따라 안식일에 쉬더라

24 안식 후 첫날 새벽에 이 여자들이
그 준비한 향품을 가지고 무덤에
가서
2 돌이 무덤에서 굴려 옮겨진 것을
보고
3 들어가니 주 예수의 시체가 보이지
아니하더라
4 이로 인하여 근심할 때에 문득 찬
란한 옷을 입은 두 사람이 곁에 섰
는지라
5 여자들이 두려워 얼굴을 땅에 대니

기록일 : . . .

두 사람이 이르되 어찌하여 살아 있
는 자를 죽은 자 가운데서 찾느냐
6 여기 계시지 않고 살아나셨느니라
갈릴리에 계실 때에 너희에게 어떻
게 말씀하셨는지를 기억하라
7 이르시기를 인자가 죄인의 손에 넘
겨져 십자가에 못 박히고 제삼일에
다시 살아나야 하리라 하셨느니라
한대
8 그들이 예수의 말씀을 기억하고
9 무덤에서 돌아가 이 모든 것을 열한
사도와 다른 모든 이에게 알리니
10 (이 여자들은 막달라 마리아와 요
안나와 야고보의 모친 마리아라 또
그들과 함께 한 다른 여자들도 이
것을 사도들에게 알리니라)
11 사도들은 그들의 말이 허탄한 듯이
들려 믿지 아니하나
12 베드로는 일어나 무덤에 달려가서
구부려 들여다 보니 세마포만 보이
는지라 그 된 일을 놀랍게 여기며
집으로 돌아가니라
13 그 날에 그들 중 둘이 예루살렘에
서 이십오 리 되는 엠마오라 하는
마을로 가면서
14 이 모든 된 일을 서로 이야기하더라
15 그들이 서로 이야기하며 문의할 때
에 예수께서 가까이 이르러 그들과
동행하시나
16 그들의 눈이 가리어져서 그인 줄 알
아보지 못하거늘
17 예수께서 이르시되 너희가 길 가면
서 서로 주고받고 하는 이야기가
무엇이냐 하시니 두 사람이 슬픈 빛
을 띠고 머물러 서더라
18 그 한 사람인 글로바라 하는 자가
대답하여 이르되 당신이 예루살렘
에 체류하면서도 요즘 거기서 된 일
을 혼자만 알지 못하느냐
19 이르시되 무슨 일이냐 이르되 나사
렛 예수의 일이니 그는 하나님과
모든 백성 앞에서 말과 일에 능하
신 선지자이거늘
20 우리 대제사장들과 관리들이 사형
판결에 넘겨 주어 십자가에 못 박
았느니라
21 우리는 이 사람이 이스라엘을 속량
할 자라고 바랐노라 이뿐 아니라
이 일이 일어난 지가 사흘째요
22 또한 우리 중에 어떤 여자들이 우
리로 놀라게 하였으니 이는 그들이
새벽에 무덤에 갔다가
23 그의 시체는 보지 못하고 와서 그
가 살아나셨다 하는 천사들의 나타
남을 보았다 함이라
24 또 우리와 함께 한 자 중에 두어 사
람이 무덤에 가 과연 여자들이 말
한 바와 같음을 보았으나 예수는
보지 못하였느니라 하거늘
25 이르시되 미련하고 선지자들이 말

기록일 : . . .

한 모든 것을 마음에 더디 믿는 자
들이여
26 그리스도가 이런 고난을 받고 자기
의 영광에 들어가야 할 것이 아니
냐 하시고
27 이에 모세와 모든 선지자의 글로
시작하여 모든 성경에 쓴 바 자기
에 관한 것을 자세히 설명하시니라
28 그들이 가는 마을에 가까이 가매 예
수는 더 가려 하는 것 같이 하시니
29 그들이 강권하여 이르되 우리와 함
께 유하사이다 때가 저물어가고 날
이 이미 기울었나이다 하니 이에 그
들과 함께 유하러 들어가시니라
30 그들과 함께 음식 잡수실 때에 떡
을 가지사 축사하시고 떼어 그들에
게 주시니
31 그들의 눈이 밝아져 그인 줄 알아
보더니 예수는 그들에게 보이지 아
니하시는지라
32 그들이 서로 말하되 길에서 우리에
게 말씀하시고 우리에게 성경을 풀
어 주실 때에 우리 속에서 마음이
뜨겁지 아니하더냐 하고
33 곧 그 때로 일어나 예루살렘에 돌
아가 보니 열한 제자 및 그들과 함
께 한 자들이 모여 있어
34 말하기를 주께서 과연 살아나시고
시몬에게 보이셨다 하는지라
35 두 사람도 길에서 된 일과 예수께
서 떡을 떼심으로 자기들에게 알려
지신 것을 말하더라
36 이 말을 할 때에 예수께서 친히 그
들 가운데 서서 이르시되 너희에게
평강이 있을지어다 하시니
37 그들이 놀라고 무서워하여 그 보는
것을 영으로 생각하는지라
38 예수께서 이르시되 어찌하여 두려
워하며 어찌하여 마음에 의심이 일
어나느냐
39 내 손과 발을 보고 나인 줄 알라 또
나를 만져 보라 영은 살과 뼈가 없
으되 너희 보는 바와 같이 나는 있
느니라
40 이 말씀을 하시고 손과 발을 보이
시나
41 그들이 너무 기쁘므로 아직도 믿지
못하고 놀랍게 여길 때에 이르시되
여기 무슨 먹을 것이 있느냐 하시니
42 이에 구운 생선 한 토막을 드리니
43 받으사 그 앞에서 잡수시더라
44 또 이르시되 내가 너희와 함께 있
을 때에 너희에게 말한 바 곧 모세
의 율법과 선지자의 글과 시편에
나를 가리켜 기록된 모든 것이 이루
어져야 하리라 한 말이 이것이라 하
시고
45 이에 그들의 마음을 열어 성경을
깨닫게 하시고
46 또 이르시되 이같이 그리스도가 고

기록일 : . . .

난을 받고 제삼일에 죽은 자 가운
데서 살아날 것과
47 또 그의 이름으로 죄 사함을 받게
하는 회개가 예루살렘에서 시작하
여 모든 족속에게 전파될 것이 기
록되었으니
48 너희는 이 모든 일의 증인이라
49 볼지어다 내가 내 아버지께서 약속
하신 것을 너희에게 보내리니 너희
는 위로부터 능력으로 입혀질 때까
지 이 성에 머물라 하시니라
50 예수께서 그들을 데리고 베다니 앞
까지 나가사 손을 들어 그들에게
축복하시더니
51 축복하실 때에 그들을 떠나 [하늘
로 올려지시니]
52 그들이 [그에게 경배하고] 큰 기쁨
으로 예루살렘에 돌아가
53 늘 성전에서 하나님을 찬송하니라

기록일 : . . .

JOHN

요한복음

저　자　　요한

주　제　　하나님의 아들이신 예수 그리스도 예수 그리스도의 신성

기록목적　　사도 요한은 당시 헬라적 사고에 익숙해 있던 초대 교회의 교인들에게 교회 안으로 침투한 영지주의Gnosticism와 가현설docetism에 대한 경각심을 주며 하나님의 아들이신 예수 그리스도의 성육신과 그의 가르침과 구속 사역을 확증하기 위하여 본서를 기록하였다. 한편 구약성경에 예언된 메시아를 배척한 유대교의 모순을 지적함으로써 예수 그리스도께서 유일한 구약의 성취자이심을 드러내고자 하였다.

기록배경　　본서의 기록 연대는 공관복음서가 모두 기록된 후인 주후 70년 이후에서 사도 요한이 밧모 섬으로 귀양가기 전인 주후 96년 이전의 기간으로 추정된다. 사도 요한이 본서를 기록할 때에는 유대인과 이방인들로 구성된 초대 교회에 가해지는 로마 정부의 핍박도 있었지만, 신생新生한 기독 교회의 교리적 확립이 시급한 과제였다. 당시 교회는 안으로는 기존 유대교인들과의 거센 교리적 갈등이 있었으며, 밖으로는 헬라철학 사상에서 유입된 각종 이단들이 교회 내부로 밀려드는 상황이었다.

특　징

- 예수 그리스도에 대하여 주관적으로 해설하였으며 단순 명료한 문체로 쓰여졌다.
- 예수님의 가르침이 공관복음서에서는 윤리적, 실제적인 데 비해 본서에서는 신학적, 변증적이다.
- 성령에 대한 강조와 기독교 윤리의 근원적 규범이 되는 사랑이 잘 나타나 있다.
- '나는 ……이다'라는 예수님의 신적 권위를 나타내는 표현이 많이 나타난다.

나의 기도

요한복음

1 태초에 말씀이 계시니라 이 말씀
이 하나님과 함께 계셨으니 이 말
씀은 곧 하나님이시니라
2 그가 태초에 하나님과 함께 계셨고
3 만물이 그로 말미암아 지은 바 되
었으니 지은 것이 하나도 그가 없이
는 된 것이 없느니라
4 그 안에 생명이 있었으니 이 생명은
사람들의 빛이라
5 빛이 어둠에 비치되 어둠이 깨닫지
못하더라
6 하나님께로부터 보내심을 받은 사
람이 있으니 그의 이름은 요한이라
7 그가 증언하러 왔으니 곧 빛에 대
하여 증언하고 모든 사람이 자기로
말미암아 믿게 하려 함이라
8 그는 이 빛이 아니요 이 빛에 대하
여 증언하러 온 자라
9 참 빛 곧 세상에 와서 각 사람에게
비추는 빛이 있었나니
10 그가 세상에 계셨으며 세상은 그로
말미암아 지은 바 되었으되 세상이
그를 알지 못하였고
11 자기 땅에 오매 자기 백성이 영접
하지 아니하였으나
12 영접하는 자 곧 그 이름을 믿는 자
들에게는 하나님의 자녀가 되는 권
세를 주셨으니
13 이는 혈통으로나 육정으로나 사람
의 뜻으로 나지 아니하고 오직 하
나님께로부터 난 자들이니라
14 말씀이 육신이 되어 우리 가운데 거
하시매 우리가 그의 영광을 보니
아버지의 독생자의 영광이요 은혜
와 진리가 충만하더라
15 요한이 그에 대하여 증언하여 외쳐
이르되 내가 전에 말하기를 내 뒤
에 오시는 이가 나보다 앞선 것은
나보다 먼저 계심이라 한 것이 이
사람을 가리킴이라 하니라
16 우리가 다 그의 충만한 데서 받으
니 은혜 위에 은혜러라
17 율법은 모세로 말미암아 주어진 것
이요 은혜와 진리는 예수 그리스도
로 말미암아 온 것이라
18 본래 하나님을 본 사람이 없으되
아버지 품 속에 있는 독생하신 하
나님이 나타내셨느니라
19 유대인들이 예루살렘에서 제사장들
과 레위인들을 요한에게 보내어 네
가 누구냐 물을 때에 요한의 증언
이 이러하니라
20 요한이 드러내어 말하고 숨기지 아
니하니 드러내어 하는 말이 나는
그리스도가 아니라 한대
21 또 묻되 그러면 누구냐 네가 엘리

기록일 : . . .

야냐 이르되 나는 아니라 또 묻되
네가 그 선지자냐 대답하되 아니라
22 또 말하되 누구냐 우리를 보낸 이
들에게 대답하게 하라 너는 네게
대하여 무엇이라 하느냐
23 이르되 나는 선지자 이사야의 말과
같이 주의 길을 곧게 하라고 광야
에서 외치는 자의 소리로라 하니라
24 그들은 바리새인들이 보낸 자라
25 또 물어 이르되 네가 만일 그리스
도도 아니요 엘리야도 아니요 그
선지자도 아닐진대 어찌하여 침례
를 베푸느냐
26 요한이 대답하되 나는 물로 침례를
베풀거니와 너희 가운데 너희가 알
지 못하는 한 사람이 섰으니
27 곧 내 뒤에 오시는 그이라 나는 그
의 신발끈을 풀기도 감당하지 못하
겠노라 하더라
28 이 일은 요한이 침례 베풀던 곳 요
단 강 건너편 베다니에서 일어난 일
이니라
29 이튿날 요한이 예수께서 자기에게
나아오심을 보고 이르되 보라 세상
죄를 지고 가는 하나님의 어린 양
이로다
30 내가 전에 말하기를 내 뒤에 오는
사람이 있는데 나보다 앞선 것은
그가 나보다 먼저 계심이라 한 것이
이 사람을 가리킴이라

31 나도 그를 알지 못하였으나 내가
와서 물로 침례를 베푸는 것은 그
를 이스라엘에 나타내려 함이라 하
니라
32 요한이 또 증언하여 이르되 내가
보매 성령이 비둘기 같이 하늘로부
터 내려와서 그의 위에 머물렀더라
33 나도 그를 알지 못하였으나 나를
보내어 물로 침례를 베풀라 하신
그이가 나에게 말씀하시되 성령이
내려서 누구 위에든지 머무는 것을
보거든 그가 곧 성령으로 침례를
베푸는 이인 줄 알라 하셨기에
34 내가 보고 그가 하나님의 아들이심
을 증언하였노라 하니라
35 또 이튿날 요한이 자기 제자 중 두
사람과 함께 섰다가
36 예수께서 거니심을 보고 말하되 보
라 하나님의 어린 양이로다
37 두 제자가 그의 말을 듣고 예수를
따르거늘
38 예수께서 돌이켜 그 따르는 것을
보시고 물어 이르시되 무엇을 구하
느냐 이르되 랍비여 어디 계시오니
이까 하니 (랍비는 번역하면 선생
이라)
39 예수께서 이르시되 와서 보라 그러
므로 그들이 가서 계신 데를 보고
그 날 함께 거하니 때가 열 시쯤 되
었더라

기록일 : . . .

40 요한의 말을 듣고 예수를 따르는
두 사람 중의 하나는 시몬 베드로
의 형제 안드레라
41 그가 먼저 자기의 형제 시몬을 찾아
말하되 우리가 메시야를 만났다 하
고 (메시야는 번역하면 그리스도라)
42 데리고 예수께로 오니 예수께서 보
시고 이르시되 네가 요한의 아들
시몬이니 장차 게바라 하리라 하시
니라 (게바는 번역하면 베드로라)
43 이튿날 예수께서 갈릴리로 나가려
하시다가 빌립을 만나 이르시되 나
를 따르라 하시니
44 빌립은 안드레와 베드로와 한 동네
벳새다 사람이라
45 빌립이 나다나엘을 찾아 이르되 모
세가 율법에 기록하였고 여러 선지
자가 기록한 그이를 우리가 만났으
니 요셉의 아들 나사렛 예수니라
46 나다나엘이 이르되 나사렛에서 무
슨 선한 것이 날 수 있느냐 빌립이
이르되 와서 보라 하니라
47 예수께서 나다나엘이 자기에게 오
는 것을 보시고 그를 가리켜 이르시
되 보라 이는 참으로 이스라엘 사람
이라 그 속에 간사한 것이 없도다
48 나다나엘이 이르되 어떻게 나를 아
시나이까 예수께서 대답하여 이르
시되 빌립이 너를 부르기 전에 네가
무화과나무 아래에 있을 때에 보았
노라
49 나다나엘이 대답하되 랍비여 당신
은 하나님의 아들이시요 당신은 이
스라엘의 임금이로소이다
50 예수께서 대답하여 이르시되 내가
너를 무화과나무 아래에서 보았다
하므로 믿느냐 이보다 더 큰 일을
보리라
51 또 이르시되 진실로 진실로 너희에
게 이르노니 하늘이 열리고 하나님
의 사자들이 인자 위에 오르락 내
리락 하는 것을 보리라 하시니라

2 사흘째 되던 날 갈릴리 가나에 혼
례가 있어 예수의 어머니도 거기 계
시고
2 예수와 그 제자들도 혼례에 청함을
받았더니
3 포도주가 떨어진지라 예수의 어머
니가 예수에게 이르되 저들에게 포
도주가 없다 하니
4 예수께서 이르시되 여자여 나와 무
슨 상관이 있나이까 내 때가 아직
이르지 아니하였나이다
5 그의 어머니가 하인들에게 이르되
너희에게 무슨 말씀을 하시든지 그
대로 하라 하니라
6 거기에 유대인의 정결 예식을 따라
두세 통 드는 돌항아리 여섯이 놓
였는지라
7 예수께서 그들에게 이르시되 항아

기록일 : . . .

리에 물을 채우라 하신즉 아귀까지
채우니
8 이제는 떠서 연회장에게 갖다 주라
하시매 갖다 주었더니
9 연회장은 물로 된 포도주를 맛보고
도 어디서 났는지 알지 못하되 물
떠온 하인들은 알더라 연회장이 신
랑을 불러
10 말하되 사람마다 먼저 좋은 포도주
를 내고 취한 후에 낮은 것을 내거
늘 그대는 지금까지 좋은 포도주를
두었도다 하니라
11 예수께서 이 첫 표적을 갈릴리 가
나에서 행하여 그의 영광을 나타내
시매 제자들이 그를 믿으니라
12 그 후에 예수께서 그 어머니와 형
제들과 제자들과 함께 가버나움으
로 내려가셨으나 거기에 여러 날 계
시지는 아니하시니라
13 유대인의 유월절이 가까운지라 예
수께서 예루살렘으로 올라가셨더니
14 성전 안에서 소와 양과 비둘기 파
는 사람들과 돈 바꾸는 사람들이
앉아 있는 것을 보시고
15 노끈으로 채찍을 만드사 양이나 소
를 다 성전에서 내쫓으시고 돈 바
꾸는 사람들의 돈을 쏟으시며 상을
엎으시고
16 비둘기 파는 사람들에게 이르시되
이것을 여기서 가져가라 내 아버지
의 집으로 장사하는 집을 만들지
말라 하시니
17 제자들이 성경 말씀에 주의 전을
사모하는 열심이 나를 삼키리라 한
것을 기억하더라
18 이에 유대인들이 대답하여 예수께
말하기를 네가 이런 일을 행하니
무슨 표적을 우리에게 보이겠느냐
19 예수께서 대답하여 이르시되 너희
가 이 성전을 헐라 내가 사흘 동안
에 일으키리라
20 유대인들이 이르되 이 성전은 사십
육 년 동안에 지었거늘 네가 삼 일
동안에 일으키겠느냐 하더라
21 그러나 예수는 성전된 자기 육체를
가리켜 말씀하신 것이라
22 죽은 자 가운데서 살아나신 후에
야 제자들이 이 말씀하신 것을 기억
하고 성경과 예수께서 하신 말씀을
믿었더라
23 유월절에 예수께서 예루살렘에 계
시니 많은 사람이 그의 행하시는
표적을 보고 그의 이름을 믿었으나
24 예수는 그의 몸을 그들에게 의탁하
지 아니하셨으니 이는 친히 모든 사
람을 아심이요
25 또 사람에 대하여 누구의 증언도
받으실 필요가 없었으니 이는 그가
친히 사람의 속에 있는 것을 아셨
음이니라

기록일 : . . .

3 그런데 바리새인 중에 니고데모
라 하는 사람이 있으니 유대인의
지도자라
2 그가 밤에 예수께 와서 이르되 랍
비여 우리가 당신은 하나님께로부
터 오신 선생인 줄 아나이다 하나님
이 함께 하시지 아니하시면 당신이
행하시는 이 표적을 아무도 할 수
없음이니이다
3 예수께서 대답하여 이르시되 진실
로 진실로 네게 이르노니 사람이 거
듭나지 아니하면 하나님의 나라를
볼 수 없느니라
4 니고데모가 이르되 사람이 늙으면
어떻게 날 수 있사옵나이까 두 번
째 모태에 들어갔다가 날 수 있사
옵나이까
5 예수께서 대답하시되 진실로 진실
로 네게 이르노니 사람이 물과 성
령으로 나지 아니하면 하나님의 나
라에 들어갈 수 없느니라
6 육으로 난 것은 육이요 영으로 난
것은 영이니
7 내가 네게 거듭나야 하겠다 하는
말을 놀랍게 여기지 말라
8 바람이 임의로 불매 네가 그 소리
는 들어도 어디서 와서 어디로 가는
지 알지 못하나니 성령으로 난 사
람도 다 그러하니라
9 니고데모가 대답하여 이르되 어찌
그러한 일이 있을 수 있나이까
10 예수께서 그에게 대답하여 이르시
되 너는 이스라엘의 선생으로서 이
러한 것들을 알지 못하느냐
11 진실로 진실로 네게 이르노니 우리
는 아는 것을 말하고 본 것을 증언
하노라 그러나 너희가 우리의 증언
을 받지 아니하는도다
12 내가 땅의 일을 말하여도 너희가
믿지 아니하거든 하물며 하늘의 일
을 말하면 어떻게 믿겠느냐
13 하늘에서 내려온 자 곧 인자 외에
는 하늘에 올라간 자가 없느니라
14 모세가 광야에서 뱀을 든 것 같이
인자도 들려야 하리니
15 이는 그를 믿는 자마다 영생을 얻
게 하려 하심이니라
16 하나님이 세상을 이처럼 사랑하사
독생자를 주셨으니 이는 그를 믿는
자마다 멸망하지 않고 영생을 얻게
하려 하심이라
17 하나님이 그 아들을 세상에 보내
신 것은 세상을 심판하려 하심이 아
니요 그로 말미암아 세상이 구원을
받게 하려 하심이라
18 그를 믿는 자는 심판을 받지 아니하
는 것이요 믿지 아니하는 자는 하나
님의 독생자의 이름을 믿지 아니하
므로 벌써 심판을 받은 것이니라
19 그 정죄는 이것이니 곧 빛이 세상에

기록일 : . . .

왔으되 사람들이 자기 행위가 악하
므로 빛보다 어둠을 더 사랑한 것
이니라
20 악을 행하는 자마다 빛을 미워하
여 빛으로 오지 아니하나니 이는 그
행위가 드러날까 함이요
21 진리를 따르는 자는 빛으로 오나니
이는 그 행위가 하나님 안에서 행한
것임을 나타내려 함이라 하시니라
22 그 후에 예수께서 제자들과 유대
땅으로 가서 거기 함께 유하시며
침례를 베푸시더라
23 요한도 살렘 가까운 애논에서 침례
를 베푸니 거기 물이 많음이라 그러
므로 사람들이 와서 침례를 받더라
24 요한이 아직 옥에 갇히지 아니하였
더라
25 이에 요한의 제자 중에서 한 유대
인과 더불어 정결예식에 대하여 변
론이 되었더니
26 그들이 요한에게 가서 이르되 랍비
여 선생님과 함께 요단 강 저편에
있던 이 곧 선생님이 증언하시던 이
가 침례를 베풀매 사람이 다 그에
게로 가더이다
27 요한이 대답하여 이르되 만일 하늘
에서 주신 바 아니면 사람이 아무
것도 받을 수 없느니라
28 내가 말한 바 나는 그리스도가 아니
요 그의 앞에 보내심을 받은 자라고
한 것을 증언할 자는 너희니라
29 신부를 취하는 자는 신랑이나 서서
신랑의 음성을 듣는 친구가 크게
기뻐하나니 나는 이러한 기쁨으로
충만하였노라
30 그는 흥하여야 하겠고 나는 쇠하여
야 하리라 하니라
31 위로부터 오시는 이는 만물 위에
계시고 땅에서 난 이는 땅에 속하
여 땅에 속한 것을 말하느니라 하
늘로부터 오시는 이는 만물 위에
계시나니
32 그가 친히 보고 들은 것을 증언하
되 그의 증언을 받는 자가 없도다
33 그의 증언을 받는 자는 하나님이
참되시다는 것을 인쳤느니라
34 하나님이 보내신 이는 하나님의 말
씀을 하나니 이는 하나님이 성령을
한량 없이 주심이니라
35 아버지께서 아들을 사랑하사 만물
을 다 그의 손에 주셨으니
36 아들을 믿는 자에게는 영생이 있고
아들에게 순종하지 아니하는 자는
영생을 보지 못하고 도리어 하나님
의 진노가 그 위에 머물러 있느니라

4

예수께서 제자를 삼고 침례를 베
푸시는 것이 요한보다 많다 하는
말을 바리새인들이 들은 줄을 주께
서 아신지라
2 (예수께서 친히 침례를 베푸신 것이

기록일 : . . .

아니요 제자들이 베푼 것이라)
3 유대를 떠나사 다시 갈릴리로 가
실새
4 사마리아를 통과하여야 하겠는지라
5 사마리아에 있는 수가라 하는 동네
에 이르시니 야곱이 그 아들 요셉
에게 준 땅이 가깝고
6 거기 또 야곱의 우물이 있더라 예
수께서 길 가시다가 피곤하여 우물
곁에 그대로 앉으시니 때가 여섯
시쯤 되었더라
7 사마리아 여자 한 사람이 물을 길
으러 왔으매 예수께서 물을 좀 달
라 하시니
8 이는 제자들이 먹을 것을 사러 그
동네에 들어갔음이러라
9 사마리아 여자가 이르되 당신은 유
대인으로서 어찌하여 사마리아 여
자인 나에게 물을 달라 하나이까
하니 이는 유대인이 사마리아인과
상종하지 아니함이러라
10 예수께서 대답하여 이르시되 네가
만일 하나님의 선물과 또 네게 물
좀 달라 하는 이가 누구인 줄 알았
더라면 네가 그에게 구하였을 것이
요 그가 생수를 네게 주었으리라
11 여자가 이르되 주여 물 길을 그릇
도 없고 이 우물은 깊은데 어디서
당신이 그 생수를 얻겠사옵나이까
12 우리 조상 야곱이 이 우물을 우리
에게 주셨고 또 여기서 자기와 자기
아들들과 짐승이 다 마셨는데 당신
이 야곱보다 더 크니이까
13 예수께서 대답하여 이르시되 이
물을 마시는 자마다 다시 목마르려
니와
14 내가 주는 물을 마시는 자는 영원
히 목마르지 아니하리니 내가 주는
물은 그 속에서 영생하도록 솟아나
는 샘물이 되리라
15 여자가 이르되 주여 그런 물을 내
게 주사 목마르지도 않고 또 여기
물 길으러 오지도 않게 하옵소서
16 이르시되 가서 네 남편을 불러 오라
17 여자가 대답하여 이르되 나는 남편
이 없나이다 예수께서 이르시되 네
가 남편이 없다 하는 말이 옳도다
18 너에게 남편 다섯이 있었고 지금 있
는 자도 네 남편이 아니니 네 말이
참되도다
19 여자가 이르되 주여 내가 보니 선지
자로소이다
20 우리 조상들은 이 산에서 예배하였
는데 당신들의 말은 예배할 곳이
예루살렘에 있다 하더이다
21 예수께서 이르시되 여자여 내 말을
믿으라 이 산에서도 말고 예루살렘
에서도 말고 너희가 아버지께 예배
할 때가 이르리라
22 너희는 알지 못하는 것을 예배하고

기록일 : . . .

우리는 아는 것을 예배하노니 이는
구원이 유대인에게서 남이라
23 아버지께 참되게 예배하는 자들은
영과 진리로 예배할 때가 오나니
곧 이 때라 아버지께서는 자기에게
이렇게 예배하는 자들을 찾으시느
니라
24 하나님은 영이시니 예배하는 자가
영과 진리로 예배할지니라
25 여자가 이르되 메시야 곧 그리스도
라 하는 이가 오실 줄을 내가 아노
니 그가 오시면 모든 것을 우리에
게 알려 주시리이다
26 예수께서 이르시되 네게 말하는 내
가 그라 하시니라
27 이 때에 제자들이 돌아와서 예수께
서 여자와 말씀하시는 것을 이상히
여겼으나 무엇을 구하시나이까 어
찌하여 그와 말씀하시나이까 묻는
자가 없더라
28 여자가 물동이를 버려 두고 동네로
들어가서 사람들에게 이르되
29 내가 행한 모든 일을 내게 말한 사
람을 와서 보라 이는 그리스도가
아니냐 하니
30 그들이 동네에서 나와 예수께로 오
더라
31 그 사이에 제자들이 청하여 이르되
랍비여 잡수소서
32 이르시되 내게는 너희가 알지 못하
는 먹을 양식이 있느니라
33 제자들이 서로 말하되 누가 잡수실
것을 갖다 드렸는가 하니
34 예수께서 이르시되 나의 양식은 나
를 보내신 이의 뜻을 행하며 그의
일을 온전히 이루는 이것이니라
35 너희는 넉 달이 지나야 추수할 때
가 이르겠다 하지 아니하느냐 그
러나 나는 너희에게 이르노니 너희
눈을 들어 밭을 보라 희어져 추수
하게 되었도다
36 거두는 자가 이미 삯도 받고 영생
에 이르는 열매를 모으나니 이는
뿌리는 자와 거두는 자가 함께 즐
거워하게 하려 함이라
37 그런즉 한 사람이 심고 다른 사람
이 거둔다 하는 말이 옳도다
38 내가 너희로 노력하지 아니한 것을
거두러 보내었노니 다른 사람들은
노력하였고 너희는 그들이 노력한
것에 참여하였느니라
39 여자의 말이 내가 행한 모든 것을
그가 내게 말하였다 증언하므로 그
동네 중에 많은 사마리아인이 예수
를 믿는지라
40 사마리아인들이 예수께 와서 자기
들과 함께 유하시기를 청하니 거기
서 이틀을 유하시매
41 예수의 말씀으로 말미암아 믿는 자
가 더욱 많아

기록일 : . . .

42 그 여자에게 말하되 이제 우리가
믿는 것은 네 말로 인함이 아니니
이는 우리가 친히 듣고 그가 참으
로 세상의 구주신 줄 앎이라 하였
더라
43 이틀이 지나매 예수께서 거기를 떠
나 갈릴리로 가시며
44 친히 증언하시기를 선지자가 고향
에서는 높임을 받지 못한다 하시고
45 갈릴리에 이르시매 갈릴리인들이 그
를 영접하니 이는 자기들도 명절에
갔다가 예수께서 명절중 예루살렘
에서 하신 모든 일을 보았음이더라
46 예수께서 다시 갈릴리 가나에 이르
시니 전에 물로 포도주를 만드신
곳이라 왕의 신하가 있어 그의 아
들이 가버나움에서 병들었더니
47 그가 예수께서 유대로부터 갈릴리
로 오셨다는 것을 듣고 가서 청하
되 내려오셔서 내 아들의 병을 고
쳐 주소서 하니 그가 거의 죽게 되
었음이라
48 예수께서 이르시되 너희는 표적과
기사를 보지 못하면 도무지 믿지 아
니하리라
49 신하가 이르되 주여 내 아이가 죽
기 전에 내려오소서
50 예수께서 이르시되 가라 네 아들이
살아 있다 하시니 그 사람이 예수
께서 하신 말씀을 믿고 가더니
51 내려가는 길에서 그 종들이 오다가
만나서 아이가 살아 있다 하거늘
52 그 낫기 시작한 때를 물은즉 어제
일곱 시에 열기가 떨어졌나이다 하
는지라
53 그의 아버지가 예수께서 네 아들
이 살아 있다 말씀하신 그 때인 줄
알고 자기와 그 온 집안이 다 믿으
니라
54 이것은 예수께서 유대에서 갈릴리
로 오신 후에 행하신 두 번째 표적
이니라

5 그 후에 유대인의 명절이 되어 예
수께서 예루살렘에 올라가시니라
2 예루살렘에 있는 양문 곁에 히브리
말로 베데스다라 하는 못이 있는데
거기 행각 다섯이 있고
3 그 안에 많은 병자, 맹인, 다리 저
는 사람, 혈기 마른 사람들이 누워
[물의 움직임을 기다리니
4 이는 천사가 가끔 못에 내려와 물
을 움직이게 하는데 움직인 후에
먼저 들어가는 자는 어떤 병에 걸렸
든지 낫게 됨이러라]
5 거기 서른여덟 해 된 병자가 있더라
6 예수께서 그 누운 것을 보시고 병
이 벌써 오래된 줄 아시고 이르시
되 네가 낫고자 하느냐
7 병자가 대답하되 주여 물이 움직일
때에 나를 못에 넣어 주는 사람이

없어 내가 가는 동안에 다른 사람
이 먼저 내려가나이다
8 예수께서 이르시되 일어나 네 자리
를 들고 걸어가라 하시니
9 그 사람이 곧 나아서 자리를 들고
걸어가니라 이 날은 안식일이니
10 유대인들이 병 나은 사람에게 이르
되 안식일인데 네가 자리를 들고
가는 것이 옳지 아니하니라
11 대답하되 나를 낫게 한 그가 자리
를 들고 걸어가라 하더라 하니
12 그들이 묻되 너에게 자리를 들고
걸어가라 한 사람이 누구냐 하되
13 고침을 받은 사람은 그가 누구인지
알지 못하니 이는 거기 사람이 많으
므로 예수께서 이미 피하셨음이라
14 그 후에 예수께서 성전에서 그 사
람을 만나 이르시되 보라 네가 나
았으니 더 심한 것이 생기지 않게
다시는 죄를 범하지 말라 하시니
15 그 사람이 유대인들에게 가서 자기
를 고친 이는 예수라 하니라
16 그러므로 안식일에 이러한 일을 행
하신다 하여 유대인들이 예수를 박
해하게 된지라
17 예수께서 그들에게 이르시되 내 아
버지께서 이제까지 일하시니 나도
일한다 하시매
18 유대인들이 이로 말미암아 더욱 예
수를 죽이고자 하니 이는 안식일을
범할 뿐만 아니라 하나님을 자기의
친 아버지라 하여 자기를 하나님과
동등으로 삼으심이러라
19 그러므로 예수께서 그들에게 이르
시되 내가 진실로 진실로 너희에게
이르노니 아들이 아버지께서 하시
는 일을 보지 않고는 아무 것도 스
스로 할 수 없나니 아버지께서 행
하시는 그것을 아들도 그와 같이
행하느니라
20 아버지께서 아들을 사랑하사 자기
가 행하시는 것을 다 아들에게 보
이시고 또 그보다 더 큰 일을 보이
사 너희로 놀랍게 여기게 하시리라
21 아버지께서 죽은 자들을 일으켜 살
리심 같이 아들도 자기가 원하는
자들을 살리느니라
22 아버지께서 아무도 심판하지 아니
하시고 심판을 다 아들에게 맡기셨
으니
23 이는 모든 사람으로 아버지를 공경
하는 것 같이 아들을 공경하게 하
려 하심이라 아들을 공경하지 아니
하는 자는 그를 보내신 아버지도
공경하지 아니하느니라
24 내가 진실로 진실로 너희에게 이르
노니 내 말을 듣고 또 나 보내신 이
를 믿는 자는 영생을 얻었고 심판
에 이르지 아니하나니 사망에서 생
명으로 옮겼느니라

25 진실로 진실로 너희에게 이르노니
죽은 자들이 하나님의 아들의 음
성을 들을 때가 오나니 곧 이 때라
듣는 자는 살아나리라
26 아버지께서 자기 속에 생명이 있음
같이 아들에게도 생명을 주어 그
속에 있게 하셨고
27 또 인자됨으로 말미암아 심판하는
권한을 주셨느니라
28 이를 놀랍게 여기지 말라 무덤 속
에 있는 자가 다 그의 음성을 들을
때가 오나니
29 선한 일을 행한 자는 생명의 부활
로, 악한 일을 행한 자는 심판의 부
활로 나오리라
30 내가 아무 것도 스스로 할 수 없노
라 듣는 대로 심판하노니 나는 나
의 뜻대로 하려 하지 않고 나를 보
내신 이의 뜻대로 하려 하므로 내
심판은 의로우니라
31 내가 만일 나를 위하여 증언하면
내 증언은 참되지 아니하되
32 나를 위하여 증언하시는 이가 따로
있으니 나를 위하여 증언하시는 그
증언이 참인 줄 아노라
33 너희가 요한에게 사람을 보내매 요
한이 진리에 대하여 증언하였느니라
34 그러나 나는 사람에게서 증언을 취
하지 아니하노라 다만 이 말을 하
는 것은 너희로 구원을 받게 하려
함이니라
35 요한은 켜서 비추이는 등불이라 너
희가 한때 그 빛에 즐거이 있기를
원하였거니와
36 내게는 요한의 증거보다 더 큰 증
거가 있으니 아버지께서 내게 주사
이루게 하시는 역사 곧 내가 하는
그 역사가 아버지께서 나를 보내신
것을 나를 위하여 증언하는 것이요
37 또한 나를 보내신 아버지께서 친히
나를 위하여 증언하셨느니라 너희
는 아무 때에도 그 음성을 듣지 못
하였고 그 형상을 보지 못하였으며
38 그 말씀이 너희 속에 거하지 아니
하니 이는 그가 보내신 이를 믿지
아니함이라
39 너희가 성경에서 영생을 얻는 줄 생
각하고 성경을 연구하거니와 이 성
경이 곧 내게 대하여 증언하는 것이
니라
40 그러나 너희가 영생을 얻기 위하여
내게 오기를 원하지 아니하는도다
41 나는 사람에게서 영광을 취하지 아
니하노라
42 다만 하나님을 사랑하는 것이 너희
속에 없음을 알았노라
43 나는 내 아버지의 이름으로 왔으매
너희가 영접하지 아니하나 만일 다
른 사람이 자기 이름으로 오면 영접
하리라

기록일 : . . .

44 너희가 서로 영광을 취하고 유일하
신 하나님께로부터 오는 영광은 구
하지 아니하니 어찌 나를 믿을 수
있느냐
45 내가 너희를 아버지께 고발할까 생
각하지 말라 너희를 고발하는 이가
있으니 곧 너희가 바라는 자 모세
니라
46 모세를 믿었더라면 또 나를 믿었으
리니 이는 그가 내게 대하여 기록
하였음이라
47 그러나 그의 글도 믿지 아니하거든
어찌 내 말을 믿겠느냐 하시니라

6 그 후에 예수께서 디베랴의 갈릴
리 바다 건너편으로 가시매
2 큰 무리가 따르니 이는 병자들에게
행하시는 표적을 보았음이러라
3 예수께서 산에 오르사 제자들과 함
께 거기 앉으시니
4 마침 유대인의 명절인 유월절이 가
까운지라
5 예수께서 눈을 들어 큰 무리가 자기
에게로 오는 것을 보시고 빌립에게
이르시되 우리가 어디서 떡을 사서
이 사람들을 먹이겠느냐 하시니
6 이렇게 말씀하심은 친히 어떻게 하
실지를 아시고 빌립을 시험하고자
하심이라
7 빌립이 대답하되 각 사람으로 조금
씩 받게 할지라도 이백 데나리온의
떡이 부족하리이다
8 제자 중 하나 곧 시몬 베드로의 형
제 안드레가 예수께 여짜오되
9 여기 한 아이가 있어 보리떡 다섯
개와 물고기 두 마리를 가지고 있
나이다 그러나 그것이 이 많은 사
람에게 얼마나 되겠사옵나이까
10 예수께서 이르시되 이 사람들로 앉
게 하라 하시니 그 곳에 잔디가 많
은지라 사람들이 앉으니 수가 오천
명쯤 되더라
11 예수께서 떡을 가져 축사하신 후에
앉아 있는 자들에게 나눠 주시고
물고기도 그렇게 그들의 원대로 주
시니라
12 그들이 배부른 후에 예수께서 제자
들에게 이르시되 남은 조각을 거두
고 버리는 것이 없게 하라 하시므로
13 이에 거두니 보리떡 다섯 개로 먹
고 남은 조각이 열두 바구니에 찼
더라
14 그 사람들이 예수께서 행하신 이
표적을 보고 말하되 이는 참으로
세상에 오실 그 선지자라 하더라
15 그러므로 예수께서 그들이 와서 자
기를 억지로 붙들어 임금으로 삼으
려는 줄 아시고 다시 혼자 산으로
떠나 가시니라
16 저물매 제자들이 바다에 내려가서
17 배를 타고 바다를 건너 가버나움으

기록일 : . . .

로 가는데 이미 어두웠고 예수는 아
직 그들에게 오시지 아니하셨더니
18 큰 바람이 불어 파도가 일어나더라
19 제자들이 노를 저어 십여 리쯤 가다
가 예수께서 바다 위로 걸어 배에
가까이 오심을 보고 두려워하거늘
20 이르시되 내니 두려워하지 말라 하
신대
21 이에 기뻐서 배로 영접하니 배는
곧 그들이 가려던 땅에 이르렀더라
22 이튿날 바다 건너편에 서 있던 무
리가 배 한 척 외에 다른 배가 거기
없는 것과 또 어제 예수께서 제자
들과 함께 그 배에 오르지 아니하
시고 제자들만 가는 것을 보았더니
23 (그러나 디베랴에서 배들이 주께서
축사하신 후 여럿이 떡 먹던 그 곳
에 가까이 왔더라)
24 무리가 거기에 예수도 안 계시고
제자들도 없음을 보고 곧 배들을
타고 예수를 찾으러 가버나움으로
가서
25 바다 건너편에서 만나 랍비여 언제
여기 오셨나이까 하니
26 예수께서 대답하여 이르시되 내가
진실로 진실로 너희에게 이르노니
너희가 나를 찾는 것은 표적을 본
까닭이 아니요 떡을 먹고 배부른
까닭이로다
27 썩을 양식을 위하여 일하지 말고
영생하도록 있는 양식을 위하여 하
라 이 양식은 인자가 너희에게 주
리니 인자는 아버지 하나님께서 인
치신 자니라
28 그들이 묻되 우리가 어떻게 하여야
하나님의 일을 하오리이까
29 예수께서 대답하여 이르시되 하나
님께서 보내신 이를 믿는 것이 하나
님의 일이니라 하시니
30 그들이 묻되 그러면 우리가 보고
당신을 믿도록 행하시는 표적이 무
엇이니이까, 하시는 일이 무엇이니
이까
31 기록된 바 하늘에서 그들에게 떡을
주어 먹게 하였다 함과 같이 우리
조상들은 광야에서 만나를 먹었나
이다
32 예수께서 이르시되 내가 진실로 진
실로 너희에게 이르노니 모세가 너
희에게 하늘로부터 떡을 준 것이
아니라 내 아버지께서 너희에게 하
늘로부터 참 떡을 주시나니
33 하나님의 떡은 하늘에서 내려 세상
에 생명을 주는 것이니라
34 그들이 이르되 주여 이 떡을 항상
우리에게 주소서
35 예수께서 이르시되 나는 생명의 떡
이니 내게 오는 자는 결코 주리지
아니할 터이요 나를 믿는 자는 영
원히 목마르지 아니하리라

기록일 : . . .

36 그러나 내가 너희에게 이르기를 너
희는 나를 보고도 믿지 아니하는도
다 하였느니라
37 아버지께서 내게 주시는 자는 다
내게로 올 것이요 내게 오는 자는
내가 결코 내쫓지 아니하리라
38 내가 하늘에서 내려온 것은 내 뜻
을 행하려 함이 아니요 나를 보내
신 이의 뜻을 행하려 함이니라
39 나를 보내신 이의 뜻은 내게 주신
자 중에 내가 하나도 잃어버리지
아니하고 마지막 날에 다시 살리는
이것이니라
40 내 아버지의 뜻은 아들을 보고 믿
는 자마다 영생을 얻는 이것이니 마
지막 날에 내가 이를 다시 살리리
라 하시니라
41 자기가 하늘에서 내려온 떡이라 하
시므로 유대인들이 예수에 대하여
수군거려
42 이르되 이는 요셉의 아들 예수가
아니냐 그 부모를 우리가 아는데
자기가 지금 어찌하여 하늘에서 내
려왔다 하느냐
43 예수께서 대답하여 이르시되 너희
는 서로 수군거리지 말라
44 나를 보내신 아버지께서 이끌지 아
니하시면 아무도 내게 올 수 없으
니 오는 그를 내가 마지막 날에 다
시 살리리라
45 선지자의 글에 그들이 다 하나님의
가르치심을 받으리라 기록되었은즉
아버지께 듣고 배운 사람마다 내게
로 오느니라
46 이는 아버지를 본 자가 있다는 것이
아니니라 오직 하나님에게서 온 자
만 아버지를 보았느니라
47 진실로 진실로 너희에게 이르노니
믿는 자는 영생을 가졌나니
48 내가 곧 생명의 떡이니라
49 너희 조상들은 광야에서 만나를 먹
었어도 죽었거니와
50 이는 하늘에서 내려오는 떡이니 사
람으로 하여금 먹고 죽지 아니하게
하는 것이니라
51 나는 하늘에서 내려온 살아 있는
떡이니 사람이 이 떡을 먹으면 영
생하리라 내가 줄 떡은 곧 세상의
생명을 위한 내 살이니라 하시니라
52 그러므로 유대인들이 서로 다투어
이르되 이 사람이 어찌 능히 자기
살을 우리에게 주어 먹게 하겠느냐
53 예수께서 이르시되 내가 진실로 진
실로 너희에게 이르노니 인자의 살
을 먹지 아니하고 인자의 피를 마시
지 아니하면 너희 속에 생명이 없느
니라
54 내 살을 먹고 내 피를 마시는 자는
영생을 가졌고 마지막 날에 내가
그를 다시 살리리니

기록일 : . . .

55 내 살은 참된 양식이요 내 피는 참
된 음료로다
56 내 살을 먹고 내 피를 마시는 자는
내 안에 거하고 나도 그의 안에 거
하나니
57 살아 계신 아버지께서 나를 보내시
매 내가 아버지로 말미암아 사는
것 같이 나를 먹는 그 사람도 나로
말미암아 살리라
58 이것은 하늘에서 내려온 떡이니 조
상들이 먹고도 죽은 그것과 같지
아니하여 이 떡을 먹는 자는 영원
히 살리라
59 이 말씀은 예수께서 가버나움 회당
에서 가르치실 때에 하셨느니라
60 제자 중 여럿이 듣고 말하되 이 말
씀은 어렵도다 누가 들을 수 있느
냐 한대
61 예수께서 스스로 제자들이 이 말
씀에 대하여 수군거리는 줄 아시고
이르시되 이 말이 너희에게 걸림이
되느냐
62 그러면 너희는 인자가 이전에 있던
곳으로 올라가는 것을 본다면 어떻
게 하겠느냐
63 살리는 것은 영이니 육은 무익하니
라 내가 너희에게 이른 말은 영이
요 생명이라
64 그러나 너희 중에 믿지 아니하는
자들이 있느니라 하시니 이는 예수
께서 믿지 아니하는 자들이 누구며
자기를 팔 자가 누구인지 처음부터
아심이러라
65 또 이르시되 그러므로 전에 너희에
게 말하기를 내 아버지께서 오게
하여 주지 아니하시면 누구든지 내
게 올 수 없다 하였노라 하시니라
66 그 때부터 그의 제자 중에서 많은
사람이 떠나가고 다시 그와 함께
다니지 아니하더라
67 예수께서 열두 제자에게 이르시되
너희도 가려느냐
68 시몬 베드로가 대답하되 주여 영
생의 말씀이 주께 있사오니 우리가
누구에게로 가오리이까
69 우리가 주는 하나님의 거룩하신 자
이신 줄 믿고 알았사옵나이다
70 예수께서 대답하시되 내가 너희 열
둘을 택하지 아니하였느냐 그러나
너희 중의 한 사람은 마귀니라 하
시니
71 이 말씀은 가룟 시몬의 아들 유다
를 가리키심이라 그는 열둘 중의
하나로 예수를 팔 자러라

7 그 후에 예수께서 갈릴리에서 다
니시고 유대에서 다니려 아니하심
은 유대인들이 죽이려 함이러라
2 유대인의 명절인 초막절이 가까운
지라
3 그 형제들이 예수께 이르되 당신이

행하는 일을 제자들도 보게 여기를
떠나 유대로 가소서
4 스스로 나타나기를 구하면서 묻혀
서 일하는 사람이 없나니 이 일을
행하려 하거든 자신을 세상에 나타
내소서 하니
5 이는 그 형제들까지도 예수를 믿지
아니함이러라
6 예수께서 이르시되 내 때는 아직
이르지 아니하였거니와 너희 때는
늘 준비되어 있느니라
7 세상이 너희를 미워하지 아니하되
나를 미워하나니 이는 내가 세상의
일들을 악하다고 증언함이라
8 너희는 명절에 올라가라 내 때가
아직 차지 못하였으니 나는 이 명절
에 아직 올라가지 아니하노라
9 이 말씀을 하시고 갈릴리에 머물러
계시니라
10 그 형제들이 명절에 올라간 후에
자기도 올라가시되 나타내지 않고
은밀히 가시니라
11 명절중에 유대인들이 예수를 찾으
면서 그가 어디 있느냐 하고
12 예수에 대하여 무리 중에서 수군거
림이 많아 어떤 사람은 좋은 사람
이라 하며 어떤 사람은 아니라 무
리를 미혹한다 하나
13 그러나 유대인들을 두려워하므로
드러나게 그에 대하여 말하는 자가
없더라
14 이미 명절의 중간이 되어 예수께서
성전에 올라가사 가르치시니
15 유대인들이 놀랍게 여겨 이르되 이
사람은 배우지 아니하였거늘 어떻
게 글을 아느냐 하니
16 예수께서 대답하여 이르시되 내 교
훈은 내 것이 아니요 나를 보내신
이의 것이니라
17 사람이 하나님의 뜻을 행하려 하면
이 교훈이 하나님께로부터 왔는지
내가 스스로 말함인지 알리라
18 스스로 말하는 자는 자기 영광만
구하되 보내신 이의 영광을 구하는
자는 참되니 그 속에 불의가 없느
니라
19 모세가 너희에게 율법을 주지 아니
하였느냐 너희 중에 율법을 지키는
자가 없도다 너희가 어찌하여 나를
죽이려 하느냐
20 무리가 대답하되 당신은 귀신이
들렸도다 누가 당신을 죽이려 하나
이까
21 예수께서 대답하여 이르시되 내가
한 가지 일을 행하매 너희가 다 이
로 말미암아 이상히 여기는도다
22 모세가 너희에게 할례를 행했으니
(그러나 할례는 모세에게서 난 것
이 아니요 조상들에게서 난 것이
라) 그러므로 너희가 안식일에도

기록일 : . . .

사람에게 할례를 행하느니라
23 모세의 율법을 범하지 아니하려고
사람이 안식일에도 할례를 받는 일
이 있거든 내가 안식일에 사람의 전
신을 건전하게 한 것으로 너희가
내게 노여워하느냐
24 외모로 판단하지 말고 공의롭게 판
단하라 하시니라
25 예루살렘 사람 중에서 어떤 사람이
말하되 이는 그들이 죽이고자 하는
그 사람이 아니냐
26 보라 드러나게 말하되 그들이 아무
말도 아니하는도다 당국자들은 이
사람을 참으로 그리스도인 줄 알았
는가
27 그러나 우리는 이 사람이 어디서 왔
는지 아노라 그리스도께서 오실 때
에는 어디서 오시는지 아는 자가 없
으리라 하는지라
28 예수께서 성전에서 가르치시며 외
쳐 이르시되 너희가 나를 알고 내
가 어디서 온 것도 알거니와 내가
스스로 온 것이 아니니라 나를 보
내신 이는 참되시니 너희는 그를
알지 못하니
29 나는 아노니 이는 내가 그에게서 났
고 그가 나를 보내셨음이라 하시니
30 그들이 예수를 잡고자 하나 손을
대는 자가 없으니 이는 그의 때가
아직 이르지 아니하였음이러라

31 무리 중의 많은 사람이 예수를 믿
고 말하되 그리스도께서 오실지라
도 그 행하실 표적이 이 사람이 행
한 것보다 더 많으랴 하니
32 예수에 대하여 무리가 수군거리는
것이 바리새인들에게 들린지라 대
제사장들과 바리새인들이 그를 잡
으려고 아랫사람들을 보내니
33 예수께서 이르시되 내가 너희와 함
께 조금 더 있다가 나를 보내신 이
에게로 돌아가겠노라
34 너희가 나를 찾아도 만나지 못할
터이요 나 있는 곳에 오지도 못하
리라 하시니
35 이에 유대인들이 서로 묻되 이 사
람이 어디로 가기에 우리가 그를
만나지 못하리요 헬라인 중에 흩어
져 사는 자들에게로 가서 헬라인을
가르칠 터인가
36 나를 찾아도 만나지 못할 터이요
나 있는 곳에 오지도 못하리라 한
이 말이 무슨 말이냐 하니라
37 명절 끝날 곧 큰 날에 예수께서 서
서 외쳐 이르시되 누구든지 목마르
거든 내게로 와서 마시라
38 나를 믿는 자는 성경에 이름과 같
이 그 배에서 생수의 강이 흘러나
오리라 하시니
39 이는 그를 믿는 자들이 받을 성령
을 가리켜 말씀하신 것이라 (예수

기록일 : . . .

께서 아직 영광을 받지 않으셨으므
로 성령이 아직 그들에게 계시지 아
니하시더라)
40 이 말씀을 들은 무리 중에서 어떤
사람은 이 사람이 참으로 그 선지
자라 하며
41 어떤 사람은 그리스도라 하며 어떤
이들은 그리스도가 어찌 갈릴리에
서 나오겠느냐
42 성경에 이르기를 그리스도는 다윗
의 씨로 또 다윗이 살던 마을 베들
레헴에서 나오리라 하지 아니하였
느냐 하며
43 예수로 말미암아 무리 중에서 쟁론
이 되니
44 그 중에는 그를 잡고자 하는 자들
도 있으나 손을 대는 자가 없었더라
45 아랫사람들이 대제사장들과 바리새
인들에게로 오니 그들이 묻되 어찌
하여 잡아오지 아니하였느냐
46 아랫사람들이 대답하되 그 사람이
말하는 것처럼 말한 사람은 이 때
까지 없었나이다 하니
47 바리새인들이 대답하되 너희도 미
혹되었느냐
48 당국자들이나 바리새인 중에 그를
믿는 자가 있느냐
49 율법을 알지 못하는 이 무리는 저
주를 받은 자로다
50 그 중의 한 사람 곧 전에 예수께 왔
던 니고데모가 그들에게 말하되
51 우리 율법은 사람의 말을 듣고 그
행한 것을 알기 전에 심판하느냐
52 그들이 대답하여 이르되 너도 갈릴
리에서 왔느냐 찾아 보라 갈릴리에
서는 선지자가 나지 못하느니라 하
였더라
53 [다 각각 집으로 돌아가고

8

예수는 감람 산으로 가시니라
2 아침에 다시 성전으로 들어오시
니 백성이 다 나아오는지라 앉으사
그들을 가르치시더니
3 서기관들과 바리새인들이 음행중에
잡힌 여자를 끌고 와서 가운데 세
우고
4 예수께 말하되 선생이여 이 여자가
간음하다가 현장에서 잡혔나이다
5 모세는 율법에 이러한 여자를 돌로
치라 명하였거니와 선생은 어떻게
말하겠나이까
6 그들이 이렇게 말함은 고발할 조건
을 얻고자 하여 예수를 시험함이러
라 예수께서 몸을 굽히사 손가락으
로 땅에 쓰시니
7 그들이 묻기를 마지 아니하는지라
이에 일어나 이르시되 너희 중에 죄
없는 자가 먼저 돌로 치라 하시고
8 다시 몸을 굽혀 손가락으로 땅에
쓰시니
9 그들이 이 말씀을 듣고 양심에 가

기록일 : . . .

책을 느껴 어른으로 시작하여 젊은
이까지 하나씩 하나씩 나가고 오직
예수와 그 가운데 섰는 여자만 남
았더라
10 예수께서 일어나사 여자 외에 아무
도 없는 것을 보시고 이르시되 여자
여 너를 고발하던 그들이 어디 있느
냐 너를 정죄한 자가 없느냐
11 대답하되 주여 없나이다 예수께서
이르시되 나도 너를 정죄하지 아니
하노니 가서 다시는 죄를 범하지
말라 하시니라]
12 예수께서 또 말씀하여 이르시되 나
는 세상의 빛이니 나를 따르는 자
는 어둠에 다니지 아니하고 생명의
빛을 얻으리라
13 바리새인들이 이르되 네가 너를 위
하여 증언하니 네 증언은 참되지
아니하도다
14 예수께서 대답하여 이르시되 내가
나를 위하여 증언하여도 내 증언이
참되니 나는 내가 어디서 오며 어디
로 가는 것을 알거니와 너희는 내
가 어디서 오며 어디로 가는 것을
알지 못하느니라
15 너희는 육체를 따라 판단하나 나는
아무도 판단하지 아니하노라
16 만일 내가 판단하여도 내 판단이
참되니 이는 내가 혼자 있는 것이
아니요 나를 보내신 이가 나와 함
께 계심이라
17 너희 율법에도 두 사람의 증언이
참되다 기록되었으니
18 내가 나를 위하여 증언하는 자가
되고 나를 보내신 아버지도 나를
위하여 증언하시느니라
19 이에 그들이 묻되 네 아버지가 어디
있느냐 예수께서 대답하시되 너희
는 나를 알지 못하고 내 아버지도
알지 못하는도다 나를 알았더라면
내 아버지도 알았으리라
20 이 말씀은 성전에서 가르치실 때에
헌금함 앞에서 하셨으나 잡는 사람
이 없으니 이는 그의 때가 아직 이
르지 아니하였음이러라
21 다시 이르시되 내가 가리니 너희가
나를 찾다가 너희 죄 가운데서 죽
겠고 내가 가는 곳에는 너희가 오
지 못하리라
22 유대인들이 이르되 그가 말하기를
내가 가는 곳에는 너희가 오지 못
하리라 하니 그가 자결하려는가
23 예수께서 이르시되 너희는 아래에
서 났고 나는 위에서 났으며 너희
는 이 세상에 속하였고 나는 이 세
상에 속하지 아니하였느니라
24 그러므로 내가 너희에게 말하기를
너희가 너희 죄 가운데서 죽으리라
하였노라 너희가 만일 내가 그인
줄 믿지 아니하면 너희 죄 가운데서

기록일 : . . .

죽으리라
25 그들이 말하되 네가 누구냐 예수께
서 이르시되 나는 처음부터 너희에
게 말하여 온 자니라
26 내가 너희에게 대하여 말하고 판단
할 것이 많으나 나를 보내신 이가
참되시매 내가 그에게 들은 그것을
세상에 말하노라 하시되
27 그들은 아버지를 가리켜 말씀하신
줄을 깨닫지 못하더라
28 이에 예수께서 이르시되 너희가 인
자를 든 후에 내가 그인 줄을 알고
또 내가 스스로 아무 것도 하지 아
니하고 오직 아버지께서 가르치신
대로 이런 것을 말하는 줄도 알리라
29 나를 보내신 이가 나와 함께 하시
도다 나는 항상 그가 기뻐하시는
일을 행하므로 나를 혼자 두지 아
니하셨느니라
30 이 말씀을 하시매 많은 사람이 믿
더라
31 그러므로 예수께서 자기를 믿은 유
대인들에게 이르시되 너희가 내 말
에 거하면 참으로 내 제자가 되고
32 진리를 알지니 진리가 너희를 자유
롭게 하리라
33 그들이 대답하되 우리가 아브라함
의 자손이라 남의 종이 된 적이 없
거늘 어찌하여 우리가 자유롭게 되
리라 하느냐
34 예수께서 대답하시되 진실로 진실
로 너희에게 이르노니 죄를 범하는
자마다 죄의 종이라
35 종은 영원히 집에 거하지 못하되
아들은 영원히 거하나니
36 그러므로 아들이 너희를 자유롭게
하면 너희가 참으로 자유로우리라
37 나도 너희가 아브라함의 자손인 줄
아노라 그러나 내 말이 너희 안에
있을 곳이 없으므로 나를 죽이려
하는도다
38 나는 내 아버지에게서 본 것을 말
하고 너희는 너희 아비에게서 들은
것을 행하느니라
39 대답하여 이르되 우리 아버지는 아
브라함이라 하니 예수께서 이르시
되 너희가 아브라함의 자손이면 아
브라함이 행한 일들을 할 것이거늘
40 지금 하나님께 들은 진리를 너희에
게 말한 사람인 나를 죽이려 하는
도다 아브라함은 이렇게 하지 아니
하였느니라
41 너희는 너희 아비가 행한 일들을
하는도다 대답하되 우리가 음란한
데서 나지 아니하였고 아버지는 한
분뿐이시니 곧 하나님이시로다
42 예수께서 이르시되 하나님이 너희
아버지였으면 너희가 나를 사랑하
였으리니 이는 내가 하나님께로부
터 나와서 왔음이라 나는 스스로

기록일 : . . .

온 것이 아니요 아버지께서 나를
보내신 것이니라
43 어찌하여 내 말을 깨닫지 못하느냐
이는 내 말을 들을 줄 알지 못함이
로다
44 너희는 너희 아비 마귀에게서 났
으니 너희 아비의 욕심대로 너희도
행하고자 하느니라 그는 처음부터
살인한 자요 진리가 그 속에 없으
므로 진리에 서지 못하고 거짓을 말
할 때마다 제 것으로 말하나니 이
는 그가 거짓말쟁이요 거짓의 아비
가 되었음이라
45 내가 진리를 말하므로 너희가 나를
믿지 아니하는도다
46 너희 중에 누가 나를 죄로 책잡겠
느냐 내가 진리를 말하는데도 어찌
하여 나를 믿지 아니하느냐
47 하나님께 속한 자는 하나님의 말
씀을 듣나니 너희가 듣지 아니함은
하나님께 속하지 아니하였음이로다
48 유대인들이 대답하여 이르되 우리
가 너를 사마리아 사람이라 또는
귀신이 들렸다 하는 말이 옳지 아니
하냐
49 예수께서 대답하시되 나는 귀신 들
린 것이 아니라 오직 내 아버지를
공경함이거늘 너희가 나를 무시하
는도다
50 나는 내 영광을 구하지 아니하나
구하고 판단하시는 이가 계시니라
51 진실로 진실로 너희에게 이르노니
사람이 내 말을 지키면 영원히 죽음
을 보지 아니하리라
52 유대인들이 이르되 지금 네가 귀신
들린 줄을 아노라 아브라함과 선
지자들도 죽었거늘 네 말은 사람이
내 말을 지키면 영원히 죽음을 맛
보지 아니하리라 하니
53 너는 이미 죽은 우리 조상 아브라
함보다 크냐 또 선지자들도 죽었거
늘 너는 너를 누구라 하느냐
54 예수께서 대답하시되 내가 내게 영
광을 돌리면 내 영광이 아무 것도
아니거니와 내게 영광을 돌리시는
이는 내 아버지시니 곧 너희가 너희
하나님이라 칭하는 그이시라
55 너희는 그를 알지 못하되 나는 아
노니 만일 내가 알지 못한다 하면
나도 너희 같이 거짓말쟁이가 되리
라 나는 그를 알고 또 그의 말씀을
지키노라
56 너희 조상 아브라함은 나의 때 볼
것을 즐거워하다가 보고 기뻐하였
느니라
57 유대인들이 이르되 네가 아직 오십
세도 못되었는데 아브라함을 보았
느냐
58 예수께서 이르시되 진실로 진실로
너희에게 이르노니 아브라함이 나

기록일 : . . .

기 전부터 내가 있느니라 하시니
59 그들이 돌을 들어 치려 하거늘 예
수께서 숨어 성전에서 나가시니라

9 예수께서 길을 가실 때에 날 때
부터 맹인 된 사람을 보신지라
2 제자들이 물어 이르되 랍비여 이 사
람이 맹인으로 난 것이 누구의 죄
로 인함이니이까 자기니이까 그의
부모니이까
3 예수께서 대답하시되 이 사람이나
그 부모의 죄로 인한 것이 아니라
그에게서 하나님이 하시는 일을 나
타내고자 하심이라
4 때가 아직 낮이매 나를 보내신 이
의 일을 우리가 하여야 하리라 밤
이 오리니 그 때는 아무도 일할 수
없느니라
5 내가 세상에 있는 동안에는 세상의
빛이로라
6 이 말씀을 하시고 땅에 침을 뱉어
진흙을 이겨 그의 눈에 바르시고
7 이르시되 실로암 못에 가서 씻으라
하시니 (실로암은 번역하면 보냄을
받았다는 뜻이라) 이에 가서 씻고
밝은 눈으로 왔더라
8 이웃 사람들과 전에 그가 걸인인 것
을 보았던 사람들이 이르되 이는
앉아서 구걸하던 자가 아니냐
9 어떤 사람은 그 사람이라 하며 어
떤 사람은 아니라 그와 비슷하다
하거늘 자기 말은 내가 그라 하니
10 그들이 묻되 그러면 네 눈이 어떻
게 떠졌느냐
11 대답하되 예수라 하는 그 사람이
진흙을 이겨 내 눈에 바르고 나더
러 실로암에 가서 씻으라 하기에
가서 씻었더니 보게 되었노라
12 그들이 이르되 그가 어디 있느냐 이
르되 알지 못하노라 하니라
13 그들이 전에 맹인이었던 사람을 데
리고 바리새인들에게 갔더라
14 예수께서 진흙을 이겨 눈을 뜨게
하신 날은 안식일이라
15 그러므로 바리새인들도 그가 어떻
게 보게 되었는지를 물으니 이르되
그 사람이 진흙을 내 눈에 바르매
내가 씻고 보나이다 하니
16 바리새인 중에 어떤 사람은 말하되
이 사람이 안식일을 지키지 아니하
니 하나님께로부터 온 자가 아니라
하며 어떤 사람은 말하되 죄인으로
서 어떻게 이러한 표적을 행하겠느
냐 하여 그들 중에 분쟁이 있었더니
17 이에 맹인되었던 자에게 다시 묻되
그 사람이 네 눈을 뜨게 하였으니
너는 그를 어떠한 사람이라 하느냐
대답하되 선지자니이다 하니
18 유대인들이 그가 맹인으로 있다가
보게 된 것을 믿지 아니하고 그 부
모를 불러 묻되

기록일 : . . .

19 이는 너희 말에 맹인으로 났다 하
는 너희 아들이냐 그러면 지금은 어
떻게 해서 보느냐
20 그 부모가 대답하여 이르되 이 사
람이 우리 아들인 것과 맹인으로
난 것을 아나이다
21 그러나 지금 어떻게 해서 보는지
또는 누가 그 눈을 뜨게 하였는지
우리는 알지 못하나이다 그에게 물
어 보소서 그가 장성하였으니 자기
일을 말하리이다
22 그 부모가 이렇게 말한 것은 이미
유대인들이 누구든지 예수를 그리
스도로 시인하는 자는 출교하기로
결의하였으므로 그들을 무서워함이
러라
23 이러므로 그 부모가 말하기를 그가
장성하였으니 그에게 물어 보소서
하였더라
24 이에 그들이 맹인이었던 사람을 두
번째 불러 이르되 너는 하나님께
영광을 돌리라 우리는 이 사람이
죄인인 줄 아노라
25 대답하되 그가 죄인인지 내가 알지
못하나 한 가지 아는 것은 내가 맹
인으로 있다가 지금 보는 그것이니
이다
26 그들이 이르되 그 사람이 네게 무
엇을 하였느냐 어떻게 네 눈을 뜨
게 하였느냐
27 대답하되 내가 이미 일렀어도 듣지
아니하고 어찌하여 다시 듣고자 하
나이까 당신들도 그의 제자가 되려
하나이까
28 그들이 욕하여 이르되 너는 그의
제자이나 우리는 모세의 제자라
29 하나님이 모세에게는 말씀하신 줄
을 우리가 알거니와 이 사람은 어디
서 왔는지 알지 못하노라
30 그 사람이 대답하여 이르되 이상
하다 이 사람이 내 눈을 뜨게 하였
으되 당신들은 그가 어디서 왔는지
알지 못하는도다
31 하나님이 죄인의 말을 듣지 아니하
시고 경건하여 그의 뜻대로 행하는
자의 말은 들으시는 줄을 우리가
아나이다
32 창세 이후로 맹인으로 난 자의 눈
을 뜨게 하였다 함을 듣지 못하였
으니
33 이 사람이 하나님께로부터 오지 아
니하였으면 아무 일도 할 수 없으리
이다
34 그들이 대답하여 이르되 네가 온전
히 죄 가운데서 나서 우리를 가르치
느냐 하고 이에 쫓아내어 보내니라
35 예수께서 그들이 그 사람을 쫓아냈
다 하는 말을 들으셨더니 그를 만
나사 이르시되 네가 인자를 믿느냐
36 대답하여 이르되 주여 그가 누구시

기록일 : . . .

오니이까 내가 믿고자 하나이다
37 예수께서 이르시되 네가 그를 보았
거니와 지금 너와 말하는 자가 그
이니라
38 이르되 주여 내가 믿나이다 하고
절하는지라
39 예수께서 이르시되 내가 심판하러
이 세상에 왔으니 보지 못하는 자
들은 보게 하고 보는 자들은 맹인
이 되게 하려 함이라 하시니
40 바리새인 중에 예수와 함께 있던
자들이 이 말씀을 듣고 이르되 우
리도 맹인인가
41 예수께서 이르시되 너희가 맹인이
되었더라면 죄가 없으려니와 본다
고 하니 너희 죄가 그대로 있느니라
10 내가 진실로 진실로 너희에게 이
르노니 문을 통하여 양의 우리에
들어가지 아니하고 다른 데로 넘어
가는 자는 절도며 강도요
2 문으로 들어가는 이는 양의 목자라
3 문지기는 그를 위하여 문을 열고
양은 그의 음성을 듣나니 그가 자
기 양의 이름을 각각 불러 인도하
여 내느니라
4 자기 양을 다 내놓은 후에 앞서 가
면 양들이 그의 음성을 아는 고로
따라오되
5 타인의 음성은 알지 못하는 고로
타인을 따르지 아니하고 도리어 도
망하느니라
6 예수께서 이 비유로 그들에게 말씀
하셨으나 그들은 그가 하신 말씀이
무엇인지 알지 못하니라
7 그러므로 예수께서 다시 이르시되
내가 진실로 진실로 너희에게 말하
노니 나는 양의 문이라
8 나보다 먼저 온 자는 다 절도요 강
도니 양들이 듣지 아니하였느니라
9 내가 문이니 누구든지 나로 말미암
아 들어가면 구원을 받고 또는 들
어가며 나오며 꼴을 얻으리라
10 도둑이 오는 것은 도둑질하고 죽이
고 멸망시키려는 것뿐이요 내가 온
것은 양으로 생명을 얻게 하고 더
풍성히 얻게 하려는 것이라
11 나는 선한 목자라 선한 목자는 양
들을 위하여 목숨을 버리거니와
12 삯꾼은 목자가 아니요 양도 제 양
이 아니라 이리가 오는 것을 보면
양을 버리고 달아나나니 이리가 양
을 물어 가고 또 헤치느니라
13 달아나는 것은 그가 삯꾼인 까닭에
양을 돌보지 아니함이나
14 나는 선한 목자라 나는 내 양을 알
고 양도 나를 아는 것이
15 아버지께서 나를 아시고 내가 아버
지를 아는 것 같으니 나는 양을 위
하여 목숨을 버리노라
16 또 이 우리에 들지 아니한 다른 양

기록일 : . . .

들이 내게 있어 내가 인도하여야
할 터이니 그들도 내 음성을 듣고
한 무리가 되어 한 목자에게 있으
리라
17 내가 내 목숨을 버리는 것은 그것
을 내가 다시 얻기 위함이니 이로
말미암아 아버지께서 나를 사랑하
시느니라
18 이를 내게서 빼앗는 자가 있는 것
이 아니라 내가 스스로 버리노라
나는 버릴 권세도 있고 다시 얻을
권세도 있으니 이 계명은 내 아버지
에게서 받았노라 하시니라
19 이 말씀으로 말미암아 유대인 중에
다시 분쟁이 일어나니
20 그 중에 많은 사람이 말하되 그가
귀신 들려 미쳤거늘 어찌하여 그 말
을 듣느냐 하며
21 어떤 사람은 말하되 이 말은 귀신
들린 자의 말이 아니라 귀신이 맹인
의 눈을 뜨게 할 수 있느냐 하더라
22 예루살렘에 수전절이 이르니 때는
겨울이라
23 예수께서 성전 안 솔로몬 행각에서
거니시니
24 유대인들이 에워싸고 이르되 당신
이 언제까지나 우리 마음을 의혹하
게 하려 하나이까 그리스도이면 밝
히 말씀하소서 하니
25 예수께서 대답하시되 내가 너희에
게 말하였으되 믿지 아니하는도다
내가 내 아버지의 이름으로 행하는
일들이 나를 증거하는 것이거늘
26 너희가 내 양이 아니므로 믿지 아니
하는도다
27 내 양은 내 음성을 들으며 나는 그
들을 알며 그들은 나를 따르느니라
28 내가 그들에게 영생을 주노니 영원
히 멸망하지 아니할 것이요 또 그
들을 내 손에서 빼앗을 자가 없느
니라
29 그들을 주신 내 아버지는 만물보다
크시매 아무도 아버지 손에서 빼앗
을 수 없느니라
30 나와 아버지는 하나이니라 하신대
31 유대인들이 다시 돌을 들어 치려 하
거늘
32 예수께서 대답하시되 내가 아버지
로 말미암아 여러 가지 선한 일로
너희에게 보였거늘 그 중에 어떤
일로 나를 돌로 치려 하느냐
33 유대인들이 대답하되 선한 일로 말
미암아 우리가 너를 돌로 치려는 것
이 아니라 신성모독으로 인함이니
네가 사람이 되어 자칭 하나님이라
함이로라
34 예수께서 이르시되 너희 율법에 기
록된 바 내가 너희를 신이라 하였
노라 하지 아니하였느냐
35 성경은 폐하지 못하나니 하나님의

기록일 : . . .

말씀을 받은 사람들을 신이라 하셨
거든
36 하물며 아버지께서 거룩하게 하사
세상에 보내신 자가 나는 하나님의
아들이라 하는 것으로 너희가 어찌
신성모독이라 하느냐
37 만일 내가 내 아버지의 일을 행하
지 아니하거든 나를 믿지 말려니와
38 내가 행하거든 나를 믿지 아니할지
라도 그 일은 믿으라 그러면 너희
가 아버지께서 내 안에 계시고 내
가 아버지 안에 있음을 깨달아 알
리라 하시니
39 그들이 다시 예수를 잡고자 하였으
나 그 손에서 벗어나 나가시니라
40 다시 요단 강 저편 요한이 처음으
로 침례 베풀던 곳에 가사 거기 거
하시니
41 많은 사람이 왔다가 말하되 요한은
아무 표적도 행하지 아니하였으나
요한이 이 사람을 가리켜 말한 것
은 다 참이라 하더라
42 그리하여 거기서 많은 사람이 예수
를 믿으니라

11

어떤 병자가 있으니 이는 마리아
와 그 자매 마르다의 마을 베다니
에 사는 나사로라
2 이 마리아는 향유를 주께 붓고 머
리털로 주의 발을 닦던 자요 병든
나사로는 그의 오라버니더라
3 이에 그 누이들이 예수께 사람을
보내어 이르되 주여 보시옵소서 사
랑하시는 자가 병들었나이다 하니
4 예수께서 들으시고 이르시되 이 병
은 죽을 병이 아니라 하나님의 영
광을 위함이요 하나님의 아들이 이
로 말미암아 영광을 받게 하려 함
이라 하시더라
5 예수께서 본래 마르다와 그 동생과
나사로를 사랑하시더니
6 나사로가 병들었다 함을 들으시고
그 계시던 곳에 이틀을 더 유하시고
7 그 후에 제자들에게 이르시되 유대
로 다시 가자 하시니
8 제자들이 말하되 랍비여 방금도 유
대인들이 돌로 치려 하였는데 또
그리로 가시려 하나이까
9 예수께서 대답하시되 낮이 열두 시
간이 아니냐 사람이 낮에 다니면 이
세상의 빛을 보므로 실족하지 아니
하고
10 밤에 다니면 빛이 그 사람 안에 없
는 고로 실족하느니라
11 이 말씀을 하신 후에 또 이르시되
우리 친구 나사로가 잠들었도다 그
러나 내가 깨우러 가노라
12 제자들이 이르되 주여 잠들었으면
낫겠나이다 하더라
13 예수는 그의 죽음을 가리켜 말씀하
신 것이나 그들은 잠들어 쉬는 것

기록일 : . . .

을 가리켜 말씀하심인 줄 생각하는
지라
14 이에 예수께서 밝히 이르시되 나사
로가 죽었느니라
15 내가 거기 있지 아니한 것을 너희
를 위하여 기뻐하노니 이는 너희로
믿게 하려 함이라 그러나 그에게로
가자 하시니
16 디두모라고도 하는 도마가 다른 제
자들에게 말하되 우리도 주와 함께
죽으러 가자 하니라
17 예수께서 와서 보시니 나사로가 무
덤에 있은 지 이미 나흘이라
18 베다니는 예루살렘에서 가깝기가
한 오 리쯤 되매
19 많은 유대인이 마르다와 마리아에
게 그 오라비의 일로 위문하러 왔
더니
20 마르다는 예수께서 오신다는 말을
듣고 곧 나가 맞이하되 마리아는
집에 앉았더라
21 마르다가 예수께 여짜오되 주께서
여기 계셨더라면 내 오라버니가 죽
지 아니하였겠나이다
22 그러나 나는 이제라도 주께서 무엇
이든지 하나님께 구하시는 것을 하
나님이 주실 줄을 아나이다
23 예수께서 이르시되 네 오라비가 다
시 살아나리라
24 마르다가 이르되 마지막 날 부활
때에는 다시 살아날 줄을 내가 아
나이다
25 예수께서 이르시되 나는 부활이요
생명이니 나를 믿는 자는 죽어도
살겠고
26 무릇 살아서 나를 믿는 자는 영원
히 죽지 아니하리니 이것을 네가 믿
느냐
27 이르되 주여 그러하외다 주는 그리
스도시요 세상에 오시는 하나님의
아들이신 줄 내가 믿나이다
28 이 말을 하고 돌아가서 가만히 그
자매 마리아를 불러 말하되 선생님
이 오셔서 너를 부르신다 하니
29 마리아가 이 말을 듣고 급히 일어
나 예수께 나아가매
30 예수는 아직 마을로 들어오지 아니
하시고 마르다가 맞이했던 곳에 그
대로 계시더라
31 마리아와 함께 집에 있어 위로하던
유대인들은 그가 급히 일어나 나가
는 것을 보고 곡하러 무덤에 가는
줄로 생각하고 따라가더니
32 마리아가 예수 계신 곳에 가서 뵈옵
고 그 발 앞에 엎드리어 이르되 주
께서 여기 계셨더라면 내 오라버니
가 죽지 아니하였겠나이다 하더라
33 예수께서 그가 우는 것과 또 함께
온 유대인들이 우는 것을 보시고
심령에 비통히 여기시고 불쌍히 여

기록일 : . . .

기사
34 이르시되 그를 어디 두었느냐 이르
되 주여 와서 보옵소서 하니
35 예수께서 눈물을 흘리시더라
36 이에 유대인들이 말하되 보라 그를
얼마나 사랑하셨는가 하며
37 그 중 어떤 이는 말하되 맹인의 눈
을 뜨게 한 이 사람이 그 사람은 죽
지 않게 할 수 없었더냐 하더라
38 이에 예수께서 다시 속으로 비통히
여기시며 무덤에 가시니 무덤이 굴
이라 돌로 막았거늘
39 예수께서 이르시되 돌을 옮겨 놓으
라 하시니 그 죽은 자의 누이 마르
다가 이르되 주여 죽은 지가 나흘
이 되었으매 벌써 냄새가 나나이다
40 예수께서 이르시되 내 말이 네가
믿으면 하나님의 영광을 보리라 하
지 아니하였느냐 하시니
41 돌을 옮겨 놓으니 예수께서 눈을
들어 우러러 보시고 이르시되 아버
지여 내 말을 들으신 것을 감사하
나이다
42 항상 내 말을 들으시는 줄을 내가
알았나이다 그러나 이 말씀 하옵는
것은 둘러선 무리를 위함이니 곧 아
버지께서 나를 보내신 것을 그들로
믿게 하려 함이니이다
43 이 말씀을 하시고 큰 소리로 나사
로야 나오라 부르시니
44 죽은 자가 수족을 베로 동인 채로
나오는데 그 얼굴은 수건에 싸였
더라 예수께서 이르시되 풀어 놓아
다니게 하라 하시니라
45 마리아에게 와서 예수께서 하신
일을 본 많은 유대인이 그를 믿었
으나
46 그 중에 어떤 자는 바리새인들에게
가서 예수께서 하신 일을 알리니라
47 이에 대제사장들과 바리새인들이
공회를 모으고 이르되 이 사람이
많은 표적을 행하니 우리가 어떻게
하겠느냐
48 만일 그를 이대로 두면 모든 사람
이 그를 믿을 것이요 그리고 로마인
들이 와서 우리 땅과 민족을 빼앗
아 가리라 하니
49 그 중의 한 사람 그 해의 대제사장
인 가야바가 그들에게 말하되 너희
가 아무 것도 알지 못하는도다
50 한 사람이 백성을 위하여 죽어서
온 민족이 망하지 않게 되는 것이
너희에게 유익한 줄을 생각하지 아
니하는도다 하였으니
51 이 말은 스스로 함이 아니요 그 해
의 대제사장이므로 예수께서 그 민
족을 위하시고
52 또 그 민족만 위할 뿐 아니라 흩어
진 하나님의 자녀를 모아 하나가
되게 하기 위하여 죽으실 것을 미리

기록일 : . . .

말함이러라
53 이 날부터는 그들이 예수를 죽이려
고 모의하니라
54 그러므로 예수께서 다시 유대인 가
운데 드러나게 다니지 아니하시고
거기를 떠나 빈 들 가까운 곳인 에
브라임이라는 동네에 가서 제자들
과 함께 거기 머무르시니라
55 유대인의 유월절이 가까우매 많은
사람이 자기를 성결하게 하기 위하
여 유월절 전에 시골에서 예루살렘
으로 올라갔더니
56 그들이 예수를 찾으며 성전에 서서
서로 말하되 너희 생각에는 어떠하
냐 그가 명절에 오지 아니하겠느냐
하니
57 이는 대제사장들과 바리새인들이
누구든지 예수 있는 곳을 알거든
신고하여 잡게 하라 명령하였음이
러라
12 유월절 엿새 전에 예수께서 베다
니에 이르시니 이 곳은 예수께서
죽은 자 가운데서 살리신 나사로가
있는 곳이라
2 거기서 예수를 위하여 잔치할새 마
르다는 일을 하고 나사로는 예수와
함께 앉은 자 중에 있더라
3 마리아는 지극히 비싼 향유 곧 순
전한 나드 한 근을 가져다가 예수
의 발에 붓고 자기 머리털로 그의
발을 닦으니 향유 냄새가 집에 가
득하더라
4 제자 중 하나로서 예수를 잡아 줄
가룟 유다가 말하되
5 이 향유를 어찌하여 삼백 데나리온
에 팔아 가난한 자들에게 주지 아
니하였느냐 하니
6 이렇게 말함은 가난한 자들을 생각
함이 아니요 그는 도둑이라 돈궤를
맡고 거기 넣는 것을 훔쳐 감이러라
7 예수께서 이르시되 그를 가만 두어
나의 장례할 날을 위하여 그것을
간직하게 하라
8 가난한 자들은 항상 너희와 함께
있거니와 나는 항상 있지 아니하리
라 하시니라
9 유대인의 큰 무리가 예수께서 여기
계신 줄을 알고 오니 이는 예수만
보기 위함이 아니요 죽은 자 가운데
서 살리신 나사로도 보려 함이러라
10 대제사장들이 나사로까지 죽이려고
모의하니
11 나사로 때문에 많은 유대인이 가서
예수를 믿음이러라
12 그 이튿날에는 명절에 온 큰 무리
가 예수께서 예루살렘으로 오신다
는 것을 듣고
13 종려나무 가지를 가지고 맞으러 나
가 외치되 호산나 찬송하리로다 주
의 이름으로 오시는 이 곧 이스라

기록일 : . . .

엘의 왕이시여 하더라
14 예수는 한 어린 나귀를 보고 타시니
15 이는 기록된 바 시온 딸아 두려워
하지 말라 보라 너의 왕이 나귀 새
끼를 타고 오신다 함과 같더라
16 제자들은 처음에 이 일을 깨닫지
못하였다가 예수께서 영광을 얻으
신 후에야 이것이 예수께 대하여
기록된 것임과 사람들이 예수께 이
같이 한 것임이 생각났더라
17 나사로를 무덤에서 불러내어 죽은
자 가운데서 살리실 때에 함께 있
던 무리가 증언한지라
18 이에 무리가 예수를 맞음은 이 표
적 행하심을 들었음이러라
19 바리새인들이 서로 말하되 볼지어
다 너희 하는 일이 쓸 데 없다 보라
온 세상이 그를 따르는도다 하니라
20 명절에 예배하러 올라온 사람 중에
헬라인 몇이 있는데
21 그들이 갈릴리 벳새다 사람 빌립
에게 가서 청하여 이르되 선생이여
우리가 예수를 뵈옵고자 하나이다
하니
22 빌립이 안드레에게 가서 말하고 안
드레와 빌립이 예수께 가서 여쭈니
23 예수께서 대답하여 이르시되 인자
가 영광을 얻을 때가 왔도다
24 내가 진실로 진실로 너희에게 이르
노니 한 알의 밀이 땅에 떨어져 죽
지 아니하면 한 알 그대로 있고 죽
으면 많은 열매를 맺느니라
25 자기의 생명을 사랑하는 자는 잃어
버릴 것이요 이 세상에서 자기의 생
명을 미워하는 자는 영생하도록 보
전하리라
26 사람이 나를 섬기려면 나를 따르라
나 있는 곳에 나를 섬기는 자도 거
기 있으리니 사람이 나를 섬기면 내
아버지께서 그를 귀히 여기시리라
27 지금 내 마음이 괴로우니 무슨 말
을 하리요 아버지여 나를 구원하여
이 때를 면하게 하여 주옵소서 그
러나 내가 이를 위하여 이 때에 왔
나이다
28 아버지여, 아버지의 이름을 영광스
럽게 하옵소서 하시니 이에 하늘에
서 소리가 나서 이르되 내가 이미
영광스럽게 하였고 또다시 영광스
럽게 하리라 하시니
29 곁에 서서 들은 무리는 천둥이 울었
다고도 하며 또 어떤 이들은 천사
가 그에게 말하였다고도 하니
30 예수께서 대답하여 이르시되 이 소
리가 난 것은 나를 위한 것이 아니
요 너희를 위한 것이니라
31 이제 이 세상에 대한 심판이 이르렀
으니 이 세상의 임금이 쫓겨나리라
32 내가 땅에서 들리면 모든 사람을
내게로 이끌겠노라 하시니

기록일 : . . .

33 이렇게 말씀하심은 자기가 어떠한
죽음으로 죽을 것을 보이심이러라
34 이에 무리가 대답하되 우리는 율법
에서 그리스도가 영원히 계신다 함
을 들었거늘 너는 어찌하여 인자가
들려야 하리라 하느냐 이 인자는
누구냐
35 예수께서 이르시되 아직 잠시 동안
빛이 너희 중에 있으니 빛이 있을
동안에 다녀 어둠에 붙잡히지 않게
하라 어둠에 다니는 자는 그 가는
곳을 알지 못하느니라
36 너희에게 아직 빛이 있을 동안에 빛
을 믿으라 그리하면 빛의 아들이
되리라 예수께서 이 말씀을 하시고
그들을 떠나가서 숨으시니라
37 이렇게 많은 표적을 그들 앞에서
행하셨으나 그를 믿지 아니하니
38 이는 선지자 이사야의 말씀을 이루
려 하심이라 이르되 주여 우리에게
서 들은 바를 누가 믿었으며 주의
팔이 누구에게 나타났나이까 하였
더라
39 그들이 능히 믿지 못한 것은 이 때
문이니 곧 이사야가 다시 일렀으되
40 그들의 눈을 멀게 하시고 그들의
마음을 완고하게 하셨으니 이는 그
들로 하여금 눈으로 보고 마음으로
깨닫고 돌이켜 내게 고침을 받지
못하게 하려 함이라 하였음이더라

41 이사야가 이렇게 말한 것은 주의
영광을 보고 주를 가리켜 말한 것
이라
42 그러나 관리 중에도 그를 믿는 자
가 많되 바리새인들 때문에 드러나
게 말하지 못하니 이는 출교를 당
할까 두려워함이라
43 그들은 사람의 영광을 하나님의 영
광보다 더 사랑하였더라
44 예수께서 외쳐 이르시되 나를 믿는
자는 나를 믿는 것이 아니요 나를
보내신 이를 믿는 것이며
45 나를 보는 자는 나를 보내신 이를
보는 것이니라
46 나는 빛으로 세상에 왔나니 무릇
나를 믿는 자로 어둠에 거하지 않
게 하려 함이로라
47 사람이 내 말을 듣고 지키지 아니
할지라도 내가 그를 심판하지 아니
하노라 내가 온 것은 세상을 심판
하려 함이 아니요 세상을 구원하려
함이로라
48 나를 저버리고 내 말을 받지 아니
하는 자를 심판할 이가 있으니 곧
내가 한 그 말이 마지막 날에 그를
심판하리라
49 내가 내 자의로 말한 것이 아니요
나를 보내신 아버지께서 내가 말할
것과 이를 것을 친히 명령하여 주셨
으니

기록일 : . . .

50 나는 그의 명령이 영생인 줄 아노
라 그러므로 내가 이르는 것은 내
아버지께서 내게 말씀하신 그대로
니라 하시니라

13

유월절 전에 예수께서 자기가 세
상을 떠나 아버지께로 돌아가실 때
가 이른 줄 아시고 세상에 있는 자
기 사람들을 사랑하시되 끝까지 사
랑하시니라
2 마귀가 벌써 시몬의 아들 가룟 유
다의 마음에 예수를 팔려는 생각을
넣었더라
3 저녁 먹는 중 예수는 아버지께서 모
든 것을 자기 손에 맡기신 것과 또
자기가 하나님께로부터 오셨다가
하나님께로 돌아가실 것을 아시고
4 저녁 잡수시던 자리에서 일어나 겉
옷을 벗고 수건을 가져다가 허리에
두르시고
5 이에 대야에 물을 떠서 제자들의
발을 씻으시고 그 두르신 수건으로
닦기를 시작하여
6 시몬 베드로에게 이르시니 베드로
가 이르되 주여 주께서 내 발을 씻
으시나이까
7 예수께서 대답하여 이르시되 내가
하는 것을 네가 지금은 알지 못하
나 이 후에는 알리라
8 베드로가 이르되 내 발을 절대로
씻지 못하시리이다 예수께서 대답
하시되 내가 너를 씻어 주지 아니
하면 네가 나와 상관이 없느니라
9 시몬 베드로가 이르되 주여 내 발
뿐 아니라 손과 머리도 씻어 주옵
소서
10 예수께서 이르시되 이미 목욕한 자
는 발밖에 씻을 필요가 없느니라
온 몸이 깨끗하니라 너희가 깨끗하
나 다는 아니니라 하시니
11 이는 자기를 팔 자가 누구인지 아
심이라 그러므로 다는 깨끗하지 아
니하다 하시니라
12 그들의 발을 씻으신 후에 옷을 입
으시고 다시 앉아 그들에게 이르시
되 내가 너희에게 행한 것을 너희
가 아느냐
13 너희가 나를 선생이라 또는 주라
하니 너희 말이 옳도다 내가 그러
하다
14 내가 주와 또는 선생이 되어 너희
발을 씻었으니 너희도 서로 발을
씻어 주는 것이 옳으니라
15 내가 너희에게 행한 것 같이 너희도
행하게 하려 하여 본을 보였노라
16 내가 진실로 진실로 너희에게 이르
노니 종이 주인보다 크지 못하고
보냄을 받은 자가 보낸 자보다 크
지 못하나니
17 너희가 이것을 알고 행하면 복이 있
으리라

기록일 : . . .

18 내가 너희 모두를 가리켜 말하는
것이 아니니라 나는 내가 택한 자
들이 누구인지 앎이라 그러나 내
떡을 먹는 자가 내게 발꿈치를 들
었다 한 성경을 응하게 하려는 것이
니라
19 지금부터 일이 일어나기 전에 미리
너희에게 일러 둠은 일이 일어날 때
에 내가 그인 줄 너희가 믿게 하려
함이로라
20 내가 진실로 진실로 너희에게 이르
노니 내가 보낸 자를 영접하는 자
는 나를 영접하는 것이요 나를 영접
하는 자는 나를 보내신 이를 영접
하는 것이니라
21 예수께서 이 말씀을 하시고 심령이
괴로워 증언하여 이르시되 내가 진
실로 진실로 너희에게 이르노니 너
희 중 하나가 나를 팔리라 하시니
22 제자들이 서로 보며 누구에게 대하
여 말씀하시는지 의심하더라
23 예수의 제자 중 하나 곧 그가 사랑
하시는 자가 예수의 품에 의지하여
누웠는지라
24 시몬 베드로가 머릿짓을 하여 말하
되 말씀하신 자가 누구인지 말하라
하니
25 그가 예수의 가슴에 그대로 의지하
여 말하되 주여 누구니이까
26 예수께서 대답하시되 내가 떡 한
조각을 적셔다 주는 자가 그니라
하시고 곧 한 조각을 적셔서 가룟
시몬의 아들 유다에게 주시니
27 조각을 받은 후 곧 사탄이 그 속에
들어간지라 이에 예수께서 유다에
게 이르시되 네가 하는 일을 속히
하라 하시니
28 이 말씀을 무슨 뜻으로 하셨는지
그 앉은 자 중에 아는 자가 없고
29 어떤 이들은 유다가 돈궤를 맡았으
므로 명절에 우리가 쓸 물건을 사라
하시는지 혹은 가난한 자들에게 무
엇을 주라 하시는 줄로 생각하더라
30 유다가 그 조각을 받고 곧 나가니
밤이러라
31 그가 나간 후에 예수께서 이르시되
지금 인자가 영광을 받았고 하나님
도 인자로 말미암아 영광을 받으셨
도다
32 만일 하나님이 그로 말미암아 영광
을 받으셨으면 하나님도 자기로 말
미암아 그에게 영광을 주시리니 곧
주시리라
33 작은 자들아 내가 아직 잠시 너희
와 함께 있겠노라 너희가 나를 찾
을 것이나 일찍이 내가 유대인들에
게 너희는 내가 가는 곳에 올 수 없
다고 말한 것과 같이 지금 너희에
게도 이르노라
34 새 계명을 너희에게 주노니 서로

기록일 : . . .

사랑하라 내가 너희를 사랑한 것
같이 너희도 서로 사랑하라
35 너희가 서로 사랑하면 이로써 모
든 사람이 너희가 내 제자인 줄 알
리라
36 시몬 베드로가 이르되 주여 어디로
가시나이까 예수께서 대답하시되
내가 가는 곳에 네가 지금은 따라
올 수 없으나 후에는 따라오리라
37 베드로가 이르되 주여 내가 지금은
어찌하여 따라갈 수 없나이까 주를
위하여 내 목숨을 버리겠나이다
38 예수께서 대답하시되 네가 나를 위
하여 네 목숨을 버리겠느냐 내가
진실로 진실로 네게 이르노니 닭
울기 전에 네가 세 번 나를 부인하
리라

14

너희는 마음에 근심하지 말라 하
나님을 믿으니 또 나를 믿으라
2 내 아버지 집에 거할 곳이 많도다
그렇지 않으면 너희에게 일렀으리
라 내가 너희를 위하여 거처를 예
비하러 가노니
3 가서 너희를 위하여 거처를 예비하
면 내가 다시 와서 너희를 내게로
영접하여 나 있는 곳에 너희도 있게
하리라
4 내가 어디로 가는지 그 길을 너희
가 아느니라
5 도마가 이르되 주여 주께서 어디로
가시는지 우리가 알지 못하거늘 그
길을 어찌 알겠사옵나이까
6 예수께서 이르시되 내가 곧 길이요
진리요 생명이니 나로 말미암지 않
고는 아버지께로 올 자가 없느니라
7 너희가 나를 알았더라면 내 아버지
도 알았으리로다 이제부터는 너희
가 그를 알았고 또 보았느니라
8 빌립이 이르되 주여 아버지를 우리
에게 보여 주옵소서 그리하면 족하
겠나이다
9 예수께서 이르시되 빌립아 내가 이
렇게 오래 너희와 함께 있으되 네
가 나를 알지 못하느냐 나를 본 자
는 아버지를 보았거늘 어찌하여 아
버지를 보이라 하느냐
10 내가 아버지 안에 거하고 아버지는
내 안에 계신 것을 네가 믿지 아니
하느냐 내가 너희에게 이르는 말은
스스로 하는 것이 아니라 아버지께
서 내 안에 계셔서 그의 일을 하시
는 것이라
11 내가 아버지 안에 거하고 아버지께
서 내 안에 계심을 믿으라 그렇지
못하겠거든 행하는 그 일로 말미암
아 나를 믿으라
12 내가 진실로 진실로 너희에게 이르
노니 나를 믿는 자는 내가 하는 일
을 그도 할 것이요 또한 그보다 큰
일도 하리니 이는 내가 아버지께로

기록일 : . . .

감이라
13 너희가 내 이름으로 무엇을 구하든
지 내가 행하리니 이는 아버지로 하
여금 아들로 말미암아 영광을 받으
시게 하려 함이라
14 내 이름으로 무엇이든지 내게 구하
면 내가 행하리라
15 너희가 나를 사랑하면 나의 계명을
지키리라
16 내가 아버지께 구하겠으니 그가 또
다른 보혜사를 너희에게 주사 영원
토록 너희와 함께 있게 하리니
17 그는 진리의 영이라 세상은 능히
그를 받지 못하나니 이는 그를 보
지도 못하고 알지도 못함이라 그러
나 너희는 그를 아나니 그는 너희
와 함께 거하심이요 또 너희 속에
계시겠음이라
18 내가 너희를 고아와 같이 버려두지
아니하고 너희에게로 오리라
19 조금 있으면 세상은 다시 나를 보
지 못할 것이로되 너희는 나를 보
리니 이는 내가 살아 있고 너희도
살아 있겠음이라
20 그 날에는 내가 아버지 안에, 너희
가 내 안에, 내가 너희 안에 있는
것을 너희가 알리라
21 나의 계명을 지키는 자라야 나를
사랑하는 자니 나를 사랑하는 자
는 내 아버지께 사랑을 받을 것이
요 나도 그를 사랑하여 그에게 나
를 나타내리라
22 가룟인 아닌 유다가 이르되 주여
어찌하여 자기를 우리에게는 나타
내시고 세상에는 아니하려 하시나
이까
23 예수께서 대답하여 이르시되 사람
이 나를 사랑하면 내 말을 지키리니
내 아버지께서 그를 사랑하실 것이
요 우리가 그에게 가서 거처를 그
와 함께 하리라
24 나를 사랑하지 아니하는 자는 내
말을 지키지 아니하나니 너희가 듣
는 말은 내 말이 아니요 나를 보내
신 아버지의 말씀이니라
25 내가 아직 너희와 함께 있어서 이
말을 너희에게 하였거니와
26 보혜사 곧 아버지께서 내 이름으로
보내실 성령 그가 너희에게 모든
것을 가르치고 내가 너희에게 말한
모든 것을 생각나게 하리라
27 평안을 너희에게 끼치노니 곧 나의
평안을 너희에게 주노라 내가 너희
에게 주는 것은 세상이 주는 것과
같지 아니하니라 너희는 마음에 근
심하지도 말고 두려워하지도 말라
28 내가 갔다가 너희에게로 온다 하는
말을 너희가 들었나니 나를 사랑하
였더라면 내가 아버지께로 감을 기
뻐하였으리라 아버지는 나보다 크

기록일 : . . .

심이라
29 이제 일이 일어나기 전에 너희에게
말한 것은 일이 일어날 때에 너희
로 믿게 하려 함이라
30 이 후에는 내가 너희와 말을 많이
하지 아니하리니 이 세상의 임금이
오겠음이라 그러나 그는 내게 관계
할 것이 없으니
31 오직 내가 아버지를 사랑하는 것과
아버지께서 명하신 대로 행하는 것
을 세상이 알게 하려 함이로라 일
어나라 여기를 떠나자 하시니라
15 나는 참포도나무요 내 아버지는
농부라
2 무릇 내게 붙어 있어 열매를 맺지
아니하는 가지는 아버지께서 그것
을 제거해 버리시고 무릇 열매를
맺는 가지는 더 열매를 맺게 하려
하여 그것을 깨끗하게 하시느니라
3 너희는 내가 일러준 말로 이미 깨
끗하여졌으니
4 내 안에 거하라 나도 너희 안에 거
하리라 가지가 포도나무에 붙어 있
지 아니하면 스스로 열매를 맺을
수 없음 같이 너희도 내 안에 있지
아니하면 그러하리라
5 나는 포도나무요 너희는 가지라 그
가 내 안에, 내가 그 안에 거하면
사람이 열매를 많이 맺나니 나를
떠나서는 너희가 아무 것도 할 수
없음이라
6 사람이 내 안에 거하지 아니하면
가지처럼 밖에 버려져 마르나니 사
람들이 그것을 모아다가 불에 던져
사르느니라
7 너희가 내 안에 거하고 내 말이 너
희 안에 거하면 무엇이든지 원하는
대로 구하라 그리하면 이루리라
8 너희가 열매를 많이 맺으면 내 아
버지께서 영광을 받으실 것이요 너
희는 내 제자가 되리라
9 아버지께서 나를 사랑하신 것 같이
나도 너희를 사랑하였으니 나의 사
랑 안에 거하라
10 내가 아버지의 계명을 지켜 그의
사랑 안에 거하는 것 같이 너희도
내 계명을 지키면 내 사랑 안에 거
하리라
11 내가 이것을 너희에게 이름은 내
기쁨이 너희 안에 있어 너희 기쁨을
충만하게 하려 함이라
12 내 계명은 곧 내가 너희를 사랑한
것 같이 너희도 서로 사랑하라 하
는 이것이니라
13 사람이 친구를 위하여 자기 목숨을
버리면 이보다 더 큰 사랑이 없나니
14 너희는 내가 명하는 대로 행하면
곧 나의 친구라
15 이제부터는 너희를 종이라 하지 아
니하리니 종은 주인이 하는 것을 알

기록일 : . . .

지 못함이라 너희를 친구라 하였노
니 내가 내 아버지께 들은 것을 다
너희에게 알게 하였음이라
16 너희가 나를 택한 것이 아니요 내
가 너희를 택하여 세웠나니 이는
너희로 가서 열매를 맺게 하고 또
너희 열매가 항상 있게 하여 내 이
름으로 아버지께 무엇을 구하든지
다 받게 하려 함이라
17 내가 이것을 너희에게 명함은 너희
로 서로 사랑하게 하려 함이라
18 세상이 너희를 미워하면 너희보다
먼저 나를 미워한 줄을 알라
19 너희가 세상에 속하였으면 세상이
자기의 것을 사랑할 것이나 너희는
세상에 속한 자가 아니요 도리어
내가 너희를 세상에서 택하였기 때
문에 세상이 너희를 미워하느니라
20 내가 너희에게 종이 주인보다 더
크지 못하다 한 말을 기억하라 사
람들이 나를 박해하였은즉 너희도
박해할 것이요 내 말을 지켰은즉
너희 말도 지킬 것이라
21 그러나 사람들이 내 이름으로 말미
암아 이 모든 일을 너희에게 하리
니 이는 나를 보내신 이를 알지 못
함이라
22 내가 와서 그들에게 말하지 아니하
였더라면 죄가 없었으려니와 지금
은 그 죄를 핑계할 수 없느니라
23 나를 미워하는 자는 또 내 아버지
를 미워하느니라
24 내가 아무도 못한 일을 그들 중에
서 하지 아니하였더라면 그들에게
죄가 없었으려니와 지금은 그들이
나와 내 아버지를 보았고 또 미워
하였도다
25 그러나 이는 그들의 율법에 기록된
바 그들이 이유 없이 나를 미워하였
다 한 말을 응하게 하려 함이라
26 내가 아버지께로부터 너희에게 보
낼 보혜사 곧 아버지께로부터 나오
시는 진리의 성령이 오실 때에 그가
나를 증언하실 것이요
27 너희도 처음부터 나와 함께 있었으
므로 증언하느니라

16

내가 이것을 너희에게 이름은 너
희로 실족하지 않게 하려 함이니
2 사람들이 너희를 출교할 뿐 아니라
때가 이르면 무릇 너희를 죽이는
자가 생각하기를 이것이 하나님을
섬기는 일이라 하리라
3 그들이 이런 일을 할 것은 아버지와
나를 알지 못함이라
4 오직 너희에게 이 말을 한 것은 너
희로 그 때를 당하면 내가 너희에
게 말한 이것을 기억나게 하려 함이
요 처음부터 이 말을 하지 아니한
것은 내가 너희와 함께 있었음이라
5 지금 내가 나를 보내신 이에게로

기록일 : . . .

가는데 너희 중에서 나더러 어디로
가는지 묻는 자가 없고
6 도리어 내가 이 말을 하므로 너희
마음에 근심이 가득하였도다
7 그러나 내가 너희에게 실상을 말하
노니 내가 떠나가는 것이 너희에게
유익이라 내가 떠나가지 아니하면
보혜사가 너희에게로 오시지 아니
할 것이요 가면 내가 그를 너희에
게로 보내리니
8 그가 와서 죄에 대하여, 의에 대하
여, 심판에 대하여 세상을 책망하시
리라
9 죄에 대하여라 함은 그들이 나를
믿지 아니함이요
10 의에 대하여라 함은 내가 아버지께
로 가니 너희가 다시 나를 보지 못
함이요
11 심판에 대하여라 함은 이 세상 임
금이 심판을 받았음이라
12 내가 아직도 너희에게 이를 것이
많으나 지금은 너희가 감당하지 못
하리라
13 그러나 진리의 성령이 오시면 그가
너희를 모든 진리 가운데로 인도하
시리니 그가 스스로 말하지 않고
오직 들은 것을 말하며 장래 일을
너희에게 알리시리라
14 그가 내 영광을 나타내리니 내 것을
가지고 너희에게 알리시겠음이라

15 무릇 아버지께 있는 것은 다 내 것
이라 그러므로 내가 말하기를 그가
내 것을 가지고 너희에게 알리시리
라 하였노라
16 조금 있으면 너희가 나를 보지 못
하겠고 또 조금 있으면 나를 보리
라 하시니
17 제자 중에서 서로 말하되 우리에게
말씀하신 바 조금 있으면 나를 보
지 못하겠고 또 조금 있으면 나를
보리라 하시며 또 내가 아버지께로
감이라 하신 것이 무슨 말씀이냐
하고
18 또 말하되 조금 있으면이라 하신
말씀이 무슨 말씀이냐 무엇을 말씀
하시는지 알지 못하노라 하거늘
19 예수께서 그 묻고자 함을 아시고
이르시되 내 말이 조금 있으면 나
를 보지 못하겠고 또 조금 있으면
나를 보리라 하므로 서로 문의하
느냐
20 내가 진실로 진실로 너희에게 이르
노니 너희는 곡하고 애통하겠으나
세상은 기뻐하리라 너희는 근심하
겠으나 너희 근심이 도리어 기쁨이
되리라
21 여자가 해산하게 되면 그 때가 이
르렀으므로 근심하나 아기를 낳으
면 세상에 사람 난 기쁨으로 말미
암아 그 고통을 다시 기억하지 아

기록일 : . . .

니하느니라
22 지금은 너희가 근심하나 내가 다시
너희를 보리니 너희 마음이 기쁠 것
이요 너희 기쁨을 빼앗을 자가 없
으리라
23 그 날에는 너희가 아무 것도 내게
묻지 아니하리라 내가 진실로 진실
로 너희에게 이르노니 너희가 무엇
이든지 아버지께 구하는 것을 내
이름으로 주시리라
24 지금까지는 너희가 내 이름으로 아
무 것도 구하지 아니하였으나 구하
라 그리하면 받으리니 너희 기쁨이
충만하리라
25 이것을 비유로 너희에게 일렀거니
와 때가 이르면 다시는 비유로 너
희에게 이르지 않고 아버지에 대한
것을 밝히 이르리라
26 그 날에 너희가 내 이름으로 구할
것이요 내가 너희를 위하여 아버지
께 구하겠다 하는 말이 아니니
27 이는 너희가 나를 사랑하고 또 내
가 하나님께로부터 온 줄 믿었으므
로 아버지께서 친히 너희를 사랑하
심이라
28 내가 아버지에게서 나와 세상에 왔
고 다시 세상을 떠나 아버지께로
가노라 하시니
29 제자들이 말하되 지금은 밝히 말씀
하시고 아무 비유로도 하지 아니하
시니
30 우리가 지금에야 주께서 모든 것을
아시고 또 사람의 물음을 기다리시
지 않는 줄 아나이다 이로써 하나
님께로부터 나오심을 우리가 믿사
옵나이다
31 예수께서 대답하시되 이제는 너희
가 믿느냐
32 보라 너희가 다 각각 제 곳으로 흩
어지고 나를 혼자 둘 때가 오나니
벌써 왔도다 그러나 내가 혼자 있
는 것이 아니라 아버지께서 나와
함께 계시느니라
33 이것을 너희에게 이르는 것은 너희
로 내 안에서 평안을 누리게 하려
함이라 세상에서는 너희가 환난을
당하나 담대하라 내가 세상을 이기
었노라

17 예수께서 이 말씀을 하시고 눈을
들어 하늘을 우러러 이르시되 아버
지여 때가 이르렀사오니 아들을 영
화롭게 하사 아들로 아버지를 영화
롭게 하게 하옵소서
2 아버지께서 아들에게 주신 모든 사
람에게 영생을 주게 하시려고 만민
을 다스리는 권세를 아들에게 주셨
음이로소이다
3 영생은 곧 유일하신 참 하나님과
그가 보내신 자 예수 그리스도를
아는 것이니이다

기록일 : . . .

4 아버지께서 내게 하라고 주신 일을
내가 이루어 아버지를 이 세상에서
영화롭게 하였사오니
5 아버지여 창세 전에 내가 아버지와
함께 가졌던 영화로써 지금도 아버
지와 함께 나를 영화롭게 하옵소서
6 세상 중에서 내게 주신 사람들에게
내가 아버지의 이름을 나타내었나
이다 그들은 아버지의 것이었는데
내게 주셨으며 그들은 아버지의 말
씀을 지키었나이다
7 지금 그들은 아버지께서 내게 주신
것이 다 아버지로부터 온 것인 줄
알았나이다
8 나는 아버지께서 내게 주신 말씀들
을 그들에게 주었사오며 그들은 이
것을 받고 내가 아버지께로부터 나
온 줄을 참으로 아오며 아버지께서
나를 보내신 줄도 믿었사옵나이다
9 내가 그들을 위하여 비옵나니 내가
비옵는 것은 세상을 위함이 아니요
내게 주신 자들을 위함이니이다 그
들은 아버지의 것이로소이다
10 내 것은 다 아버지의 것이요 아버지
의 것은 내 것이온데 내가 그들로
말미암아 영광을 받았나이다
11 나는 세상에 더 있지 아니하오나
그들은 세상에 있사옵고 나는 아
버지께로 가옵나니 거룩하신 아버
지여 내게 주신 아버지의 이름으로
그들을 보전하사 우리와 같이 그들
도 하나가 되게 하옵소서
12 내가 그들과 함께 있을 때에 내게
주신 아버지의 이름으로 그들을 보
전하고 지키었나이다 그 중의 하나
도 멸망하지 않고 다만 멸망의 자
식뿐이오니 이는 성경을 응하게 함
이니이다
13 지금 내가 아버지께로 가오니 내가
세상에서 이 말을 하옵는 것은 그
들로 내 기쁨을 그들 안에 충만히
가지게 하려 함이니이다
14 내가 아버지의 말씀을 그들에게 주
었사오매 세상이 그들을 미워하였
사오니 이는 내가 세상에 속하지
아니함 같이 그들도 세상에 속하지
아니함으로 인함이니이다
15 내가 비옵는 것은 그들을 세상에서
데려가시기를 위함이 아니요 다만
악에 빠지지 않게 보전하시기를 위
함이니이다
16 내가 세상에 속하지 아니함 같이
그들도 세상에 속하지 아니하였사
옵나이다
17 그들을 진리로 거룩하게 하옵소서
아버지의 말씀은 진리니이다
18 아버지께서 나를 세상에 보내신 것
같이 나도 그들을 세상에 보내었고
19 또 그들을 위하여 내가 나를 거룩
하게 하오니 이는 그들도 진리로

기록일 : . . .

거룩함을 얻게 하려 함이니이다
20 내가 비옵는 것은 이 사람들만 위
함이 아니요 또 그들의 말로 말미
암아 나를 믿는 사람들도 위함이니
21 아버지여, 아버지께서 내 안에, 내
가 아버지 안에 있는 것 같이 그들
도 다 하나가 되어 우리 안에 있게
하사 세상으로 아버지께서 나를 보
내신 것을 믿게 하옵소서
22 내게 주신 영광을 내가 그들에게
주었사오니 이는 우리가 하나가 된
것 같이 그들도 하나가 되게 하려
함이니이다
23 곧 내가 그들 안에 있고 아버지께
서 내 안에 계시어 그들로 온전함
을 이루어 하나가 되게 하려 함은
아버지께서 나를 보내신 것과 또
나를 사랑하심 같이 그들도 사랑하
신 것을 세상으로 알게 하려 함이
로소이다
24 아버지여 내게 주신 자도 나 있는
곳에 나와 함께 있어 아버지께서
창세 전부터 나를 사랑하시므로 내
게 주신 나의 영광을 그들로 보게
하시기를 원하옵나이다
25 의로우신 아버지여 세상이 아버지
를 알지 못하여도 나는 아버지를
알았사옵고 그들도 아버지께서 나
를 보내신 줄 알았사옵나이다
26 내가 아버지의 이름을 그들에게 알
게 하였고 또 알게 하리니 이는 나
를 사랑하신 사랑이 그들 안에 있
고 나도 그들 안에 있게 하려 함이
니이다

18 예수께서 이 말씀을 하시고 제자
들과 함께 기드론 시내 건너편으로
나가시니 그 곳에 동산이 있는데
제자들과 함께 들어가시니라
2 그 곳은 가끔 예수께서 제자들과
모이시는 곳이므로 예수를 파는 유
다도 그 곳을 알더라
3 유다가 군대와 대제사장들과 바리
새인들에게서 얻은 아랫사람들을
데리고 등과 횃불과 무기를 가지고
그리로 오는지라
4 예수께서 그 당할 일을 다 아시고
나아가 이르시되 너희가 누구를 찾
느냐
5 대답하되 나사렛 예수라 하거늘 이
르시되 내가 그니라 하시니라 그를
파는 유다도 그들과 함께 섰더라
6 예수께서 그들에게 내가 그니라 하
실 때에 그들이 물러가서 땅에 엎
드러지는지라
7 이에 다시 누구를 찾느냐고 물으신
대 그들이 말하되 나사렛 예수라
하거늘
8 예수께서 대답하시되 너희에게 내
가 그니라 하였으니 나를 찾거든
이 사람들이 가는 것은 용납하라

하시니
9 이는 아버지께서 내게 주신 자 중
에서 하나도 잃지 아니하였사옵나
이다 하신 말씀을 응하게 하려 함
이러라
10 이에 시몬 베드로가 칼을 가졌는데
그것을 빼어 대제사장의 종을 쳐서
오른편 귀를 베어버리니 그 종의 이
름은 말고라
11 예수께서 베드로더러 이르시되 칼
을 칼집에 꽂으라 아버지께서 주신
잔을 내가 마시지 아니하겠느냐 하
시니라
12 이에 군대와 천부장과 유대인의 아
랫사람들이 예수를 잡아 결박하여
13 먼저 안나스에게로 끌고 가니 안나
스는 그 해의 대제사장인 가야바의
장인이라
14 가야바는 유대인들에게 한 사람이
백성을 위하여 죽는 것이 유익하다
고 권고하던 자러라
15 시몬 베드로와 또 다른 제자 한 사
람이 예수를 따르니 이 제자는 대
제사장과 아는 사람이라 예수와 함
께 대제사장의 집 뜰에 들어가고
16 베드로는 문 밖에 서 있는지라 대
제사장을 아는 그 다른 제자가 나
가서 문 지키는 여자에게 말하여
베드로를 데리고 들어오니
17 문 지키는 여종이 베드로에게 말하
되 너도 이 사람의 제자 중 하나가
아니냐 하니 그가 말하되 나는 아
니라 하고
18 그 때가 추운 고로 종과 아랫사람
들이 불을 피우고 서서 쬐니 베드
로도 함께 서서 쬐더라
19 대제사장이 예수에게 그의 제자들
과 그의 교훈에 대하여 물으니
20 예수께서 대답하시되 내가 드러내
놓고 세상에 말하였노라 모든 유대
인들이 모이는 회당과 성전에서 항
상 가르쳤고 은밀하게는 아무 것도
말하지 아니하였거늘
21 어찌하여 내게 묻느냐 내가 무슨
말을 하였는지 들은 자들에게 물어
보라 그들이 내가 하던 말을 아느
니라
22 이 말씀을 하시매 곁에 섰던 아랫
사람 하나가 손으로 예수를 쳐 이
르되 네가 대제사장에게 이같이 대
답하느냐 하니
23 예수께서 대답하시되 내가 말을 잘
못하였으면 그 잘못한 것을 증언하
라 바른 말을 하였으면 네가 어찌
하여 나를 치느냐 하시더라
24 안나스가 예수를 결박한 그대로 대
제사장 가야바에게 보내니라
25 시몬 베드로가 서서 불을 쬐더니
사람들이 묻되 너도 그 제자 중 하
나가 아니냐 베드로가 부인하여 이

기록일 : . . .

르되 나는 아니라 하니
26 대제사장의 종 하나는 베드로에게
귀를 잘린 사람의 친척이라 이르되
네가 그 사람과 함께 동산에 있는
것을 내가 보지 아니하였느냐
27 이에 베드로가 또 부인하니 곧 닭
이 울더라
28 그들이 예수를 가야바에게서 관정
으로 끌고 가니 새벽이라 그들은
더럽힘을 받지 아니하고 유월절 잔
치를 먹고자 하여 관정에 들어가지
아니하더라
29 그러므로 빌라도가 밖으로 나가서
그들에게 말하되 너희가 무슨 일로
이 사람을 고발하느냐
30 대답하여 이르되 이 사람이 행악자
가 아니었더라면 우리가 당신에게
넘기지 아니하였겠나이다
31 빌라도가 이르되 너희가 그를 데려
다가 너희 법대로 재판하라 유대인
들이 이르되 우리에게는 사람을 죽
이는 권한이 없나이다 하니
32 이는 예수께서 자기가 어떠한 죽음
으로 죽을 것을 가리켜 하신 말씀
을 응하게 하려 함이러라
33 이에 빌라도가 다시 관정에 들어가
예수를 불러 이르되 네가 유대인의
왕이냐
34 예수께서 대답하시되 이는 네가 스
스로 하는 말이냐 다른 사람들이
나에 대하여 네게 한 말이냐
35 빌라도가 대답하되 내가 유대인이
냐 네 나라 사람과 대제사장들이
너를 내게 넘겼으니 네가 무엇을
하였느냐
36 예수께서 대답하시되 내 나라는 이
세상에 속한 것이 아니니라 만일
내 나라가 이 세상에 속한 것이었
더라면 내 종들이 싸워 나로 유대
인들에게 넘겨지지 않게 하였으리
라 이제 내 나라는 여기에 속한 것
이 아니니라
37 빌라도가 이르되 그러면 네가 왕이
아니냐 예수께서 대답하시되 네 말
과 같이 내가 왕이니라 내가 이를
위하여 태어났으며 이를 위하여 세
상에 왔나니 곧 진리에 대하여 증
언하려 함이로라 무릇 진리에 속한
자는 내 음성을 듣느니라 하신대
38 빌라도가 이르되 진리가 무엇이냐
하더라 이 말을 하고 다시 유대인
들에게 나가서 이르되 나는 그에게
서 아무 죄도 찾지 못하였노라
39 유월절이면 내가 너희에게 한 사람
을 놓아 주는 전례가 있으니 그러
면 너희는 내가 유대인의 왕을 너
희에게 놓아 주기를 원하느냐 하니
40 그들이 또 소리 질러 이르되 이 사
람이 아니라 바라바라 하니 바라바
는 강도였더라

기록일 : . . .

19 이에 빌라도가 예수를 데려다가
채찍질하더라
2 군인들이 가시나무로 관을 엮어 그
의 머리에 씌우고 자색 옷을 입히고
3 앞에 가서 이르되 유대인의 왕이여
평안할지어다 하며 손으로 때리더라
4 빌라도가 다시 밖에 나가 말하되
보라 이 사람을 데리고 너희에게
나오나니 이는 내가 그에게서 아무
죄도 찾지 못한 것을 너희로 알게
하려 함이로라 하더라
5 이에 예수께서 가시관을 쓰고 자색
옷을 입고 나오시니 빌라도가 그들
에게 말하되 보라 이 사람이로다
하매
6 대제사장들과 아랫사람들이 예수를
보고 소리 질러 이르되 십자가에 못
박으소서 십자가에 못 박으소서 하
는지라 빌라도가 이르되 너희가 친
히 데려다가 십자가에 못 박으라 나
는 그에게서 죄를 찾지 못하였노라
7 유대인들이 대답하되 우리에게 법
이 있으니 그 법대로 하면 그가 당
연히 죽을 것은 그가 자기를 하나
님의 아들이라 함이니이다
8 빌라도가 이 말을 듣고 더욱 두려
워하여
9 다시 관정에 들어가서 예수께 말하
되 너는 어디로부터냐 하되 예수께
서 대답하여 주지 아니하시는지라
10 빌라도가 이르되 내게 말하지 아니
하느냐 내가 너를 놓을 권한도 있
고 십자가에 못 박을 권한도 있는
줄 알지 못하느냐
11 예수께서 대답하시되 위에서 주지
아니하셨더라면 나를 해할 권한이
없었으리니 그러므로 나를 네게 넘
겨 준 자의 죄는 더 크다 하시니라
12 이러하므로 빌라도가 예수를 놓으
려고 힘썼으나 유대인들이 소리 질
러 이르되 이 사람을 놓으면 가이
사의 충신이 아니니이다 무릇 자기
를 왕이라 하는 자는 가이사를 반
역하는 것이니이다
13 빌라도가 이 말을 듣고 예수를 끌고
나가서 돌을 깐 뜰(히브리 말로 가
바다)에 있는 재판석에 앉아 있더라
14 이 날은 유월절의 준비일이요 때는
제육시라 빌라도가 유대인들에게
이르되 보라 너희 왕이로다
15 그들이 소리 지르되 없이 하소서 없
이 하소서 그를 십자가에 못 박게
하소서 빌라도가 이르되 내가 너희
왕을 십자가에 못 박으랴 대제사장
들이 대답하되 가이사 외에는 우리
에게 왕이 없나이다 하니
16 이에 예수를 십자가에 못 박도록
그들에게 넘겨 주니라
17 그들이 예수를 맡으매 예수께서 자
기의 십자가를 지시고 해골(히브리

기록일 : . . .

말로 골고다)이라 하는 곳에 나가
시니
18 그들이 거기서 예수를 십자가에 못
박을새 다른 두 사람도 그와 함께
좌우편에 못 박으니 예수는 가운데
있더라
19 빌라도가 패를 써서 십자가 위에
붙이니 나사렛 예수 유대인의 왕이
라 기록되었더라
20 예수께서 못 박히신 곳이 성에서
가까운 고로 많은 유대인이 이 패
를 읽는데 히브리와 로마와 헬라
말로 기록되었더라
21 유대인의 대제사장들이 빌라도에게
이르되 유대인의 왕이라 쓰지 말고
자칭 유대인의 왕이라 쓰라 하니
22 빌라도가 대답하되 내가 쓸 것을
썼다 하니라
23 군인들이 예수를 십자가에 못 박고
그의 옷을 취하여 네 깃에 나눠 각
각 한 깃씩 얻고 속옷도 취하니 이
속옷은 호지 아니하고 위에서부터
통으로 짠 것이라
24 군인들이 서로 말하되 이것을 찢지
말고 누가 얻나 제비 뽑자 하니 이
는 성경에 그들이 내 옷을 나누고
내 옷을 제비 뽑나이다 한 것을 응
하게 하려 함이러라 군인들은 이런
일을 하고
25 예수의 십자가 곁에는 그 어머니와
이모와 글로바의 아내 마리아와 막
달라 마리아가 섰는지라
26 예수께서 자기의 어머니와 사랑하
시는 제자가 곁에 서 있는 것을 보
시고 자기 어머니께 말씀하시되 여
자여 보소서 아들이니이다 하시고
27 또 그 제자에게 이르시되 보라 네
어머니라 하신대 그 때부터 그 제
자가 자기 집에 모시니라
28 그 후에 예수께서 모든 일이 이미
이루어진 줄 아시고 성경을 응하게
하려 하사 이르시되 내가 목마르다
하시니
29 거기 신 포도주가 가득히 담긴 그
릇이 있는지라 사람들이 신 포도주
를 적신 해면을 우슬초에 매어 예
수의 입에 대니
30 예수께서 신 포도주를 받으신 후에
이르시되 다 이루었다 하시고 머리
를 숙이니 영혼이 떠나가시니라
31 이 날은 준비일이라 유대인들은 그
안식일이 큰 날이므로 그 안식일에
시체들을 십자가에 두지 아니하려
하여 빌라도에게 그들의 다리를 꺾
어 시체를 치워 달라 하니
32 군인들이 가서 예수와 함께 못 박
힌 첫째 사람과 또 그 다른 사람의
다리를 꺾고
33 예수께 이르러서는 이미 죽으신 것
을 보고 다리를 꺾지 아니하고

기록일 : . . .

34 그 중 한 군인이 창으로 옆구리를
찌르니 곧 피와 물이 나오더라
35 이를 본 자가 증언하였으니 그 증
언이 참이라 그가 자기의 말하는
것이 참인 줄 알고 너희로 믿게 하
려 함이니라
36 이 일이 일어난 것은 그 뼈가 하나
도 꺾이지 아니하리라 한 성경을
응하게 하려 함이라
37 또 다른 성경에 그들이 그 찌른 자
를 보리라 하였느니라
38 아리마대 사람 요셉은 예수의 제자
이나 유대인이 두려워 그것을 숨기
더니 이 일 후에 빌라도에게 예수
의 시체를 가져가기를 구하매 빌라
도가 허락하는지라 이에 가서 예수
의 시체를 가져가니라
39 일찍이 예수께 밤에 찾아왔던 니고
데모도 몰약과 침향 섞은 것을 백
리트라쯤 가지고 온지라
40 이에 예수의 시체를 가져다가 유대
인의 장례 법대로 그 향품과 함께
세마포로 쌌더라
41 예수께서 십자가에 못 박히신 곳에
동산이 있고 동산 안에 아직 사람
을 장사한 일이 없는 새 무덤이 있
는지라
42 이 날은 유대인의 준비일이요 또
무덤이 가까운 고로 예수를 거기
두니라

20 안식 후 첫날 일찍이 아직 어두울
때에 막달라 마리아가 무덤에 와서
돌이 무덤에서 옮겨진 것을 보고
2 시몬 베드로와 예수께서 사랑하시
던 그 다른 제자에게 달려가서 말
하되 사람들이 주님을 무덤에서 가
져다가 어디 두었는지 우리가 알지
못하겠다 하니
3 베드로와 그 다른 제자가 나가서
무덤으로 갈새
4 둘이 같이 달음질하더니 그 다른
제자가 베드로보다 더 빨리 달려가
서 먼저 무덤에 이르러
5 구부려 세마포 놓인 것을 보았으나
들어가지는 아니하였더니
6 시몬 베드로는 따라와서 무덤에 들
어가 보니 세마포가 놓였고
7 또 머리를 쌌던 수건은 세마포와
함께 놓이지 않고 딴 곳에 쌌던 대
로 놓여 있더라
8 그 때에야 무덤에 먼저 갔던 그 다
른 제자도 들어가 보고 믿더라
9 (그들은 성경에 그가 죽은 자 가운
데서 다시 살아나야 하리라 하신
말씀을 아직 알지 못하더라)
10 이에 두 제자가 자기들의 집으로
돌아가니라
11 마리아는 무덤 밖에 서서 울고 있더
니 울면서 구부려 무덤 안을 들여다
보니

기록일 : . . .

12 흰 옷 입은 두 천사가 예수의 시체
뉘었던 곳에 하나는 머리 편에, 하
나는 발 편에 앉았더라
13 천사들이 이르되 여자여 어찌하여
우느냐 이르되 사람들이 내 주님을
옮겨다가 어디 두었는지 내가 알지
못함이니이다
14 이 말을 하고 뒤로 돌이켜 예수께
서 서 계신 것을 보았으나 예수이신
줄은 알지 못하더라
15 예수께서 이르시되 여자여 어찌하
여 울며 누구를 찾느냐 하시니 마
리아는 그가 동산지기인 줄 알고
이르되 주여 당신이 옮겼거든 어디
두었는지 내게 이르소서 그리하면
내가 가져가리이다
16 예수께서 마리아야 하시거늘 마리
아가 돌이켜 히브리 말로 랍오니
하니 (이는 선생님이라는 말이라)
17 예수께서 이르시되 나를 붙들지 말
라 내가 아직 아버지께로 올라가지
아니하였노라 너는 내 형제들에게
가서 이르되 내가 내 아버지 곧 너
희 아버지, 내 하나님 곧 너희 하나
님께로 올라간다 하라 하시니
18 막달라 마리아가 가서 제자들에게
내가 주를 보았다 하고 또 주께서
자기에게 이렇게 말씀하셨다 이르
니라
19 이 날 곧 안식 후 첫날 저녁 때에
제자들이 유대인들을 두려워하여
모인 곳의 문들을 닫았더니 예수께
서 오사 가운데 서서 이르시되 너희
에게 평강이 있을지어다
20 이 말씀을 하시고 손과 옆구리를
보이시니 제자들이 주를 보고 기뻐
하더라
21 예수께서 또 이르시되 너희에게 평
강이 있을지어다 아버지께서 나를
보내신 것 같이 나도 너희를 보내
노라
22 이 말씀을 하시고 그들을 향하사 숨
을 내쉬며 이르시되 성령을 받으라
23 너희가 누구의 죄든지 사하면 사하
여질 것이요 누구의 죄든지 그대로
두면 그대로 있으리라 하시니라
24 열두 제자 중의 하나로서 디두모라
불리는 도마는 예수께서 오셨을 때
에 함께 있지 아니한지라
25 다른 제자들이 그에게 이르되 우리
가 주를 보았노라 하니 도마가 이
르되 내가 그의 손의 못 자국을 보
며 내 손가락을 그 못 자국에 넣으
며 내 손을 그 옆구리에 넣어 보지
않고는 믿지 아니하겠노라 하니라
26 여드레를 지나서 제자들이 다시 집
안에 있을 때에 도마도 함께 있고
문들이 닫혔는데 예수께서 오사 가
운데 서서 이르시되 너희에게 평강
이 있을지어다 하시고

기록일 : . . .

27 도마에게 이르시되 네 손가락을 이
리 내밀어 내 손을 보고 네 손을 내
밀어 내 옆구리에 넣어 보라 그리하
여 믿음 없는 자가 되지 말고 믿는
자가 되라
28 도마가 대답하여 이르되 나의 주님
이시요 나의 하나님이시니이다
29 예수께서 이르시되 너는 나를 본
고로 믿느냐 보지 못하고 믿는 자
들은 복되도다 하시니라
30 예수께서 제자들 앞에서 이 책에
기록되지 아니한 다른 표적도 많이
행하셨으나
31 오직 이것을 기록함은 너희로 예수
께서 하나님의 아들 그리스도이심
을 믿게 하려 함이요 또 너희로 믿
고 그 이름을 힘입어 생명을 얻게
하려 함이니라

21 그 후에 예수께서 디베랴 호수에
서 또 제자들에게 자기를 나타내셨
으니 나타내신 일은 이러하니라
2 시몬 베드로와 디두모라 하는 도마
와 갈릴리 가나 사람 나다나엘과
세베대의 아들들과 또 다른 제자
둘이 함께 있더니
3 시몬 베드로가 나는 물고기 잡으러
가노라 하니 그들이 우리도 함께 가
겠다 하고 나가서 배에 올랐으나 그
날 밤에 아무 것도 잡지 못하였더니
4 날이 새어갈 때에 예수께서 바닷가
에 서셨으나 제자들이 예수이신 줄
알지 못하는지라
5 예수께서 이르시되 얘들아 너희에게
고기가 있느냐 대답하되 없나이다
6 이르시되 그물을 배 오른편에 던지
라 그리하면 잡으리라 하시니 이에
던졌더니 물고기가 많아 그물을 들
수 없더라
7 예수께서 사랑하시는 그 제자가 베
드로에게 이르되 주님이시라 하니
시몬 베드로가 벗고 있다가 주님이
라 하는 말을 듣고 겉옷을 두른 후
에 바다로 뛰어 내리더라
8 다른 제자들은 육지에서 거리가 불
과 한 오십 칸쯤 되므로 작은 배를
타고 물고기 든 그물을 끌고 와서
9 육지에 올라보니 숯불이 있는데 그
위에 생선이 놓였고 떡도 있더라
10 예수께서 이르시되 지금 잡은 생선
을 좀 가져오라 하시니
11 시몬 베드로가 올라가서 그물을 육
지에 끌어 올리니 가득히 찬 큰 물
고기가 백쉰세 마리라 이같이 많으
나 그물이 찢어지지 아니하였더라
12 예수께서 이르시되 와서 조반을 먹
으라 하시니 제자들이 주님이신 줄
아는 고로 당신이 누구냐 감히 묻
는 자가 없더라
13 예수께서 가셔서 떡을 가져다가 그
들에게 주시고 생선도 그와 같이

기록일 : . . .

하시니라
14 이것은 예수께서 죽은 자 가운데서
살아나신 후에 세 번째로 제자들에
게 나타나신 것이라
15 그들이 조반 먹은 후에 예수께서
시몬 베드로에게 이르시되 요한의
아들 시몬아 네가 이 사람들보다
나를 더 사랑하느냐 하시니 이르되
주님 그러하나이다 내가 주님을 사
랑하는 줄 주님께서 아시나이다 이
르시되 내 어린 양을 먹이라 하시고
16 또 두 번째 이르시되 요한의 아들 시
몬아 네가 나를 사랑하느냐 하시니
이르되 주님 그러하나이다 내가 주
님을 사랑하는 줄 주님께서 아시나
이다 이르시되 내 양을 치라 하시고
17 세 번째 이르시되 요한의 아들 시
몬아 네가 나를 사랑하느냐 하시니
주께서 세 번째 네가 나를 사랑하
느냐 하시므로 베드로가 근심하여
이르되 주님 모든 것을 아시오매
내가 주님을 사랑하는 줄을 주님께
서 아시나이다 예수께서 이르시되
내 양을 먹이라
18 내가 진실로 진실로 네게 이르노니
네가 젊어서는 스스로 띠 띠고 원
하는 곳으로 다녔거니와 늙어서는
네 팔을 벌리리니 남이 네게 띠 띠
우고 원하지 아니하는 곳으로 데려
가리라
19 이 말씀을 하심은 베드로가 어떠한
죽음으로 하나님께 영광을 돌릴 것
을 가리키심이러라 이 말씀을 하시
고 베드로에게 이르시되 나를 따르
라 하시니
20 베드로가 돌이켜 예수께서 사랑하
시는 그 제자가 따르는 것을 보니
그는 만찬석에서 예수의 품에 의지
하여 주님 주님을 파는 자가 누구
오니이까 묻던 자더라
21 이에 베드로가 그를 보고 예수께
여짜오되 주님 이 사람은 어떻게
되겠사옵나이까
22 예수께서 이르시되 내가 올 때까지
그를 머물게 하고자 할지라도 네게
무슨 상관이냐 너는 나를 따르라
하시더라
23 이 말씀이 형제들에게 나가서 그
제자는 죽지 아니하겠다 하였으나
예수의 말씀은 그가 죽지 않겠다
하신 것이 아니라 내가 올 때까지
그를 머물게 하고자 할지라도 네게
무슨 상관이냐 하신 것이러라
24 이 일들을 증언하고 이 일들을 기록
한 제자가 이 사람이라 우리는 그
의 증언이 참된 줄 아노라
25 예수께서 행하신 일이 이 외에도
많으니 만일 낱낱이 기록된다면 이
세상이라도 이 기록된 책을 두기에
부족할 줄 아노라

기록일 : . . .

ACTS

사도행전

저 자	누가
주 제	오순절 성령 강림으로 땅 끝까지 확산되고 증거되는 복음
기록목적	초대 교회의 설립과 확산이 성령의 역사로 말미암은 것임을 보이고, 오직 성령 충만을 통해서 제자들이 예수님의 참 증인이 될 수 있음을 보이기 위하여 기록하였다. 하나님께서 베드로와 바울, 이 두 사도를 사용하여 온 인류를 구원해 나가시는 과정과 역사를 보이고자 했다.
기록배경	초대 교회 당시 로마는 강력한 정치, 군사적 힘으로 세계를 제패하였으나 문화적으로는 헬라의 지배 아래 있었다. 로마는 정복한 각 나라의 종교에 대해 수용적이었기 때문에 잡다한 종교들이 섞여 있었다. 특히 동양 종교와 헬라 사상이 결합된 범신론적이고 현실적인 종교관과 유대인의 율법주의가 기독교의 강력한 적대 세력으로서 기독교를 박해하고 교리를 변질시키려고 하였다.
특 징	• 성령의 개척사, 활동사, 성령행전 등의 별명을 가진 신약성경 유일의 역사서다. • 성령을 통해 교회가 세워지는 과정과, 복음이 베드로와 바울을 중심으로 유대인으로부터 이방인에게까지 확산되는 과정을 기록하였다. • 예수님의 예언의 말씀1:8 이 성령의 권능으로 인하여 정확하게 성취됨을 보여 준다.

나의 기도

사도행전

1 데오빌로여 내가 먼저 쓴 글에는
무릇 예수께서 행하시며 가르치시
기를 시작하심부터
2 그가 택하신 사도들에게 성령으로
명하시고 승천하신 날까지의 일을
기록하였노라
3 그가 고난 받으신 후에 또한 그들
에게 확실한 많은 증거로 친히 살
아 계심을 나타내사 사십 일 동안
그들에게 보이시며 하나님 나라의
일을 말씀하시니라
4 사도와 함께 모이사 그들에게 분부
하여 이르시되 예루살렘을 떠나지
말고 내게서 들은 바 아버지께서
약속하신 것을 기다리라
5 요한은 물로 침례를 베풀었으나 너
희는 몇 날이 못되어 성령으로 침례
를 받으리라 하셨느니라
6 그들이 모였을 때에 예수께 여쭈어
이르되 주께서 이스라엘 나라를 회
복하심이 이 때니이까 하니
7 이르시되 때와 시기는 아버지께서
자기의 권한에 두셨으니 너희가 알
바 아니요
8 오직 성령이 너희에게 임하시면 너
희가 권능을 받고 예루살렘과 온
유대와 사마리아와 땅 끝까지 이르
러 내 증인이 되리라 하시니라
9 이 말씀을 마치시고 그들이 보는데
올려져 가시니 구름이 그를 가리어
보이지 않게 하더라
10 올라가실 때에 제자들이 자세히 하
늘을 쳐다보고 있는데 흰 옷 입은
두 사람이 그들 곁에 서서
11 이르되 갈릴리 사람들아 어찌하여
서서 하늘을 쳐다보느냐 너희 가
운데서 하늘로 올려지신 이 예수는
하늘로 가심을 본 그대로 오시리라
하였느니라
12 제자들이 감람원이라 하는 산으로
부터 예루살렘에 돌아오니 이 산은
예루살렘에서 가까워 안식일에 가
기 알맞은 길이라
13 들어가 그들이 유하는 다락방으로
올라가니 베드로, 요한, 야고보, 안
드레와 빌립, 도마와 바돌로매, 마
태와 및 알패오의 아들 야고보, 셀
롯인 시몬, 야고보의 아들 유다가
다 거기 있어
14 여자들과 예수의 어머니 마리아와
예수의 아우들과 더불어 마음을 같
이하여 오로지 기도에 힘쓰더라
15 모인 무리의 수가 약 백이십 명이나
되더라 그 때에 베드로가 그 형제
들 가운데 일어서서 이르되
16 형제들아 성령이 다윗의 입을 통하

기록일 : . . .

여 예수 잡는 자들의 길잡이가 된
유다를 가리켜 미리 말씀하신 성경
이 응하였으니 마땅하도다
17 이 사람은 본래 우리 수 가운데 참
여하여 이 직무의 한 부분을 맡았
던 자라
18 (이 사람이 불의의 삯으로 밭을 사
고 후에 몸이 곤두박질하여 배가
터져 창자가 다 흘러 나온지라
19 이 일이 예루살렘에 사는 모든 사
람에게 알리어져 그들의 말로는 그
밭을 아겔다마라 하니 이는 피밭이
라는 뜻이라)
20 시편에 기록하였으되 그의 거처를
황폐하게 하시며 거기 거하는 자가
없게 하소서 하였고 또 일렀으되
그의 직분을 타인이 취하게 하소서
하였도다
21 이러하므로 요한의 침례로부터 우
리 가운데서 올려져 가신 날까지
주 예수께서 우리 가운데 출입하실
때에
22 항상 우리와 함께 다니던 사람 중
에 하나를 세워 우리와 더불어 예
수께서 부활하심을 증언할 사람이
되게 하여야 하리라 하거늘
23 그들이 두 사람을 내세우니 하나는
바사바라고도 하고 별명은 유스도라
고 하는 요셉이요 하나는 맛디아라
24 그들이 기도하여 이르되 뭇 사람의
마음을 아시는 주여 이 두 사람 중
에 누가 주님께 택하신 바 되어
25 봉사와 및 사도의 직무를 대신할
자인지를 보이시옵소서 유다는 이
직무를 버리고 제 곳으로 갔나이다
하고
26 제비 뽑아 맛디아를 얻으니 그가
열한 사도의 수에 들어가니라

2

오순절 날이 이미 이르매 그들이
다같이 한 곳에 모였더니
2 홀연히 하늘로부터 급하고 강한 바
람 같은 소리가 있어 그들이 앉은
온 집에 가득하며
3 마치 불의 혀처럼 갈라지는 것들이
그들에게 보여 각 사람 위에 하나
씩 임하여 있더니
4 그들이 다 성령의 충만함을 받고
성령이 말하게 하심을 따라 다른
언어들로 말하기를 시작하니라
5 그 때에 경건한 유대인들이 천하
각국으로부터 와서 예루살렘에 머
물러 있더니
6 이 소리가 나매 큰 무리가 모여 각
각 자기의 방언으로 제자들이 말하
는 것을 듣고 소동하여
7 다 놀라 신기하게 여겨 이르되 보
라 이 말하는 사람들이 다 갈릴리
사람이 아니냐
8 우리가 우리 각 사람이 난 곳 방언
으로 듣게 되는 것이 어찌 됨이냐

9 우리는 바대인과 메대인과 엘람인
과 또 메소보다미아, 유대와 갑바
도기아, 본도와 아시아,
10 브루기아와 밤빌리아, 애굽과 및
구레네에 가까운 리비야 여러 지방
에 사는 사람들과 로마로부터 온
나그네 곧 유대인과 유대교에 들어
온 사람들과
11 그레데인과 아라비아인들이라 우리
가 다 우리의 각 언어로 하나님의
큰 일을 말함을 듣는도다 하고
12 다 놀라며 당황하여 서로 이르되
이 어찌 된 일이냐 하며
13 또 어떤 이들은 조롱하여 이르되
그들이 새 술에 취하였다 하더라
14 베드로가 열한 사도와 함께 서서
소리를 높여 이르되 유대인들과 예
루살렘에 사는 모든 사람들아 이
일을 너희로 알게 할 것이니 내 말
에 귀를 기울이라
15 때가 제 삼 시니 너희 생각과 같이
이 사람들이 취한 것이 아니라
16 이는 곧 선지자 요엘을 통하여 말
씀하신 것이니 일렀으되
17 하나님이 말씀하시기를 말세에 내
가 내 영을 모든 육체에 부어 주리
니 너희의 자녀들은 예언할 것이요
너희의 젊은이들은 환상을 보고 너
희의 늙은이들은 꿈을 꾸리라
18 그 때에 내가 내 영을 내 남종과 여
종들에게 부어 주리니 그들이 예언
할 것이요
19 또 내가 위로 하늘에서는 기사를
아래로 땅에서는 징조를 베풀리니
곧 피와 불과 연기로다
20 주의 크고 영화로운 날이 이르기
전에 해가 변하여 어두워지고 달이
변하여 피가 되리라
21 누구든지 주의 이름을 부르는 자는
구원을 받으리라 하였느니라
22 이스라엘 사람들아 이 말을 들으라
너희도 아는 바와 같이 하나님께서
나사렛 예수로 큰 권능과 기사와
표적을 너희 가운데서 베푸사 너희
앞에서 그를 증언하셨느니라
23 그가 하나님께서 정하신 뜻과 미리
아신 대로 내준 바 되었거늘 너희
가 법 없는 자들의 손을 빌려 못 박
아 죽였으나
24 하나님께서 그를 사망의 고통에서
풀어 살리셨으니 이는 그가 사망에
매여 있을 수 없었음이라
25 다윗이 그를 가리켜 이르되 내가
항상 내 앞에 계신 주를 뵈었음이
여 나로 요동하지 않게 하기 위하
여 그가 내 우편에 계시도다
26 그러므로 내 마음이 기뻐하였고 내
혀도 즐거워하였으며 육체도 희망
에 거하리니
27 이는 내 영혼을 음부에 버리지 아

기록일 : . . .

니하시며 주의 거룩한 자로 썩음을
당하지 않게 하실 것임이로다
28 주께서 생명의 길을 내게 보이셨으
니 주 앞에서 내게 기쁨이 충만하
게 하시리로다 하였으므로
29 형제들아 내가 조상 다윗에 대하여
담대히 말할 수 있노니 다윗이 죽
어 장사되어 그 묘가 오늘까지 우
리 중에 있도다
30 그는 선지자라 하나님이 이미 맹세
하사 그 자손 중에서 한 사람을 그
위에 앉게 하리라 하심을 알고
31 미리 본 고로 그리스도의 부활을
말하되 그가 음부에 버림이 되지
않고 그의 육신이 썩음을 당하지
아니하시리라 하더니
32 이 예수를 하나님이 살리신지라 우
리가 다 이 일에 증인이로다
33 하나님이 오른손으로 예수를 높이
시매 그가 약속하신 성령을 아버지
께 받아서 너희가 보고 듣는 이것
을 부어 주셨느니라
34 다윗은 하늘에 올라가지 못하였으
나 친히 말하여 이르되 주께서 내
주에게 말씀하시기를
35 내가 네 원수로 네 발등상이 되게
하기까지 너는 내 우편에 앉아 있
으라 하셨도다 하였으니
36 그런즉 이스라엘 온 집은 확실히
알지니 너희가 십자가에 못 박은
이 예수를 하나님이 주와 그리스도
가 되게 하셨느니라 하니라
37 그들이 이 말을 듣고 마음에 찔려
베드로와 다른 사도들에게 물어 이
르되 형제들아 우리가 어찌할꼬 하
거늘
38 베드로가 이르되 너희가 회개하여
각각 예수 그리스도의 이름으로 침
례를 받고 죄 사함을 받으라 그리
하면 성령의 선물을 받으리니
39 이 약속은 너희와 너희 자녀와 모
든 먼 데 사람 곧 주 우리 하나님이
얼마든지 부르시는 자들에게 하신
것이라 하고
40 또 여러 말로 확증하며 권하여 이
르되 너희가 이 패역한 세대에서
구원을 받으라 하니
41 그 말을 받은 사람들은 침례를 받
으매 이 날에 신도의 수가 삼천이
나 더하더라
42 그들이 사도의 가르침을 받아 서로
교제하고 떡을 떼며 오로지 기도하
기를 힘쓰니라
43 사람마다 두려워하는데 사도들로
말미암아 기사와 표적이 많이 나타
나니
44 믿는 사람이 다 함께 있어 모든 물
건을 서로 통용하고
45 또 재산과 소유를 팔아 각 사람의
필요를 따라 나눠 주며

기록일 : . . .

46 날마다 마음을 같이하여 성전에 모
이기를 힘쓰고 집에서 떡을 떼며 기
쁨과 순전한 마음으로 음식을 먹고
47 하나님을 찬미하며 또 온 백성에게
칭송을 받으니 주께서 구원 받는
사람을 날마다 더하게 하시니라

3

제 구 시 기도 시간에 베드로와
요한이 성전에 올라갈새
2 나면서 못 걷게 된 이를 사람들이
메고 오니 이는 성전에 들어가는 사
람들에게 구걸하기 위하여 날마다
미문이라는 성전 문에 두는 자라
3 그가 베드로와 요한이 성전에 들어
가려 함을 보고 구걸하거늘
4 베드로가 요한과 더불어 주목하여
이르되 우리를 보라 하니
5 그가 그들에게서 무엇을 얻을까 하
여 바라보거늘
6 베드로가 이르되 은과 금은 내게
없거니와 내게 있는 이것을 네게 주
노니 나사렛 예수 그리스도의 이름
으로 일어나 걸으라 하고
7 오른손을 잡아 일으키니 발과 발목
이 곧 힘을 얻고
8 뛰어 서서 걸으며 그들과 함께 성
전으로 들어가면서 걷기도 하고 뛰
기도 하며 하나님을 찬송하니
9 모든 백성이 그 걷는 것과 하나님
을 찬송함을 보고
10 그가 본래 성전 미문에 앉아 구걸
하던 사람인 줄 알고 그에게 일어
난 일로 인하여 심히 놀랍게 여기며
놀라니라
11 나은 사람이 베드로와 요한을 붙잡
으니 모든 백성이 크게 놀라며 달
려 나아가 솔로몬의 행각이라 불리
우는 행각에 모이거늘
12 베드로가 이것을 보고 백성에게 말
하되 이스라엘 사람들아 이 일을
왜 놀랍게 여기느냐 우리 개인의
권능과 경건으로 이 사람을 걷게
한 것처럼 왜 우리를 주목하느냐
13 아브라함과 이삭과 야곱의 하나님
곧 우리 조상의 하나님이 그의 종
예수를 영화롭게 하셨느니라 너희
가 그를 넘겨 주고 빌라도가 놓아
주기로 결의한 것을 너희가 그 앞
에서 거부하였으니
14 너희가 거룩하고 의로운 이를 거부
하고 도리어 살인한 사람을 놓아
주기를 구하여
15 생명의 주를 죽였도다 그러나 하나
님이 죽은 자 가운데서 그를 살리
셨으니 우리가 이 일에 증인이라
16 그 이름을 믿으므로 그 이름이 너
희가 보고 아는 이 사람을 성하게
하였나니 예수로 말미암아 난 믿음
이 너희 모든 사람 앞에서 이같이
완전히 낫게 하였느니라
17 형제들아 너희가 알지 못하여서 그

리하였으며 너희 관리들도 그리한
줄 아노라
18 그러나 하나님이 모든 선지자의 입
을 통하여 자기의 그리스도께서 고
난 받으실 일을 미리 알게 하신 것
을 이와 같이 이루셨느니라
19 그러므로 너희가 회개하고 돌이켜
너희 죄 없이 함을 받으라 이같이
하면 새롭게 되는 날이 주 앞으로
부터 이를 것이요
20 또 주께서 너희를 위하여 예정하신
그리스도 곧 예수를 보내시리니
21 하나님이 영원 전부터 거룩한 선지
자들의 입을 통하여 말씀하신 바
만물을 회복하실 때까지는 하늘이
마땅히 그를 받아 두리라
22 모세가 말하되 주 하나님이 너희를
위하여 너희 형제 가운데서 나 같
은 선지자 하나를 세울 것이니 너희
가 무엇이든지 그의 모든 말을 들
을 것이라
23 누구든지 그 선지자의 말을 듣지
아니하는 자는 백성 중에서 멸망
받으리라 하였고
24 또한 사무엘 때부터 이어 말한 모
든 선지자도 이 때를 가리켜 말하
였느니라
25 너희는 선지자들의 자손이요 또 하
나님이 너희 조상과 더불어 세우신
언약의 자손이라 아브라함에게 이
르시기를 땅 위의 모든 족속이 너
의 씨로 말미암아 복을 받으리라
하셨으니
26 하나님이 그 종을 세워 복 주시려
고 너희에게 먼저 보내사 너희로
하여금 돌이켜 각각 그 악함을 버
리게 하셨느니라

4 사도들이 백성에게 말할 때에 제
사장들과 성전 맡은 자와 사두개인
들이 이르러
2 예수 안에 죽은 자의 부활이 있다고
백성을 가르치고 전함을 싫어하여
3 그들을 잡으매 날이 이미 저물었으
므로 이튿날까지 가두었으나
4 말씀을 들은 사람 중에 믿는 자가
많으니 남자의 수가 약 오천이나
되었더라
5 이튿날 관리들과 장로들과 서기관
들이 예루살렘에 모였는데
6 대제사장 안나스와 가야바와 요한
과 알렉산더와 및 대제사장의 문중
이 다 참여하여
7 사도들을 가운데 세우고 묻되 너희
가 무슨 권세와 누구의 이름으로
이 일을 행하였느냐
8 이에 베드로가 성령이 충만하여 이
르되 백성의 관리들과 장로들아
9 만일 병자에게 행한 착한 일에 대하
여 이 사람이 어떻게 구원을 받았느
냐고 오늘 우리에게 질문한다면

10 너희와 모든 이스라엘 백성들은 알
라 너희가 십자가에 못 박고 하나
님이 죽은 자 가운데서 살리신 나
사렛 예수 그리스도의 이름으로 이
사람이 건강하게 되어 너희 앞에
섰느니라
11 이 예수는 너희 건축자들의 버린
돌로서 집 모퉁이의 머릿돌이 되었
느니라
12 다른 이로써는 구원을 받을 수 없
나니 천하 사람 중에 구원을 받을
만한 다른 이름을 우리에게 주신
일이 없음이라 하였더라
13 그들이 베드로와 요한이 담대하게
말함을 보고 그들을 본래 학문 없
는 범인으로 알았다가 이상히 여기
며 또 전에 예수와 함께 있던 줄도
알고
14 또 병 나은 사람이 그들과 함께 서
있는 것을 보고 비난할 말이 없는
지라
15 명하여 공회에서 나가라 하고 서로
의논하여 이르되
16 이 사람들을 어떻게 할까 그들로
말미암아 유명한 표적 나타난 것이
예루살렘에 사는 모든 사람에게
알려졌으니 우리도 부인할 수 없는
지라
17 이것이 민간에 더 퍼지지 못하게 그
들을 위협하여 이 후에는 이 이름
으로 아무에게도 말하지 말게 하자
하고
18 그들을 불러 경고하여 도무지 예수
의 이름으로 말하지도 말고 가르치
지도 말라 하니
19 베드로와 요한이 대답하여 이르되
하나님 앞에서 너희의 말을 듣는
것이 하나님의 말씀을 듣는 것보다
옳은가 판단하라
20 우리는 보고 들은 것을 말하지 아
니할 수 없다 하니
21 관리들이 백성들 때문에 그들을 어
떻게 처벌할지 방법을 찾지 못하고
다시 위협하여 놓아 주었으니 이는
모든 사람이 그 된 일을 보고 하나
님께 영광을 돌림이라
22 이 표적으로 병 나은 사람은 사십
여 세나 되었더라
23 사도들이 놓이매 그 동료에게 가서
제사장들과 장로들의 말을 다 알
리니
24 그들이 듣고 한마음으로 하나님께
소리를 높여 이르되 대주재여 천지
와 바다와 그 가운데 만물을 지은
이시요
25 또 주의 종 우리 조상 다윗의 입을
통하여 성령으로 말씀하시기를 어
찌하여 열방이 분노하며 족속들이
허사를 경영하였는고
26 세상의 군왕들이 나서며 관리들이

기록일 : . . .

함께 모여 주와 그의 그리스도를
대적하도다 하신 이로소이다
27 과연 헤롯과 본디오 빌라도는 이방
인과 이스라엘 백성과 합세하여 하
나님께서 기름 부으신 거룩한 종
예수를 거슬러
28 하나님의 권능과 뜻대로 이루려고
예정하신 그것을 행하려고 이 성에
모였나이다
29 주여 이제도 그들의 위협함을 굽어
보시옵고 또 종들로 하여금 담대히
하나님의 말씀을 전하게 하여 주시
오며
30 손을 내밀어 병을 낫게 하시옵고
표적과 기사가 거룩한 종 예수의
이름으로 이루어지게 하옵소서 하
더라
31 빌기를 다하매 모인 곳이 진동하더
니 무리가 다 성령이 충만하여 담대
히 하나님의 말씀을 전하니라
32 믿는 무리가 한마음과 한 뜻이 되
어 모든 물건을 서로 통용하고 자
기 재물을 조금이라도 자기 것이라
하는 이가 하나도 없더라
33 사도들이 큰 권능으로 주 예수의
부활을 증언하니 무리가 큰 은혜를
받아
34 그 중에 가난한 사람이 없으니 이
는 밭과 집 있는 자는 팔아 그 판
것의 값을 가져다가
35 사도들의 발 앞에 두매 그들이 각
사람의 필요를 따라 나누어 줌이라
36 구브로에서 난 레위족 사람이 있으
니 이름은 요셉이라 사도들이 일컬
어 바나바라 (번역하면 위로의 아
들이라) 하니
37 그가 밭이 있으매 팔아 그 값을 가
지고 사도들의 발 앞에 두니라

5 아나니아라 하는 사람이 그의 아
내 삽비라와 더불어 소유를 팔아
2 그 값에서 얼마를 감추매 그 아내
도 알더라 얼마만 가져다가 사도들
의 발 앞에 두니
3 베드로가 이르되 아나니아야 어찌
하여 사탄이 네 마음에 가득하여
네가 성령을 속이고 땅 값 얼마를
감추었느냐
4 땅이 그대로 있을 때에는 네 땅이
아니며 판 후에도 네 마음대로 할
수가 없더냐 어찌하여 이 일을 네
마음에 두었느냐 사람에게 거짓말
한 것이 아니요 하나님께로다
5 아나니아가 이 말을 듣고 엎드러져
혼이 떠나니 이 일을 듣는 사람이
다 크게 두려워하더라
6 젊은 사람들이 일어나 시신을 싸서
메고 나가 장사하니라
7 세 시간쯤 지나 그의 아내가 그 일
어난 일을 알지 못하고 들어오니
8 베드로가 이르되 그 땅 판 값이 이

기록일 : . . .

것뿐이냐 내게 말하라 하니 이르되
예 이것뿐이라 하더라
9 베드로가 이르되 너희가 어찌 함께
꾀하여 주의 영을 시험하려 하느
냐 보라 네 남편을 장사하고 오는
사람들의 발이 문 앞에 이르렀으니
또 너를 메어 내가리라 하니
10 곧 그가 베드로의 발 앞에 엎드러
져 혼이 떠나는지라 젊은 사람들이
들어와 죽은 것을 보고 메어다가
그의 남편 곁에 장사하니
11 온 교회와 이 일을 듣는 사람들이
다 크게 두려워하니라
12 사도들의 손을 통하여 민간에 표적
과 기사가 많이 일어나매 믿는 사
람이 다 마음을 같이하여 솔로몬
행각에 모이고
13 그 나머지는 감히 그들과 상종하는
사람이 없으나 백성이 칭송하더라
14 믿고 주께로 나아오는 자가 더 많
으니 남녀의 큰 무리더라
15 심지어 병든 사람을 메고 거리에 나
가 침대와 요 위에 누이고 베드로
가 지날 때에 혹 그의 그림자라도
누구에게 덮일까 바라고
16 예루살렘 부근의 수많은 사람들도
모여 병든 사람과 더러운 귀신에게
괴로움 받는 사람을 데리고 와서
다 나음을 얻으니라
17 대제사장과 그와 함께 있는 사람
즉 사두개인의 당파가 다 마음에
시기가 가득하여 일어나서
18 사도들을 잡아다가 옥에 가두었더니
19 주의 사자가 밤에 옥문을 열고 끌
어내어 이르되
20 가서 성전에 서서 이 생명의 말씀을
다 백성에게 말하라 하매
21 그들이 듣고 새벽에 성전에 들어가
서 가르치더니 대제사장과 그와 함
께 있는 사람들이 와서 공회와 이
스라엘 족속의 원로들을 다 모으고
사람을 옥에 보내어 사도들을 잡아
오라 하니
22 부하들이 가서 옥에서 사도들을 보
지 못하고 돌아와
23 이르되 우리가 보니 옥은 든든하게
잠기고 지키는 사람들이 문에 서 있
으되 문을 열고 본즉 그 안에는 한
사람도 없더이다 하니
24 성전 맡은 자와 제사장들이 이 말
을 듣고 의혹하여 이 일이 어찌 될
까 하더니
25 사람이 와서 알리되 보소서 옥에
가두었던 사람들이 성전에 서서 백
성을 가르치더이다 하니
26 성전 맡은 자가 부하들과 같이 가
서 그들을 잡아왔으나 강제로 못함
은 백성들이 돌로 칠까 두려워함이
더라
27 그들을 끌어다가 공회 앞에 세우니

기록일 : . . .

대제사장이 물어
28 이르되 우리가 이 이름으로 사람을
가르치지 말라고 엄금하였으되 너
희가 너희 가르침을 예루살렘에 가
득하게 하니 이 사람의 피를 우리
에게로 돌리고자 함이로다
29 베드로와 사도들이 대답하여 이르
되 사람보다 하나님께 순종하는 것
이 마땅하니라
30 너희가 나무에 달아 죽인 예수를
우리 조상의 하나님이 살리시고
31 이스라엘에게 회개함과 죄 사함을
주시려고 그를 오른손으로 높이사
임금과 구주로 삼으셨느니라
32 우리는 이 일에 증인이요 하나님이
자기에게 순종하는 사람들에게 주
신 성령도 그러하니라 하더라
33 그들이 듣고 크게 노하여 사도들을
없이하고자 할새
34 바리새인 가말리엘은 율법교사로
모든 백성에게 존경을 받는 자라
공회 중에 일어나 명하여 사도들을
잠깐 밖에 나가게 하고
35 말하되 이스라엘 사람들아 너희가
이 사람들에게 대하여 어떻게 하려
는지 조심하라
36 이 전에 드다가 일어나 스스로 선
전하매 사람이 약 사백 명이나 따
르더니 그가 죽임을 당하매 따르던
모든 사람들이 흩어져 없어졌고
37 그 후 호적할 때에 갈릴리의 유다
가 일어나 백성을 꾀어 따르게 하
다가 그도 망한즉 따르던 모든 사
람들이 흩어졌느니라
38 이제 내가 너희에게 말하노니 이
사람들을 상관하지 말고 버려 두라
이 사상과 이 소행이 사람으로부터
났으면 무너질 것이요
39 만일 하나님께로부터 났으면 너희
가 그들을 무너뜨릴 수 없겠고 도
리어 하나님을 대적하는 자가 될까
하노라 하니
40 그들이 옳게 여겨 사도들을 불러들
여 채찍질하며 예수의 이름으로 말
하는 것을 금하고 놓으니
41 사도들은 그 이름을 위하여 능욕
받는 일에 합당한 자로 여기심을
기뻐하면서 공회 앞을 떠나니라
42 그들이 날마다 성전에 있든지 집에
있든지 예수는 그리스도라고 가르
치기와 전도하기를 그치지 아니하
니라

6 그 때에 제자가 더 많아졌는데 헬
라파 유대인들이 자기의 과부들이
매일의 구제에 빠지므로 히브리파
사람을 원망하니
2 열두 사도가 모든 제자를 불러 이
르되 우리가 하나님의 말씀을 제쳐
놓고 접대를 일삼는 것이 마땅하지
아니하니

기록일 : . . .

3 형제들아 너희 가운데서 성령과 지
혜가 충만하여 칭찬 받는 사람 일
곱을 택하라 우리가 이 일을 그들
에게 맡기고
4 우리는 오로지 기도하는 일과 말씀
사역에 힘쓰리라 하니
5 온 무리가 이 말을 기뻐하여 믿음
과 성령이 충만한 사람 스데반과
또 빌립과 브로고로와 니가노르와
디몬과 바메나와 유대교에 입교했
던 안디옥 사람 니골라를 택하여
6 사도들 앞에 세우니 사도들이 기도
하고 그들에게 안수하니라
7 하나님의 말씀이 점점 왕성하여 예
루살렘에 있는 제자의 수가 더 심
히 많아지고 허다한 제사장의 무리
도 이 도에 복종하니라
8 스데반이 은혜와 권능이 충만하여
큰 기사와 표적을 민간에 행하니
9 이른 바 자유민들 즉 구레네인, 알
렉산드리아인, 길리기아와 아시아
에서 온 사람들의 회당에서 어떤
자들이 일어나 스데반과 더불어 논
쟁할새
10 스데반이 지혜와 성령으로 말함을
그들이 능히 당하지 못하여
11 사람들을 매수하여 말하게 하되 이
사람이 모세와 하나님을 모독하는
말을 하는 것을 우리가 들었노라
하게 하고
12 백성과 장로와 서기관들을 충동시
켜 와서 잡아가지고 공회에 이르러
13 거짓 증인들을 세우니 이르되 이 사
람이 이 거룩한 곳과 율법을 거슬러
말하기를 마지 아니하는도다
14 그의 말에 이 나사렛 예수가 이 곳
을 헐고 또 모세가 우리에게 전하
여 준 규례를 고치겠다 함을 우리
가 들었노라 하거늘
15 공회 중에 앉은 사람들이 다 스데
반을 주목하여 보니 그 얼굴이 천
사의 얼굴과 같더라

7 대제사장이 이르되 이것이 사실
이냐
2 스데반이 이르되 여러분 부형들이
여 들으소서 우리 조상 아브라함이
하란에 있기 전 메소보다미아에 있
을 때에 영광의 하나님이 그에게
보여
3 이르시되 네 고향과 친척을 떠나 내
가 네게 보일 땅으로 가라 하시니
4 아브라함이 갈대아 사람의 땅을
떠나 하란에 거하다가 그의 아버지
가 죽으매 하나님이 그를 거기서 너
희 지금 사는 이 땅으로 옮기셨느
니라
5 그러나 여기서 발 붙일 만한 땅도
유업으로 주지 아니하시고 다만 이
땅을 아직 자식도 없는 그와 그의
후손에게 소유로 주신다고 약속하

기록일 : . . .

셨으며
6 하나님이 또 이같이 말씀하시되 그
후손이 다른 땅에서 나그네가 되리
니 그 땅 사람들이 종으로 삼아 사
백 년 동안을 괴롭게 하리라 하시고
7 또 이르시되 종 삼는 나라를 내가
심판하리니 그 후에 그들이 나와서
이 곳에서 나를 섬기리라 하시고
8 할례의 언약을 아브라함에게 주셨
더니 그가 이삭을 낳아 여드레 만
에 할례를 행하고 이삭이 야곱을,
야곱이 우리 열두 조상을 낳으니라
9 여러 조상이 요셉을 시기하여 애굽
에 팔았더니 하나님이 그와 함께
계셔
10 그 모든 환난에서 건져내사 애굽
왕 바로 앞에서 은총과 지혜를 주
시매 바로가 그를 애굽과 자기 온
집의 통치자로 세웠느니라
11 그 때에 애굽과 가나안 온 땅에 흉
년이 들어 큰 환난이 있을새 우리
조상들이 양식이 없는지라
12 야곱이 애굽에 곡식 있다는 말을
듣고 먼저 우리 조상들을 보내고
13 또 재차 보내매 요셉이 자기 형제
들에게 알려지게 되고 또 요셉의
친족이 바로에게 드러나게 되니라
14 요셉이 사람을 보내어 그의 아버지
야곱과 온 친족 일흔다섯 사람을
청하였더니
15 야곱이 애굽으로 내려가 자기와 우
리 조상들이 거기서 죽고
16 세겜으로 옮겨져 아브라함이 세겜
하몰의 자손에게서 은으로 값 주고
산 무덤에 장사되니라
17 하나님이 아브라함에게 약속하신
때가 가까우매 이스라엘 백성이 애
굽에서 번성하여 많아졌더니
18 요셉을 알지 못하는 새 임금이 애
굽 왕위에 오르매
19 그가 우리 족속에게 교활한 방법
을 써서 조상들을 괴롭게 하여 그
어린 아이들을 내버려 살지 못하게
하려 할새
20 그 때에 모세가 났는데 하나님 보
시기에 아름다운지라 그의 아버지
의 집에서 석 달 동안 길리더니
21 버려진 후에 바로의 딸이 그를 데
려다가 자기 아들로 기르매
22 모세가 애굽 사람의 모든 지혜를
배워 그의 말과 하는 일들이 능하
더라
23 나이가 사십이 되매 그 형제 이스
라엘 자손을 돌볼 생각이 나더니
24 한 사람이 원통한 일 당함을 보고
보호하여 압제 받는 자를 위하여
원수를 갚아 애굽 사람을 쳐 죽이
니라
25 그는 그의 형제들이 하나님께서 자
기의 손을 통하여 구원해 주시는

기록일 : . . .

것을 깨달으리라고 생각하였으나
그들이 깨닫지 못하였더라
26 이튿날 이스라엘 사람끼리 싸울 때
에 모세가 와서 화해시키려 하여
이르되 너희는 형제인데 어찌 서로
해치느냐 하니
27 그 동무를 해치는 사람이 모세를
밀어뜨려 이르되 누가 너를 관리와
재판장으로 우리 위에 세웠느냐
28 네가 어제는 애굽 사람을 죽임과
같이 또 나를 죽이려느냐 하니
29 모세가 이 말 때문에 도주하여 미
디안 땅에서 나그네 되어 거기서
아들 둘을 낳으니라
30 사십 년이 차매 천사가 시내 산 광
야 가시나무 떨기 불꽃 가운데서
그에게 보이거늘
31 모세가 그 광경을 보고 놀랍게 여
겨 알아보려고 가까이 가니 주의
소리가 있어
32 나는 네 조상의 하나님 즉 아브라
함과 이삭과 야곱의 하나님이라 하
신대 모세가 무서워 감히 바라보지
못하더라
33 주께서 이르시되 네 발의 신을 벗
으라 네가 서 있는 곳은 거룩한 땅
이니라
34 내 백성이 애굽에서 괴로움 받음을
내가 확실히 보고 그 탄식하는 소
리를 듣고 그들을 구원하려고 내
려왔노니 이제 내가 너를 애굽으로
보내리라 하시니라
35 그들의 말이 누가 너를 관리와 재
판장으로 세웠느냐 하며 거절하던
그 모세를 하나님은 가시나무 떨기
가운데서 보이던 천사의 손으로 관
리와 속량하는 자로서 보내셨으니
36 이 사람이 백성을 인도하여 나오게
하고 애굽과 홍해와 광야에서 사십
년간 기사와 표적을 행하였느니라
37 이스라엘 자손에 대하여 하나님이
너희 형제 가운데서 나와 같은 선
지자를 세우리라 하던 자가 곧 이
모세라
38 시내 산에서 말하던 그 천사와 우
리 조상들과 함께 광야 교회에 있
었고 또 살아 있는 말씀을 받아 우
리에게 주던 자가 이 사람이라
39 우리 조상들이 모세에게 복종하지
아니하고자 하여 거절하며 그 마음
이 도리어 애굽으로 향하여
40 아론더러 이르되 우리를 인도할 신
들을 우리를 위하여 만들라 애굽 땅
에서 우리를 인도하던 이 모세는 어
떻게 되었는지 알지 못하노라 하고
41 그 때에 그들이 송아지를 만들어
그 우상 앞에 제사하며 자기 손으
로 만든 것을 기뻐하더니
42 하나님이 외면하사 그들을 그 하늘
의 군대 섬기는 일에 버려 두셨으니

기록일 : . . .

이는 선지자의 책에 기록된 바 이
스라엘의 집이여 너희가 광야에서
사십 년간 희생과 제물을 내게 드
린 일이 있었느냐
43 몰록의 장막과 신 레판의 별을 받
들었음이여 이것은 너희가 절하고
자 하여 만든 형상이로다 내가 너
희를 바벨론 밖으로 옮기리라 함과
같으니라
44 광야에서 우리 조상들에게 증거의
장막이 있었으니 이것은 모세에게
말씀하신 이가 명하사 그가 본 그
양식대로 만들게 하신 것이라
45 우리 조상들이 그것을 받아 하나님
이 그들 앞에서 쫓아내신 이방인의
땅을 점령할 때에 여호수아와 함께
가지고 들어가서 다윗 때까지 이르
니라
46 다윗이 하나님 앞에서 은혜를 받아
야곱의 집을 위하여 하나님의 처소
를 준비하게 하여 달라고 하더니
47 솔로몬이 그를 위하여 집을 지었느
니라
48 그러나 지극히 높으신 이는 손으로
지은 곳에 계시지 아니하시나니 선
지자가 말한 바
49 주께서 이르시되 하늘은 나의 보좌
요 땅은 나의 발등상이니 너희가
나를 위하여 무슨 집을 짓겠으며
나의 안식할 처소가 어디냐
50 이 모든 것이 다 내 손으로 지은 것
이 아니냐 함과 같으니라
51 목이 곧고 마음과 귀에 할례를 받지
못한 사람들아 너희도 너희 조상과
같이 항상 성령을 거스르는도다
52 너희 조상들이 선지자들 중의 누구
를 박해하지 아니하였느냐 의인이
오시리라 예고한 자들을 그들이 죽
였고 이제 너희는 그 의인을 잡아
준 자요 살인한 자가 되나니
53 너희는 천사가 전한 율법을 받고도
지키지 아니하였도다 하니라
54 그들이 이 말을 듣고 마음에 찔려
그를 향하여 이를 갈거늘
55 스데반이 성령 충만하여 하늘을 우
러러 주목하여 하나님의 영광과 및
예수께서 하나님 우편에 서신 것을
보고
56 말하되 보라 하늘이 열리고 인자가
하나님 우편에 서신 것을 보노라
한대
57 그들이 큰 소리를 지르며 귀를 막
고 일제히 그에게 달려들어
58 성 밖으로 내치고 돌로 칠새 증인
들이 옷을 벗어 사울이라 하는 청년
의 발 앞에 두니라
59 그들이 돌로 스데반을 치니 스데반
이 부르짖어 이르되 주 예수여 내
영혼을 받으시옵소서 하고
60 무릎을 꿇고 크게 불러 이르되 주

기록일 : . . .

여 이 죄를 그들에게 돌리지 마옵
소서 이 말을 하고 자니라

8

사울은 그가 죽임 당함을 마땅히
여기더라 그 날에 예루살렘에 있는
교회에 큰 박해가 있어 사도 외에
는 다 유대와 사마리아 모든 땅으
로 흩어지니라
2 경건한 사람들이 스데반을 장사하
고 위하여 크게 울더라
3 사울이 교회를 잔멸할새 각 집에
들어가 남녀를 끌어다가 옥에 넘기
니라
4 그 흩어진 사람들이 두루 다니며
복음의 말씀을 전할새
5 빌립이 사마리아 성에 내려가 그리
스도를 백성에게 전파하니
6 무리가 빌립의 말도 듣고 행하는
표적도 보고 한마음으로 그가 하는
말을 따르더라
7 많은 사람에게 붙었던 더러운 귀신
들이 크게 소리를 지르며 나가고
또 많은 중풍병자와 못 걷는 사람
이 나으니
8 그 성에 큰 기쁨이 있더라
9 그 성에 시몬이라 하는 사람이 전
부터 있어 마술을 행하여 사마리아
백성을 놀라게 하며 자칭 큰 자라
하니
10 낮은 사람부터 높은 사람까지 다
따르며 이르되 이 사람은 크다 일
컫는 하나님의 능력이라 하더라
11 오랫동안 그 마술에 놀랐으므로 그
들이 따르더니
12 빌립이 하나님 나라와 및 예수 그리
스도의 이름에 관하여 전도함을 그
들이 믿고 남녀가 다 침례를 받으니
13 시몬도 믿고 침례를 받은 후에 전
심으로 빌립을 따라다니며 그 나타
나는 표적과 큰 능력을 보고 놀라
니라
14 예루살렘에 있는 사도들이 사마리
아도 하나님의 말씀을 받았다 함을
듣고 베드로와 요한을 보내매
15 그들이 내려가서 그들을 위하여 성
령 받기를 기도하니
16 이는 아직 한 사람에게도 성령 내
리신 일이 없고 오직 주 예수의 이
름으로 침례만 받을 뿐이더라
17 이에 두 사도가 그들에게 안수하매
성령을 받는지라
18 시몬이 사도들의 안수로 성령 받는
것을 보고 돈을 드려
19 이르되 이 권능을 내게도 주어 누
구든지 내가 안수하는 사람은 성령
을 받게 하여 주소서 하니
20 베드로가 이르되 네가 하나님의 선
물을 돈 주고 살 줄로 생각하였으
니 네 은과 네가 함께 망할지어다
21 하나님 앞에서 네 마음이 바르지
못하니 이 도에는 네가 관계도 없

기록일 : . . .

고 분깃 될 것도 없느니라
22 그러므로 너의 이 악함을 회개하고
주께 기도하라 혹 마음에 품은 것
을 사하여 주시리라
23 내가 보니 너는 악독이 가득하며
불의에 매인 바 되었도다
24 시몬이 대답하여 이르되 나를 위하
여 주께 기도하여 말한 것이 하나도
내게 임하지 않게 하소서 하니라
25 두 사도가 주의 말씀을 증언하여
말한 후 예루살렘으로 돌아갈새 사
마리아인의 여러 마을에서 복음을
전하니라
26 주의 사자가 빌립에게 말하여 이르
되 일어나서 남쪽으로 향하여 예루
살렘에서 가사로 내려가는 길까지
가라 하니 그 길은 광야라
27 일어나 가서 보니 에디오피아 사람
곧 에디오피아 여왕 간다게의 모든
국고를 맡은 관리인 내시가 예배하
러 예루살렘에 왔다가
28 돌아가는데 수레를 타고 선지자 이
사야의 글을 읽더라
29 성령이 빌립더러 이르시되 이 수레
로 가까이 나아가라 하시거늘
30 빌립이 달려가서 선지자 이사야의
글 읽는 것을 듣고 말하되 읽는 것
을 깨닫느냐
31 대답하되 지도해 주는 사람이 없으
니 어찌 깨달을 수 있느냐 하고 빌
립을 청하여 수레에 올라 같이 앉
으라 하니라
32 읽는 성경 구절은 이것이니 일렀으
되 그가 도살자에게로 가는 양과
같이 끌려갔고 털 깎는 자 앞에 있
는 어린 양이 조용함과 같이 그의
입을 열지 아니하였도다
33 그가 굴욕을 당했을 때 공정한 재
판도 받지 못하였으니 누가 그의
세대를 말하리요 그의 생명이 땅에
서 빼앗김이로다 하였거늘
34 그 내시가 빌립에게 말하되 청컨대
내가 묻노니 선지자가 이 말한 것이
누구를 가리킴이냐 자기를 가리킴
이냐 타인을 가리킴이냐
35 빌립이 입을 열어 이 글에서 시작하
여 예수를 가르쳐 복음을 전하니
36 길 가다가 물 있는 곳에 이르러 그
내시가 말하되 보라 물이 있으니
내가 침례를 받음에 무슨 거리낌이
있느냐
37 (없음)
38 이에 명하여 수레를 멈추고 빌립과
내시가 둘 다 물에 내려가 빌립이
침례를 베풀고
39 둘이 물에서 올라올새 주의 영이
빌립을 이끌어간지라 내시는 기쁘
게 길을 가므로 그를 다시 보지 못
하니라
40 빌립은 아소도에 나타나 여러 성을

기록일 : . . .

지나 다니며 복음을 전하고 가이사
랴에 이르니라

9 사울이 주의 제자들에 대하여 여
전히 위협과 살기가 등등하여 대제
사장에게 가서
2 다메섹 여러 회당에 가져갈 공문을
청하니 이는 만일 그 도를 따르는
사람을 만나면 남녀를 막론하고 결
박하여 예루살렘으로 잡아오려 함
이라
3 사울이 길을 가다가 다메섹에 가까
이 이르더니 홀연히 하늘로부터 빛
이 그를 둘러 비추는지라
4 땅에 엎드러져 들으매 소리가 있어
이르시되 사울아 사울아 네가 어찌
하여 나를 박해하느냐 하시거늘
5 대답하되 주여 누구시니이까 이르
시되 나는 네가 박해하는 예수라
6 너는 일어나 시내로 들어가라 네가
행할 것을 네게 이를 자가 있느니
라 하시니
7 같이 가던 사람들은 소리만 듣고
아무도 보지 못하여 말을 못하고
서 있더라
8 사울이 땅에서 일어나 눈은 떴으나
아무 것도 보지 못하고 사람의 손
에 끌려 다메섹으로 들어가서
9 사흘 동안 보지 못하고 먹지도 마
시지도 아니하니라
10 그 때에 다메섹에 아나니아라 하는
제자가 있더니 주께서 환상 중에
불러 이르시되 아나니아야 하시거
늘 대답하되 주여 내가 여기 있나
이다 하니
11 주께서 이르시되 일어나 직가라 하
는 거리로 가서 유다의 집에서 다
소 사람 사울이라 하는 사람을 찾
으라 그가 기도하는 중이니라
12 그가 아나니아라 하는 사람이 들어
와서 자기에게 안수하여 다시 보게
하는 것을 보았느니라 하시거늘
13 아나니아가 대답하되 주여 이 사람
에 대하여 내가 여러 사람에게 듣
사온즉 그가 예루살렘에서 주의 성
도에게 적지 않은 해를 끼쳤다 하
더니
14 여기서도 주의 이름을 부르는 모든
사람을 결박할 권한을 대제사장들
에게서 받았나이다 하거늘
15 주께서 이르시되 가라 이 사람은
내 이름을 이방인과 임금들과 이스
라엘 자손들에게 전하기 위하여 택
한 나의 그릇이라
16 그가 내 이름을 위하여 얼마나 고
난을 받아야 할 것을 내가 그에게
보이리라 하시니
17 아나니아가 떠나 그 집에 들어가서
그에게 안수하여 이르되 형제 사
울아 주 곧 네가 오는 길에서 나타
나셨던 예수께서 나를 보내어 너로

기록일 : . . .

다시 보게 하시고 성령으로 충만하
게 하신다 하니
18 즉시 사울의 눈에서 비늘 같은 것
이 벗어져 다시 보게 된지라 일어나
침례를 받고
19 음식을 먹으매 강건하여지니라 사
울이 다메섹에 있는 제자들과 함께
며칠 있을새
20 즉시로 각 회당에서 예수가 하나님
의 아들이심을 전파하니
21 듣는 사람이 다 놀라 말하되 이 사
람이 예루살렘에서 이 이름을 부르
는 사람을 멸하려던 자가 아니냐
여기 온 것도 그들을 결박하여 대
제사장들에게 끌어 가고자 함이 아
니냐 하더라
22 사울은 힘을 더 얻어 예수를 그리
스도라 증언하여 다메섹에 사는 유
대인들을 당혹하게 하니라
23 여러 날이 지나매 유대인들이 사울
죽이기를 공모하더니
24 그 계교가 사울에게 알려지니라 그
들이 그를 죽이려고 밤낮으로 성문
까지 지키거늘
25 그의 제자들이 밤에 사울을 광주리
에 담아 성벽에서 달아 내리니라
26 사울이 예루살렘에 가서 제자들을
사귀고자 하나 다 두려워하여 그가
제자 됨을 믿지 아니하니
27 바나바가 데리고 사도들에게 가서
그가 길에서 어떻게 주를 보았는지
와 주께서 그에게 말씀하신 일과
다메섹에서 그가 어떻게 예수의 이
름으로 담대히 말하였는지를 전하
니라
28 사울이 제자들과 함께 있어 예루살
렘에 출입하며
29 또 주 예수의 이름으로 담대히 말
하고 헬라파 유대인들과 함께 말하
며 변론하니 그 사람들이 죽이려고
힘쓰거늘
30 형제들이 알고 가이사랴로 데리고
내려가서 다소로 보내니라
31 그리하여 온 유대와 갈릴리와 사
마리아 교회가 평안하여 든든히 서
가고 주를 경외함과 성령의 위로로
진행하여 수가 더 많아지니라
32 그 때에 베드로가 사방으로 두루
다니다가 룻다에 사는 성도들에게
도 내려갔더니
33 거기서 애니아라 하는 사람을 만나
매 그는 중풍병으로 침상 위에 누
운 지 여덟 해라
34 베드로가 이르되 애니아야 예수 그
리스도께서 너를 낫게 하시니 일어
나 네 자리를 정돈하라 한대 곧 일
어나니
35 룻다와 사론에 사는 사람들이 다
그를 보고 주께로 돌아오니라
36 욥바에 다비다라 하는 여제자가 있

기록일 : . . .

으니 그 이름을 번역하면 도르가라
선행과 구제하는 일이 심히 많더니
37 그 때에 병들어 죽으매 시체를 씻
어 다락에 누이니라
38 룻다가 욥바에서 가까운지라 제자
들이 베드로가 거기 있음을 듣고
두 사람을 보내어 지체 말고 와 달
라고 간청하여
39 베드로가 일어나 그들과 함께 가
서 이르매 그들이 데리고 다락방에
올라가니 모든 과부가 베드로 곁에
서서 울며 도르가가 그들과 함께
있을 때에 지은 속옷과 겉옷을 다
내보이거늘
40 베드로가 사람을 다 내보내고 무
릎을 꿇고 기도하고 돌이켜 시체를
향하여 이르되 다비다야 일어나라
하니 그가 눈을 떠 베드로를 보고
일어나 앉는지라
41 베드로가 손을 내밀어 일으키고 성
도들과 과부들을 불러 들여 그가
살아난 것을 보이니
42 온 욥바 사람이 알고 많은 사람이
주를 믿더라
43 베드로가 욥바에 여러 날 있어 시
몬이라 하는 무두장이의 집에서 머
무니라

10

가이사랴에 고넬료라 하는 사람
이 있으니 이달리야 부대라 하는
군대의 백부장이라
2 그가 경건하여 온 집안과 더불어 하
나님을 경외하며 백성을 많이 구제
하고 하나님께 항상 기도하더니
3 하루는 제 구 시쯤 되어 환상 중에
밝히 보매 하나님의 사자가 들어와
이르되 고넬료야 하니
4 고넬료가 주목하여 보고 두려워 이
르되 주여 무슨 일이니이까 천사가
이르되 네 기도와 구제가 하나님
앞에 상달되어 기억하신 바가 되었
으니
5 네가 지금 사람들을 욥바에 보내어
베드로라 하는 시몬을 청하라
6 그는 무두장이 시몬의 집에 유숙하
니 그 집은 해변에 있다 하더라
7 마침 말하던 천사가 떠나매 고넬료
가 집안 하인 둘과 부하 가운데 경
건한 사람 하나를 불러
8 이 일을 다 이르고 욥바로 보내니라
9 이튿날 그들이 길을 가다가 그 성
에 가까이 갔을 그 때에 베드로가
기도하려고 지붕에 올라가니 그 시
각은 제 육 시더라
10 그가 시장하여 먹고자 하매 사람들
이 준비할 때에 황홀한 중에
11 하늘이 열리며 한 그릇이 내려오는
것을 보니 큰 보자기 같고 네 귀를
매어 땅에 드리웠더라
12 그 안에는 땅에 있는 각종 네 발 가
진 짐승과 기는 것과 공중에 나는

것들이 있더라
13 또 소리가 있으되 베드로야 일어나
잡아 먹어라 하거늘
14 베드로가 이르되 주여 그럴 수 없
나이다 속되고 깨끗하지 아니한 것
을 내가 결코 먹지 아니하였나이다
한대
15 또 두 번째 소리가 있으되 하나님
께서 깨끗하게 하신 것을 네가 속
되다 하지 말라 하더라
16 이런 일이 세 번 있은 후 그 그릇이
곧 하늘로 올려져 가니라
17 베드로가 본 바 환상이 무슨 뜻인
지 속으로 의아해 하더니 마침 고
넬료가 보낸 사람들이 시몬의 집을
찾아 문 밖에 서서
18 불러 묻되 베드로라 하는 시몬이
여기 유숙하느냐 하거늘
19 베드로가 그 환상에 대하여 생각할
때에 성령께서 그에게 말씀하시되
두 사람이 너를 찾으니
20 일어나 내려가 의심하지 말고 함께
가라 내가 그들을 보내었느니라 하
시니
21 베드로가 내려가 그 사람들을 보고
이르되 내가 곧 너희가 찾는 사람
인데 너희가 무슨 일로 왔느냐
22 그들이 대답하되 백부장 고넬료는
의인이요 하나님을 경외하는 사람
이라 유대 온 족속이 칭찬하더니
그가 거룩한 천사의 지시를 받아
당신을 그 집으로 청하여 말을 들
으려 하느니라 한대
23 베드로가 불러 들여 유숙하게 하니
라 이튿날 일어나 그들과 함께 갈
새 욥바에서 온 어떤 형제들도 함
께 가니라
24 이튿날 가이사랴에 들어가니 고넬
료가 그의 친척과 가까운 친구들을
모아 기다리더니
25 마침 베드로가 들어올 때에 고넬료
가 맞아 발 앞에 엎드리어 절하니
26 베드로가 일으켜 이르되 일어서라
나도 사람이라 하고
27 더불어 말하며 들어가 여러 사람이
모인 것을 보고
28 이르되 유대인으로서 이방인과 교
제하며 가까이 하는 것이 위법인
줄은 너희도 알거니와 하나님께서
내게 지시하사 아무도 속되다 하거
나 깨끗하지 않다 하지 말라 하시
기로
29 부름을 사양하지 아니하고 왔노라
묻노니 무슨 일로 나를 불렀느냐
30 고넬료가 이르되 내가 나흘 전 이
맘때까지 내 집에서 제 구 시 기도
를 하는데 갑자기 한 사람이 빛난
옷을 입고 내 앞에 서서
31 말하되 고넬료야 하나님이 네 기
도를 들으시고 네 구제를 기억하셨

기록일 : . . .

으니
32 사람을 욥바에 보내어 베드로라 하
는 시몬을 청하라 그가 바닷가 무
두장이 시몬의 집에 유숙하느니라
하시기로
33 내가 곧 당신에게 사람을 보내었는
데 오셨으니 잘하였나이다 이제 우
리는 주께서 당신에게 명하신 모든
것을 듣고자 하여 다 하나님 앞에
있나이다
34 베드로가 입을 열어 말하되 내가
참으로 하나님은 사람의 외모를 보
지 아니하시고
35 각 나라 중 하나님을 경외하며 의
를 행하는 사람은 다 받으시는 줄
깨달았도다
36 만유의 주 되신 예수 그리스도로
말미암아 화평의 복음을 전하사 이
스라엘 자손들에게 보내신 말씀
37 곧 요한이 그 침례를 반포한 후에
갈릴리에서 시작하여 온 유대에 두
루 전파된 그것을 너희도 알거니와
38 하나님이 나사렛 예수에게 성령과
능력을 기름 붓듯 하셨으매 그가 두
루 다니시며 선한 일을 행하시고 마
귀에게 눌린 모든 사람을 고치셨으
니 이는 하나님이 함께 하셨음이라
39 우리는 유대인의 땅과 예루살렘에
서 그가 행하신 모든 일에 증인이
라 그를 그들이 나무에 달아 죽였
으나
40 하나님이 사흘 만에 다시 살리사
나타내시되
41 모든 백성에게 하신 것이 아니요
오직 미리 택하신 증인 곧 죽은 자
가운데서 부활하신 후 그를 모시고
음식을 먹은 우리에게 하신 것이라
42 우리에게 명하사 백성에게 전도하
되 하나님이 살아 있는 자와 죽은
자의 재판장으로 정하신 자가 곧
이 사람인 것을 증언하게 하셨고
43 그에 대하여 모든 선지자도 증언하
되 그를 믿는 사람들이 다 그의 이
름을 힘입어 죄 사함을 받는다 하
였느니라
44 베드로가 이 말을 할 때에 성령이
말씀 듣는 모든 사람에게 내려오
시니
45 베드로와 함께 온 할례 받은 신자
들이 이방인들에게도 성령 부어 주
심으로 말미암아 놀라니
46 이는 방언을 말하며 하나님 높임을
들음이러라
47 이에 베드로가 이르되 이 사람들이
우리와 같이 성령을 받았으니 누가
능히 물로 침례 베풂을 금하리요
하고
48 명하여 예수 그리스도의 이름으로
침례를 베풀라 하니라 그들이 베드
로에게 며칠 더 머물기를 청하니라

기록일 : . . .

11 유대에 있는 사도들과 형제들이
이방인들도 하나님의 말씀을 받았
다 함을 들었더니
2 베드로가 예루살렘에 올라갔을 때
에 할례자들이 비난하여
3 이르되 네가 무할례자의 집에 들어
가 함께 먹었다 하니
4 베드로가 그들에게 이 일을 차례로
설명하여
5 이르되 내가 욥바 시에서 기도할
때에 황홀한 중에 환상을 보니 큰
보자기 같은 그릇이 네 귀에 매어
하늘로부터 내리어 내 앞에까지 드
리워지거늘
6 이것을 주목하여 보니 땅에 네 발
가진 것과 들짐승과 기는 것과 공
중에 나는 것들이 보이더라
7 또 들으니 소리 있어 내게 이르되
베드로야 일어나 잡아 먹으라 하
거늘
8 내가 이르되 주님 그럴 수 없나이
다 속되거나 깨끗하지 아니한 것은
결코 내 입에 들어간 일이 없나이다
하니
9 또 하늘로부터 두 번째 소리 있어
내게 이르되 하나님이 깨끗하게 하
신 것을 네가 속되다고 하지 말라
하더라
10 이런 일이 세 번 있은 후에 모든 것
이 다시 하늘로 끌려 올라가더라
11 마침 세 사람이 내가 유숙한 집 앞
에 서 있으니 가이사랴에서 내게로
보낸 사람이라
12 성령이 내게 명하사 아무 의심 말
고 함께 가라 하시매 이 여섯 형제
도 나와 함께 가서 그 사람의 집에
들어가니
13 그가 우리에게 말하기를 천사가 내
집에 서서 말하되 네가 사람을 욥
바에 보내어 베드로라 하는 시몬을
청하라
14 그가 너와 네 온 집이 구원 받을 말
씀을 네게 이르리라 함을 보았다
하거늘
15 내가 말을 시작할 때에 성령이 그
들에게 임하시기를 처음 우리에게
하신 것과 같이 하는지라
16 내가 주의 말씀에 요한은 물로 침
례를 베풀었으나 너희는 성령으로
침례를 받으리라 하신 것이 생각났
노라
17 그런즉 하나님이 우리가 주 예수
그리스도를 믿을 때에 주신 것과
같은 선물을 그들에게도 주셨으니
내가 누구이기에 하나님을 능히 막
겠느냐 하더라
18 그들이 이 말을 듣고 잠잠하여 하
나님께 영광을 돌려 이르되 그러면
하나님께서 이방인에게도 생명 얻
는 회개를 주셨도다 하니라

기록일 : . . .

19 그 때에 스데반의 일로 일어난 환
난으로 말미암아 흩어진 자들이 베
니게와 구브로와 안디옥까지 이르
러 유대인에게만 말씀을 전하는데
20 그 중에 구브로와 구레네 몇 사람
이 안디옥에 이르러 헬라인에게도
말하여 주 예수를 전파하니
21 주의 손이 그들과 함께 하시매 수
많은 사람들이 믿고 주께 돌아오
더라
22 예루살렘 교회가 이 사람들의 소
문을 듣고 바나바를 안디옥까지 보
내니
23 그가 이르러 하나님의 은혜를 보고
기뻐하여 모든 사람에게 굳건한 마
음으로 주와 함께 머물러 있으라
권하니
24 바나바는 착한 사람이요 성령과 믿
음이 충만한 사람이라 이에 큰 무
리가 주께 더하여지더라
25 바나바가 사울을 찾으러 다소에
가서
26 만나매 안디옥에 데리고 와서 둘이
교회에 일 년간 모여 있어 큰 무리
를 가르쳤고 제자들이 안디옥에서
비로소 그리스도인이라 일컬음을
받게 되었더라
27 그 때에 선지자들이 예루살렘에서
안디옥에 이르니
28 그 중에 아가보라 하는 한 사람이
일어나 성령으로 말하되 천하에 큰
흉년이 들리라 하더니 글라우디오
때에 그렇게 되니라
29 제자들이 각각 그 힘대로 유대에
사는 형제들에게 부조를 보내기로
작정하고
30 이를 실행하여 바나바와 사울의 손
으로 장로들에게 보내니라

12 그 때에 헤롯 왕이 손을 들어 교
회 중에서 몇 사람을 해하려 하여
2 요한의 형제 야고보를 칼로 죽이니
3 유대인들이 이 일을 기뻐하는 것을
보고 베드로도 잡으려 할새 때는
무교절 기간이라
4 잡으매 옥에 가두어 군인 넷씩인
네 패에게 맡겨 지키고 유월절 후
에 백성 앞에 끌어 내고자 하더라
5 이에 베드로는 옥에 갇혔고 교회는
그를 위하여 간절히 하나님께 기도
하더라
6 헤롯이 잡아 내려고 하는 그 전날
밤에 베드로가 두 군인 틈에서 두
쇠사슬에 매여 누워 자는데 파수꾼
들이 문 밖에서 옥을 지키더니
7 홀연히 주의 사자가 나타나매 옥중
에 광채가 빛나며 또 베드로의 옆
구리를 쳐 깨워 이르되 급히 일어
나라 하니 쇠사슬이 그 손에서 벗
어지더라
8 천사가 이르되 띠를 띠고 신을 신

기록일 : . . .

으라 하거늘 베드로가 그대로 하니
천사가 또 이르되 겉옷을 입고 따
라오라 한대
9 베드로가 나와서 따라갈새 천사가
하는 것이 생시인 줄 알지 못하고
환상을 보는가 하니라
10 이에 첫째와 둘째 파수를 지나 시
내로 통한 쇠문에 이르니 문이 저
절로 열리는지라 나와서 한 거리를
지나매 천사가 곧 떠나더라
11 이에 베드로가 정신이 들어 이르되
내가 이제야 참으로 주께서 그의
천사를 보내어 나를 헤롯의 손과
유대 백성의 모든 기대에서 벗어나
게 하신 줄 알겠노라 하여
12 깨닫고 마가라 하는 요한의 어머니
마리아의 집에 가니 여러 사람이 거
기에 모여 기도하고 있더라
13 베드로가 대문을 두드린대 로데라
하는 여자 아이가 영접하러 나왔
다가
14 베드로의 음성인 줄 알고 기뻐하여
문을 미처 열지 못하고 달려 들어가
말하되 베드로가 대문 밖에 섰더라
하니
15 그들이 말하되 네가 미쳤다 하나
여자 아이는 힘써 말하되 참말이라
하니 그들이 말하되 그러면 그의
천사라 하더라
16 베드로가 문 두드리기를 그치지 아
니하니 그들이 문을 열어 베드로를
보고 놀라는지라
17 베드로가 그들에게 손짓하여 조용
하게 하고 주께서 자기를 이끌어
옥에서 나오게 하던 일을 말하고
또 야고보와 형제들에게 이 말을
전하라 하고 떠나 다른 곳으로 가
니라
18 날이 새매 군인들은 베드로가 어떻
게 되었는지 알지 못하여 적지 않게
소동하니
19 헤롯이 그를 찾아도 보지 못하매
파수꾼들을 심문하고 죽이라 명하
니라 헤롯이 유대를 떠나 가이사랴
로 내려가서 머무니라
20 헤롯이 두로와 시돈 사람들을 대단
히 노여워하니 그들의 지방이 왕국
에서 나는 양식을 먹는 까닭에 한
마음으로 그에게 나아와 왕의 침소
맡은 신하 블라스도를 설득하여 화
목하기를 청한지라
21 헤롯이 날을 택하여 왕복을 입고
단상에 앉아 백성에게 연설하니
22 백성들이 크게 부르되 이것은 신
의 소리요 사람의 소리가 아니라 하
거늘
23 헤롯이 영광을 하나님께로 돌리지
아니하므로 주의 사자가 곧 치니
벌레에게 먹혀 죽으니라
24 하나님의 말씀은 흥왕하여 더하더라

기록일 : . . .

25 바나바와 사울이 부조하는 일을 마
치고 마가라 하는 요한을 데리고
예루살렘에서 돌아오니라

13 안디옥 교회에 선지자들과 교사
들이 있으니 곧 바나바와 니게르라
하는 시므온과 구레네 사람 루기오
와 분봉 왕 헤롯의 젖동생 마나엔
과 및 사울이라
2 주를 섬겨 금식할 때에 성령이 이
르시되 내가 불러 시키는 일을 위
하여 바나바와 사울을 따로 세우라
하시니
3 이에 금식하며 기도하고 두 사람에
게 안수하여 보내니라
4 두 사람이 성령의 보내심을 받아
실루기아에 내려가 거기서 배 타고
구브로에 가서
5 살라미에 이르러 하나님의 말씀을
유대인의 여러 회당에서 전할새 요
한을 수행원으로 두었더라
6 온 섬 가운데로 지나서 바보에 이
르러 바예수라 하는 유대인 거짓
선지자인 마술사를 만나니
7 그가 총독 서기오 바울과 함께 있
으니 서기오 바울은 지혜 있는 사
람이라 바나바와 사울을 불러 하나
님의 말씀을 듣고자 하더라
8 이 마술사 엘루마는 (이 이름을 번
역하면 마술사라) 그들을 대적하여
총독으로 믿지 못하게 힘쓰니
9 바울이라고 하는 사울이 성령이 충
만하여 그를 주목하고
10 이르되 모든 거짓과 악행이 가득한
자요 마귀의 자식이요 모든 의의
원수여 주의 바른 길을 굽게 하기
를 그치지 아니하겠느냐
11 보라 이제 주의 손이 네 위에 있으
니 네가 맹인이 되어 얼마 동안 해
를 보지 못하리라 하니 즉시 안개
와 어둠이 그를 덮어 인도할 사람
을 두루 구하는지라
12 이에 총독이 그렇게 된 것을 보고
믿으며 주의 가르치심을 놀랍게 여
기니라
13 바울과 및 동행하는 사람들이 바보
에서 배 타고 밤빌리아에 있는 버
가에 이르니 요한은 그들에게서 떠
나 예루살렘으로 돌아가고
14 그들은 버가에서 더 나아가 비시디
아 안디옥에 이르러 안식일에 회당
에 들어가 앉으니라
15 율법과 선지자의 글을 읽은 후에
회당장들이 사람을 보내어 물어 이
르되 형제들아 만일 백성을 권할
말이 있거든 말하라 하니
16 바울이 일어나 손짓하며 말하되 이
스라엘 사람들과 및 하나님을 경외
하는 사람들아 들으라
17 이 이스라엘 백성의 하나님이 우리
조상들을 택하시고 애굽 땅에서 나

그네 된 그 백성을 높여 큰 권능으
로 인도하여 내사
18 광야에서 약 사십 년간 그들의 소
행을 참으시고
19 가나안 땅 일곱 족속을 멸하사 그
땅을 기업으로 주시기까지 약 사백
오십 년간이라
20 그 후에 선지자 사무엘 때까지 사
사를 주셨더니
21 그 후에 그들이 왕을 구하거늘 하
나님이 베냐민 지파 사람 기스의
아들 사울을 사십 년간 주셨다가
22 폐하시고 다윗을 왕으로 세우시고
증언하여 이르시되 내가 이새의 아
들 다윗을 만나니 내 마음에 맞는
사람이라 내 뜻을 다 이루리라 하
시더니
23 하나님이 약속하신 대로 이 사람의
후손에서 이스라엘을 위하여 구주
를 세우셨으니 곧 예수라
24 그가 오시기에 앞서 요한이 먼저 회
개의 침례를 이스라엘 모든 백성에
게 전파하니라
25 요한이 그 달려갈 길을 마칠 때에
말하되 너희가 나를 누구로 생각
하느냐 나는 그리스도가 아니라 내
뒤에 오시는 이가 있으니 나는 그
발의 신발끈을 풀기도 감당하지 못
하리라 하였으니
26 형제들아 아브라함의 후손과 너희
중 하나님을 경외하는 사람들아 이
구원의 말씀을 우리에게 보내셨거늘
27 예루살렘에 사는 자들과 그들 관리
들이 예수와 및 안식일마다 외우는
바 선지자들의 말을 알지 못하므로
예수를 정죄하여 선지자들의 말을
응하게 하였도다
28 죽일 죄를 하나도 찾지 못하였으나
빌라도에게 죽여 달라 하였으니
29 성경에 그를 가리켜 기록한 말씀을
다 응하게 한 것이라 후에 나무에
서 내려다가 무덤에 두었으나
30 하나님이 죽은 자 가운데서 그를
살리신지라
31 갈릴리로부터 예루살렘에 함께 올
라간 사람들에게 여러 날 보이셨으
니 그들이 이제 백성 앞에서 그의
증인이라
32 우리도 조상들에게 주신 약속을 너
희에게 전파하노니
33 곧 하나님이 예수를 일으키사 우리
자녀들에게 이 약속을 이루게 하셨
다 함이라 시편 둘째 편에 기록한
바와 같이 너는 내 아들이라 오늘
너를 낳았다 하셨고
34 또 하나님께서 죽은 자 가운데서
그를 일으키사 다시 썩음을 당하
지 않게 하실 것을 가르쳐 이르시되
내가 다윗의 거룩하고 미쁜 은사를
너희에게 주리라 하셨으며

기록일 : . . .

35 또 다른 시편에 일렀으되 주의 거
룩한 자로 썩음을 당하지 않게 하
시리라 하셨느니라
36 다윗은 당시에 하나님의 뜻을 따라
섬기다가 잠들어 그 조상들과 함께
묻혀 썩음을 당하였으되
37 하나님께서 살리신 이는 썩음을 당
하지 아니하였나니
38 그러므로 형제들아 너희가 알 것은
이 사람을 힘입어 죄 사함을 너희
에게 전하는 이것이며
39 또 모세의 율법으로 너희가 의롭다
하심을 얻지 못하던 모든 일에도 이
사람을 힘입어 믿는 자마다 의롭다
하심을 얻는 이것이라
40 그런즉 너희는 선지자들을 통하여
말씀하신 것이 너희에게 미칠까 삼
가라
41 일렀으되 보라 멸시하는 사람들아
너희는 놀라고 멸망하라 내가 너희
때를 당하여 한 일을 행할 것이니
사람이 너희에게 일러줄지라도 도
무지 믿지 못할 일이라 하였느니라
하니라
42 그들이 나갈새 사람들이 청하되 다
음 안식일에도 이 말씀을 하라 하
더라
43 회당의 모임이 끝난 후에 유대인과
유대교에 입교한 경건한 사람들이
많이 바울과 바나바를 따르니 두
사도가 더불어 말하고 항상 하나님
의 은혜 가운데 있으라 권하니라
44 그 다음 안식일에는 온 시민이 거의
다 하나님의 말씀을 듣고자 하여
모이니
45 유대인들이 그 무리를 보고 시기가
가득하여 바울이 말한 것을 반박하
고 비방하거늘
46 바울과 바나바가 담대히 말하여 이
르되 하나님의 말씀을 마땅히 먼
저 너희에게 전할 것이로되 너희가
그것을 버리고 영생을 얻기에 합당
하지 않은 자로 자처하기로 우리가
이방인에게로 향하노라
47 주께서 이같이 우리에게 명하시되
내가 너를 이방의 빛으로 삼아 너
로 땅 끝까지 구원하게 하리라 하
셨느니라 하니
48 이방인들이 듣고 기뻐하여 하나님
의 말씀을 찬송하며 영생을 주시기
로 작정된 자는 다 믿더라
49 주의 말씀이 그 지방에 두루 퍼지
니라
50 이에 유대인들이 경건한 귀부인들
과 그 시내 유력자들을 선동하여
바울과 바나바를 박해하게 하여 그
지역에서 쫓아내니
51 두 사람이 그들을 향하여 발의 티
끌을 떨어 버리고 이고니온으로 가
거늘

기록일 : . . .

52 제자들은 기쁨과 성령이 충만하니라

14

이에 이고니온에서 두 사도가 함
께 유대인의 회당에 들어가 말하니
유대와 헬라의 허다한 무리가 믿
더라
2 그러나 순종하지 아니하는 유대인
들이 이방인들의 마음을 선동하여
형제들에게 악감을 품게 하거늘
3 두 사도가 오래 있어 주를 힘입어
담대히 말하니 주께서 그들의 손으
로 표적과 기사를 행하게 하여 주
사 자기 은혜의 말씀을 증언하시니
4 그 시내의 무리가 나뉘어 유대인을
따르는 자도 있고 두 사도를 따르
는 자도 있는지라
5 이방인과 유대인과 그 관리들이 두
사도를 모욕하며 돌로 치려고 달려
드니
6 그들이 알고 도망하여 루가오니아
의 두 성 루스드라와 더베와 그 근
방으로 가서
7 거기서 복음을 전하니라
8 루스드라에 발을 쓰지 못하는 한
사람이 앉아 있는데 나면서 걷지 못
하게 되어 걸어 본 적이 없는 자라
9 바울이 말하는 것을 듣거늘 바울이
주목하여 구원 받을 만한 믿음이
그에게 있는 것을 보고
10 큰 소리로 이르되 네 발로 바로 일
어서라 하니 그 사람이 일어나 걷는
지라
11 무리가 바울이 한 일을 보고 루가
오니아 방언으로 소리 질러 이르되
신들이 사람의 형상으로 우리 가운
데 내려오셨다 하여
12 바나바는 제우스라 하고 바울은 그
중에 말하는 자이므로 헤르메스라
하더라
13 시외 제우스 신당의 제사장이 소와
화환들을 가지고 대문 앞에 와서
무리와 함께 제사하고자 하니
14 두 사도 바나바와 바울이 듣고 옷
을 찢고 무리 가운데 뛰어 들어가
서 소리 질러
15 이르되 여러분이여 어찌하여 이러
한 일을 하느냐 우리도 여러분과
같은 성정을 가진 사람이라 여러분
에게 복음을 전하는 것은 이런 헛
된 일을 버리고 천지와 바다와 그
가운데 만물을 지으시고 살아 계신
하나님께로 돌아오게 함이라
16 하나님이 지나간 세대에는 모든 민
족으로 자기들의 길들을 가게 방임
하셨으나
17 그러나 자기를 증언하지 아니하신
것이 아니니 곧 여러분에게 하늘로
부터 비를 내리시며 결실기를 주시
는 선한 일을 하사 음식과 기쁨으
로 여러분의 마음에 만족하게 하셨
느니라 하고

기록일 : . . .

18 이렇게 말하여 겨우 무리를 말려 자
기들에게 제사를 못하게 하니라
19 유대인들이 안디옥과 이고니온에서
와서 무리를 충동하니 그들이 돌로
바울을 쳐서 죽은 줄로 알고 시외
로 끌어 내치니라
20 제자들이 둘러섰을 때에 바울이 일
어나 그 성에 들어갔다가 이튿날
바나바와 함께 더베로 가서
21 복음을 그 성에서 전하여 많은 사
람을 제자로 삼고 루스드라와 이고
니온과 안디옥으로 돌아가서
22 제자들의 마음을 굳게 하여 이 믿음
에 머물러 있으라 권하고 또 우리가
하나님의 나라에 들어가려면 많은
환난을 겪어야 할 것이라 하고
23 각 교회에서 장로들을 택하여 금식
기도 하며 그들이 믿는 주께 그들
을 위탁하고
24 비시디아 가운데로 지나서 밤빌리
아에 이르러
25 말씀을 버가에서 전하고 앗달리아
로 내려가서
26 거기서 배 타고 안디옥에 이르니 이
곳은 두 사도가 이룬 그 일을 위하
여 전에 하나님의 은혜에 부탁하던
곳이라
27 그들이 이르러 교회를 모아 하나님
이 함께 행하신 모든 일과 이방인
들에게 믿음의 문을 여신 것을 보
고하고
28 제자들과 함께 오래 있으니라

15 어떤 사람들이 유대로부터 내려
와서 형제들을 가르치되 너희가 모
세의 법대로 할례를 받지 아니하면
능히 구원을 받지 못하리라 하니
2 바울 및 바나바와 그들 사이에 적
지 아니한 다툼과 변론이 일어난지
라 형제들이 이 문제에 대하여 바
울과 바나바와 및 그 중의 몇 사람
을 예루살렘에 있는 사도와 장로들
에게 보내기로 작정하니라
3 그들이 교회의 전송을 받고 베니게
와 사마리아로 다니며 이방인들이
주께 돌아온 일을 말하여 형제들을
다 크게 기쁘게 하더라
4 예루살렘에 이르러 교회와 사도와
장로들에게 영접을 받고 하나님이
자기들과 함께 계셔 행하신 모든
일을 말하매
5 바리새파 중에 어떤 믿는 사람들이
일어나 말하되 이방인에게 할례를
행하고 모세의 율법을 지키라 명하
는 것이 마땅하다 하니라
6 사도와 장로들이 이 일을 의논하러
모여
7 많은 변론이 있은 후에 베드로가
일어나 말하되 형제들아 너희도 알
거니와 하나님이 이방인들로 내 입
에서 복음의 말씀을 들어 믿게 하

시려고 오래 전부터 너희 가운데서
나를 택하시고
8 또 마음을 아시는 하나님이 우리에
게와 같이 그들에게도 성령을 주어
증언하시고
9 믿음으로 그들의 마음을 깨끗이 하
사 그들이나 우리나 차별하지 아니
하셨느니라
10 그런데 지금 너희가 어찌하여 하나
님을 시험하여 우리 조상과 우리도
능히 메지 못하던 멍에를 제자들의
목에 두려느냐
11 그러나 우리는 그들이 우리와 동일
하게 주 예수의 은혜로 구원 받는
줄을 믿노라 하니라
12 온 무리가 가만히 있어 바나바와
바울이 하나님께서 자기들로 말미
암아 이방인 중에서 행하신 표적과
기사에 관하여 말하는 것을 듣더니
13 말을 마치매 야고보가 대답하여 이
르되 형제들아 내 말을 들으라
14 하나님이 처음으로 이방인 중에서
자기 이름을 위할 백성을 취하시려
고 그들을 돌보신 것을 시므온이
말하였으니
15 선지자들의 말씀이 이와 일치하도
다 기록된 바
16 이 후에 내가 돌아와서 다윗의 무
너진 장막을 다시 지으며 또 그 허
물어진 것을 다시 지어 일으키리니
17 이는 그 남은 사람들과 내 이름으
로 일컬음을 받는 모든 이방인들로
주를 찾게 하려 함이라 하셨으니
18 즉 예로부터 이것을 알게 하시는
주의 말씀이라 함과 같으니라
19 그러므로 내 의견에는 이방인 중에
서 하나님께로 돌아오는 자들을 괴
롭게 하지 말고
20 다만 우상의 더러운 것과 음행과
목매어 죽인 것과 피를 멀리하라고
편지하는 것이 옳으니
21 이는 예로부터 각 성에서 모세를
전하는 자가 있어 안식일마다 회당
에서 그 글을 읽음이라 하더라
22 이에 사도와 장로와 온 교회가 그
중에서 사람들을 택하여 바울과 바
나바와 함께 안디옥으로 보내기를
결정하니 곧 형제 중에 인도자인 바
사바라 하는 유다와 실라더라
23 그 편에 편지를 부쳐 이르되 사도
와 장로 된 형제들은 안디옥과 수
리아와 길리기아에 있는 이방인 형
제들에게 문안하노라
24 들은즉 우리 가운데서 어떤 사람들
이 우리의 지시도 없이 나가서 말로
너희를 괴롭게 하고 마음을 혼란하
게 한다 하기로
25 사람을 택하여 우리 주 예수 그리
~26 스도의 이름을 위하여 생명을 아끼
지 아니하는 자인 우리가 사랑하는

기록일 : . . .

바나바와 바울과 함께 너희에게 보
내기를 만장일치로 결정하였노라
27 그리하여 유다와 실라를 보내니 그
들도 이 일을 말로 전하리라
28 성령과 우리는 이 요긴한 것들 외에
는 아무 짐도 너희에게 지우지 아
니하는 것이 옳은 줄 알았노니
29 우상의 제물과 피와 목매어 죽인
것과 음행을 멀리할지니라 이에 스
스로 삼가면 잘되리라 평안함을 원
하노라 하였더라
30 그들이 작별하고 안디옥에 내려가
무리를 모은 후에 편지를 전하니
31 읽고 그 위로한 말을 기뻐하더라
32 유다와 실라도 선지자라 여러 말로
형제를 권면하여 굳게 하고
33 얼마 있다가 평안히 가라는 전송을
형제들에게 받고 자기를 보내던 사
람들에게로 돌아가되
34 (없음)
35 바울과 바나바는 안디옥에서 유하
며 수다한 다른 사람들과 함께 주
의 말씀을 가르치며 전파하니라
36 며칠 후에 바울이 바나바더러 말하
되 우리가 주의 말씀을 전한 각 성
으로 다시 가서 형제들이 어떠한가
방문하자 하고
37 바나바는 마가라 하는 요한도 데리
고 가고자 하나
38 바울은 밤빌리아에서 자기들을 떠
나 함께 일하러 가지 아니한 자를
데리고 가는 것이 옳지 않다 하여
39 서로 심히 다투어 피차 갈라서니 바
나바는 마가를 데리고 배 타고 구
브로로 가고
40 바울은 실라를 택한 후에 형제들
에게 주의 은혜에 부탁함을 받고
떠나
41 수리아와 길리기아로 다니며 교회
들을 견고하게 하니라

16 바울이 더베와 루스드라에도 이
르매 거기 디모데라 하는 제자가
있으니 그 어머니는 믿는 유대 여자
요 아버지는 헬라인이라
2 디모데는 루스드라와 이고니온에
있는 형제들에게 칭찬 받는 자니
3 바울이 그를 데리고 떠나고자 할
새 그 지역에 있는 유대인으로 말
미암아 그를 데려다가 할례를 행하
니 이는 그 사람들이 그의 아버지
는 헬라인인 줄 다 앎이러라
4 여러 성으로 다녀 갈 때에 예루살
렘에 있는 사도와 장로들이 작정한
규례를 그들에게 주어 지키게 하니
5 이에 여러 교회가 믿음이 더 굳건해
지고 수가 날마다 늘어가니라
6 성령이 아시아에서 말씀을 전하지
못하게 하시거늘 그들이 브루기아
와 갈라디아 땅으로 다녀가
7 무시아 앞에 이르러 비두니아로 가

기록일 : . . .

고자 애쓰되 예수의 영이 허락하지
아니하시는지라
8 무시아를 지나 드로아로 내려갔는데
9 밤에 환상이 바울에게 보이니 마게
도냐 사람 하나가 서서 그에게 청
하여 이르되 마게도냐로 건너와서
우리를 도우라 하거늘
10 바울이 그 환상을 보았을 때 우리
가 곧 마게도냐로 떠나기를 힘쓰니
이는 하나님이 저 사람들에게 복음
을 전하라고 우리를 부르신 줄로
인정함이러라
11 우리가 드로아에서 배로 떠나 사모
드라게로 직행하여 이튿날 네압볼
리로 가고
12 거기서 빌립보에 이르니 이는 마게
도냐 지방의 첫 성이요 또 로마의
식민지라 이 성에서 수일을 유하
다가
13 안식일에 우리가 기도할 곳이 있을
까 하여 문 밖 강가에 나가 거기 앉
아서 모인 여자들에게 말하는데
14 두아디라 시에 있는 자색 옷감 장
사로서 하나님을 섬기는 루디아라
하는 한 여자가 말을 듣고 있을 때
주께서 그 마음을 열어 바울의 말
을 따르게 하신지라
15 그와 그 집이 다 침례를 받고 우리
에게 청하여 이르되 만일 나를 주
믿는 자로 알거든 내 집에 들어와
유하라 하고 강권하여 머물게 하
니라
16 우리가 기도하는 곳에 가다가 점치
는 귀신 들린 여종 하나를 만나니
점으로 그 주인들에게 큰 이익을
주는 자라
17 그가 바울과 우리를 따라와 소리
질러 이르되 이 사람들은 지극히 높
은 하나님의 종으로서 구원의 길을
너희에게 전하는 자라 하며
18 이같이 여러 날을 하는지라 바울
이 심히 괴로워하여 돌이켜 그 귀신
에게 이르되 예수 그리스도의 이름
으로 내가 네게 명하노니 그에게서
나오라 하니 귀신이 즉시 나오니라
19 여종의 주인들은 자기 수익의 소망
이 끊어진 것을 보고 바울과 실라
를 붙잡아 장터로 관리들에게 끌어
갔다가
20 상관들 앞에 데리고 가서 말하되
이 사람들이 유대인인데 우리 성을
심히 요란하게 하여
21 로마 사람인 우리가 받지도 못하
고 행하지도 못할 풍속을 전한다 하
거늘
22 무리가 일제히 일어나 고발하니 상
관들이 옷을 찢어 벗기고 매로 치
라 하여
23 많이 친 후에 옥에 가두고 간수에
게 명하여 든든히 지키라 하니

기록일 : . . .

24 그가 이러한 명령을 받아 그들을
깊은 옥에 가두고 그 발을 차꼬에
든든히 채웠더니
25 한밤중에 바울과 실라가 기도하고
하나님을 찬송하매 죄수들이 듣더라
26 이에 갑자기 큰 지진이 나서 옥터가
움직이고 문이 곧 다 열리며 모든
사람의 매인 것이 다 벗어진지라
27 간수가 자다가 깨어 옥문들이 열린
것을 보고 죄수들이 도망한 줄 생
각하고 칼을 빼어 자결하려 하거늘
28 바울이 크게 소리 질러 이르되 네
몸을 상하지 말라 우리가 다 여기
있노라 하니
29 간수가 등불을 달라고 하며 뛰어
들어가 무서워 떨며 바울과 실라
앞에 엎드리고
30 그들을 데리고 나가 이르되 선생
들이여 내가 어떻게 하여야 구원을
받으리이까 하거늘
31 이르되 주 예수를 믿으라 그리하면
너와 네 집이 구원을 받으리라 하고
32 주의 말씀을 그 사람과 그 집에 있
는 모든 사람에게 전하더라
33 그 밤 그 시각에 간수가 그들을 데
려다가 그 맞은 자리를 씻어 주고
자기와 그 온 가족이 다 침례를 받
은 후
34 그들을 데리고 자기 집에 올라가서
음식을 차려 주고 그와 온 집안이
하나님을 믿으므로 크게 기뻐하니라
35 날이 새매 상관들이 부하를 보내어
이 사람들을 놓으라 하니
36 간수가 그 말대로 바울에게 말하되
상관들이 사람을 보내어 너희를 놓
으라 하였으니 이제는 나가서 평안
히 가라 하거늘
37 바울이 이르되 로마 사람인 우리를
죄도 정하지 아니하고 공중 앞에서
때리고 옥에 가두었다가 이제는 가
만히 내보내고자 하느냐 아니라 그
들이 친히 와서 우리를 데리고 나가
야 하리라 한대
38 부하들이 이 말을 상관들에게 보
고하니 그들이 로마 사람이라 하는
말을 듣고 두려워하여
39 와서 권하여 데리고 나가 그 성에
서 떠나기를 청하니
40 두 사람이 옥에서 나와 루디아의
집에 들어가서 형제들을 만나 보고
위로하고 가니라

17 그들이 암비볼리와 아볼로니아로
다녀가 데살로니가에 이르니 거기
유대인의 회당이 있는지라
2 바울이 자기의 관례대로 그들에게
로 들어가서 세 안식일에 성경을 가
지고 강론하며
3 뜻을 풀어 그리스도가 해를 받고
죽은 자 가운데서 다시 살아나야
할 것을 증언하고 이르되 내가 너

기록일 : . . .

희에게 전하는 이 예수가 곧 그리
스도라 하니
4 그 중의 어떤 사람 곧 경건한 헬라
인의 큰 무리와 적지 않은 귀부인
도 권함을 받고 바울과 실라를 따
르나
5 그러나 유대인들은 시기하여 저자
의 어떤 불량한 사람들을 데리고
떼를 지어 성을 소동하게 하여 야
손의 집에 침입하여 그들을 백성에
게 끌어내려고 찾았으나
6 발견하지 못하매 야손과 몇 형제들
을 끌고 읍장들 앞에 가서 소리 질
러 이르되 천하를 어지럽게 하던 이
사람들이 여기도 이르매
7 야손이 그들을 맞아 들였도다 이
사람들이 다 가이사의 명을 거역하
여 말하되 다른 임금 곧 예수라 하
는 이가 있다 하더이다 하니
8 무리와 읍장들이 이 말을 듣고 소
동하여
9 야손과 그 나머지 사람들에게 보석
금을 받고 놓아 주니라
10 밤에 형제들이 곧 바울과 실라를
베뢰아로 보내니 그들이 이르러 유
대인의 회당에 들어가니라
11 베뢰아에 있는 사람들은 데살로니
가에 있는 사람들보다 더 너그러워
서 간절한 마음으로 말씀을 받고
이것이 그러한가 하여 날마다 성경
을 상고하므로
12 그 중에 믿는 사람이 많고 또 헬라
의 귀부인과 남자가 적지 아니하나
13 데살로니가에 있는 유대인들은 바
울이 하나님의 말씀을 베뢰아에서
도 전하는 줄을 알고 거기도 가서
무리를 움직여 소동하게 하거늘
14 형제들이 곧 바울을 내보내어 바다
까지 가게 하되 실라와 디모데는
아직 거기 머물더라
15 바울을 인도하는 사람들이 그를 데
리고 아덴까지 이르러 그에게서 실
라와 디모데를 자기에게로 속히 오
게 하라는 명령을 받고 떠나니라
16 바울이 아덴에서 그들을 기다리다
가 그 성에 우상이 가득한 것을 보
고 마음에 격분하여
17 회당에서는 유대인과 경건한 사람
들과 또 장터에서는 날마다 만나는
사람들과 변론하니
18 어떤 에피쿠로스와 스토아 철학자
들도 바울과 쟁론할새 어떤 사람은
이르되 이 말쟁이가 무슨 말을 하
고자 하느냐 하고 어떤 사람은 이
르되 이방 신들을 전하는 사람인가
보다 하니 이는 바울이 예수와 부
활을 전하기 때문이러라
19 그를 붙들어 아레오바고로 가며 말
하기를 네가 말하는 이 새로운 가
르침이 무엇인지 우리가 알 수 있겠

기록일 : . . .

느냐
20 네가 어떤 이상한 것을 우리 귀에
들려 주니 그 무슨 뜻인지 알고자
하노라 하니
21 모든 아덴 사람과 거기서 나그네
된 외국인들이 가장 새로운 것을
말하고 듣는 것 이외에는 달리 시
간을 쓰지 않음이더라
22 바울이 아레오바고 가운데 서서 말
하되 아덴 사람들아 너희를 보니
범사에 종교심이 많도다
23 내가 두루 다니며 너희가 위하는
것들을 보다가 알지 못하는 신에게
라고 새긴 단도 보았으니 그런즉
너희가 알지 못하고 위하는 그것을
내가 너희에게 알게 하리라
24 우주와 그 가운데 있는 만물을 지
으신 하나님께서는 천지의 주재시
니 손으로 지은 전에 계시지 아니하
시고
25 또 무엇이 부족한 것처럼 사람의
손으로 섬김을 받으시는 것이 아니
니 이는 만민에게 생명과 호흡과
만물을 친히 주시는 이심이라
26 인류의 모든 족속을 한 혈통으로
만드사 온 땅에 살게 하시고 그들
의 연대를 정하시며 거주의 경계를
한정하셨으니
27 이는 사람으로 혹 하나님을 더듬어
찾아 발견하게 하려 하심이로되 그
는 우리 각 사람에게서 멀리 계시지
아니하도다
28 우리가 그를 힘입어 살며 기동하며
존재하느니라 너희 시인 중 어떤
사람들의 말과 같이 우리가 그의
소생이라 하니
29 이와 같이 하나님의 소생이 되었은
즉 하나님을 금이나 은이나 돌에다
사람의 기술과 고안으로 새긴 것들
과 같이 여길 것이 아니니라
30 알지 못하던 시대에는 하나님이 간
과하셨거니와 이제는 어디든지 사람
에게 다 명하사 회개하라 하셨으니
31 이는 정하신 사람으로 하여금 천하
를 공의로 심판할 날을 작정하시고
이에 그를 죽은 자 가운데서 다시
살리신 것으로 모든 사람에게 믿을
만한 증거를 주셨음이니라 하니라
32 그들이 죽은 자의 부활을 듣고 어
떤 사람은 조롱도 하고 어떤 사람
은 이 일에 대하여 네 말을 다시 듣
겠다 하니
33 이에 바울이 그들 가운데서 떠나매
34 몇 사람이 그를 가까이하여 믿으니
그 중에는 아레오바고 관리 디오
누시오와 다마리라 하는 여자와 또
다른 사람들도 있었더라

18
그 후에 바울이 아덴을 떠나 고린
도에 이르러
2 아굴라라 하는 본도에서 난 유대인

한 사람을 만나니 글라우디오가 모
든 유대인을 명하여 로마에서 떠나
라 한 고로 그가 그 아내 브리스길
라와 함께 이달리야로부터 새로 온
지라 바울이 그들에게 가매
3 생업이 같으므로 함께 살며 일을
하니 그 생업은 천막을 만드는 것
이더라
4 안식일마다 바울이 회당에서 강론하
고 유대인과 헬라인을 권면하니라
5 실라와 디모데가 마게도냐로부터
내려오매 바울이 하나님의 말씀에
붙잡혀 유대인들에게 예수는 그리
스도라 밝히 증언하니
6 그들이 대적하여 비방하거늘 바울
이 옷을 털면서 이르되 너희 피가
너희 머리로 돌아갈 것이요 나는
깨끗하니라 이 후에는 이방인에게
로 가리라 하고
7 거기서 옮겨 하나님을 경외하는 디
도 유스도라 하는 사람의 집에 들
어가니 그 집은 회당 옆이라
8 또 회당장 그리스보가 온 집안과
더불어 주를 믿으며 수많은 고린도
사람도 듣고 믿어 침례를 받더라
9 밤에 주께서 환상 가운데 바울에게
말씀하시되 두려워하지 말며 침묵
하지 말고 말하라
10 내가 너와 함께 있으매 어떤 사람
도 너를 대적하여 해롭게 할 자가
없을 것이니 이는 이 성중에 내 백
성이 많음이라 하시더라
11 일 년 육 개월을 머물며 그들 가운
데서 하나님의 말씀을 가르치니라
12 갈리오가 아가야 총독 되었을 때에
유대인이 일제히 일어나 바울을 대
적하여 법정으로 데리고 가서
13 말하되 이 사람이 율법을 어기면서
하나님을 경외하라고 사람들을 권
한다 하거늘
14 바울이 입을 열고자 할 때에 갈리
오가 유대인들에게 이르되 너희 유
대인들아 만일 이것이 무슨 부정한
일이나 불량한 행동이었으면 내가
너희 말을 들어 주는 것이 옳거니와
15 만일 문제가 언어와 명칭과 너희 법
에 관한 것이면 너희가 스스로 처리
하라 나는 이러한 일에 재판장 되
기를 원하지 아니하노라 하고
16 그들을 법정에서 쫓아내니
17 모든 사람이 회당장 소스데네를 잡
아 법정 앞에서 때리되 갈리오가
이 일을 상관하지 아니하니라
18 바울은 더 여러 날 머물다가 형제
들과 작별하고 배 타고 수리아로
떠나갈새 브리스길라와 아굴라도
함께 하더라 바울이 일찍이 서원이
있었으므로 겐그레아에서 머리를
깎았더라
19 에베소에 와서 그들을 거기 머물게

기록일 : . . .

하고 자기는 회당에 들어가서 유대
인들과 변론하니
20 여러 사람이 더 오래 있기를 청하되
허락하지 아니하고
21 작별하여 이르되 만일 하나님의 뜻
이면 너희에게 돌아오리라 하고 배
를 타고 에베소를 떠나
22 가이사랴에 상륙하여 올라가 교회
의 안부를 물은 후에 안디옥으로
내려가서
23 얼마 있다가 떠나 갈라디아와 브루
기아 땅을 차례로 다니며 모든 제
자를 굳건하게 하니라
24 알렉산드리아에서 난 아볼로라 하
는 유대인이 에베소에 이르니 이
사람은 언변이 좋고 성경에 능통한
자라
25 그가 일찍이 주의 도를 배워 열심
으로 예수에 관한 것을 자세히 말
하며 가르치나 요한의 침례만 알
따름이라
26 그가 회당에서 담대히 말하기 시작
하거늘 브리스길라와 아굴라가 듣
고 데려다가 하나님의 도를 더 정
확하게 풀어 이르더라
27 아볼로가 아가야로 건너가고자 함
으로 형제들이 그를 격려하며 제자
들에게 편지를 써 영접하라 하였더
니 그가 가매 은혜로 말미암아 믿
은 자들에게 많은 유익을 주니
28 이는 성경으로써 예수는 그리스도
라고 증언하여 공중 앞에서 힘있게
유대인의 말을 이김이러라

19 아볼로가 고린도에 있을 때에 바
울이 윗지방으로 다녀 에베소에 와
서 어떤 제자들을 만나
2 이르되 너희가 믿을 때에 성령을
받았느냐 이르되 아니라 우리는 성
령이 계심도 듣지 못하였노라
3 바울이 이르되 그러면 너희가 무슨
침례를 받았느냐 대답하되 요한의
침례니라
4 바울이 이르되 요한이 회개의 침례
를 베풀며 백성에게 말하되 내 뒤
에 오시는 이를 믿으라 하였으니 이
는 곧 예수라 하거늘
5 그들이 듣고 주 예수의 이름으로
침례를 받으니
6 바울이 그들에게 안수하매 성령이
그들에게 임하시므로 방언도 하고
예언도 하니
7 모두 열두 사람쯤 되니라
8 바울이 회당에 들어가 석 달 동안
담대히 하나님 나라에 관하여 강론
하며 권면하되
9 어떤 사람들은 마음이 굳어 순종하
지 않고 무리 앞에서 이 도를 비방
하거늘 바울이 그들을 떠나 제자들
을 따로 세우고 두란노 서원에서
날마다 강론하니라

기록일 : . . .

10 두 해 동안 이같이 하니 아시아에
사는 자는 유대인이나 헬라인이나
다 주의 말씀을 듣더라
11 하나님이 바울의 손으로 놀라운 능
력을 행하게 하시니
12 심지어 사람들이 바울의 몸에서 손
수건이나 앞치마를 가져다가 병든
사람에게 얹으면 그 병이 떠나고
악귀도 나가더라
13 이에 돌아다니며 마술하는 어떤 유
대인들이 시험삼아 악귀 들린 자들
에게 주 예수의 이름을 불러 말하되
내가 바울이 전파하는 예수를 의지
하여 너희에게 명하노라 하더라
14 유대의 한 제사장 스게와의 일곱
아들도 이 일을 행하더니
15 악귀가 대답하여 이르되 내가 예
수도 알고 바울도 알거니와 너희는
누구냐 하며
16 악귀 들린 사람이 그들에게 뛰어올
라 눌러 이기니 그들이 상하여 벗은
몸으로 그 집에서 도망하는지라
17 에베소에 사는 유대인과 헬라인들
이 다 이 일을 알고 두려워하며 주
예수의 이름을 높이고
18 믿은 사람들이 많이 와서 자복하여
행한 일을 알리며
19 또 마술을 행하던 많은 사람이 그
책을 모아 가지고 와서 모든 사람
앞에서 불사르니 그 책 값을 계산
한즉 은 오만이나 되더라
20 이와 같이 주의 말씀이 힘이 있어
흥왕하여 세력을 얻으니라
21 이 일이 있은 후에 바울이 마게도
냐와 아가야를 거쳐 예루살렘에 가
기로 작정하여 이르되 내가 거기 갔
다가 후에 로마도 보아야 하리라
하고
22 자기를 돕는 사람 중에서 디모데와
에라스도 두 사람을 마게도냐로 보
내고 자기는 아시아에 얼마 동안
더 있으니라
23 그 때쯤 되어 이 도로 말미암아 적
지 않은 소동이 있었으니
24 즉 데메드리오라 하는 어떤 은장
색이 은으로 아데미의 신상 모형을
만들어 직공들에게 적지 않은 벌이
를 하게 하더니
25 그가 그 직공들과 그러한 영업하는
자들을 모아 이르되 여러분도 알거
니와 우리의 풍족한 생활이 이 생
업에 있는데
26 이 바울이 에베소뿐 아니라 거의
전 아시아를 통하여 수많은 사람을
권유하여 말하되 사람의 손으로 만
든 것들은 신이 아니라 하니 이는
그대들도 보고 들은 것이라
27 우리의 이 영업이 천하여질 위험
이 있을 뿐 아니라 큰 여신 아데미
의 신전도 무시 당하게 되고 온 아

기록일 : . . .

시아와 천하가 위하는 그의 위엄도
떨어질까 하노라 하더라
28 그들이 이 말을 듣고 분노가 가득
하여 외쳐 이르되 크다 에베소 사
람의 아데미여 하니
29 온 시내가 요란하여 바울과 같이
다니는 마게도냐 사람 가이오와 아
리스다고를 붙들어 일제히 연극장
으로 달려 들어가는지라
30 바울이 백성 가운데로 들어가고자
하나 제자들이 말리고
31 또 아시아 관리 중에 바울의 친구
된 어떤 이들이 그에게 통지하여
연극장에 들어가지 말라 권하더라
32 사람들이 외쳐 어떤 이는 이런 말
을, 어떤 이는 저런 말을 하니 모인
무리가 분란하여 태반이나 어찌하
여 모였는지 알지 못하더라
33 유대인들이 무리 가운데서 알렉산
더를 권하여 앞으로 밀어내니 알렉
산더가 손짓하며 백성에게 변명하
려 하나
34 그들은 그가 유대인인 줄 알고 다
한 소리로 외쳐 이르되 크다 에베
소 사람의 아데미여 하기를 두 시
간이나 하더니
35 서기장이 무리를 진정시키고 이르
되 에베소 사람들아 에베소 시가
큰 아데미와 제우스에게서 내려온
우상의 신전지기가 된 줄을 누가
알지 못하겠느냐
36 이 일이 그렇지 않다 할 수 없으니
너희가 가만히 있어서 무엇이든지
경솔히 아니하여야 하리라
37 신전의 물건을 도둑질하지도 아니
하였고 우리 여신을 비방하지도 아
니한 이 사람들을 너희가 붙잡아
왔으니
38 만일 데메드리오와 그와 함께 있는
직공들이 누구에게 고발할 것이 있
으면 재판 날도 있고 총독들도 있
으니 피차 고소할 것이요
39 만일 그 외에 무엇을 원하면 정식
으로 민회에서 결정할지라
40 오늘 아무 까닭도 없는 이 일에 우
리가 소요 사건으로 책망 받을 위
험이 있고 우리는 이 불법 집회에
관하여 보고할 자료가 없다 하고
41 이에 그 모임을 흩어지게 하니라
20 소요가 그치매 바울은 제자들을
불러 권한 후에 작별하고 떠나 마
게도냐로 가니라
2 그 지방으로 다녀가며 여러 말로
제자들에게 권하고 헬라에 이르러
3 거기 석 달 동안 있다가 배 타고 수
리아로 가고자 할 그 때에 유대인
들이 자기를 해하려고 공모하므로
마게도냐를 거쳐 돌아가기로 작정
하니
4 아시아까지 함께 가는 자는 베뢰아

기록일 : . . .

사람 부로의 아들 소바더와 데살로
니가 사람 아리스다고와 세군도와
더베 사람 가이오와 및 디모데와
아시아 사람 두기고와 드로비모라
5 그들은 먼저 가서 드로아에서 우리
를 기다리더라
6 우리는 무교절 후에 빌립보에서 배
로 떠나 닷새 만에 드로아에 있는
그들에게 가서 이레를 머무니라
7 그 주간의 첫날에 우리가 떡을 떼
려 하여 모였더니 바울이 이튿날 떠
나고자 하여 그들에게 강론할새 말
을 밤중까지 계속하매
8 우리가 모인 윗다락에 등불을 많이
켰는데
9 유두고라 하는 청년이 창에 걸터
앉아 있다가 깊이 졸더니 바울이 강
론하기를 더 오래 하매 졸음을 이
기지 못하여 삼 층에서 떨어지거늘
일으켜보니 죽었는지라
10 바울이 내려가서 그 위에 엎드려
그 몸을 안고 말하되 떠들지 말라
생명이 그에게 있다 하고
11 올라가 떡을 떼어 먹고 오랫동안
곧 날이 새기까지 이야기하고 떠나
니라
12 사람들이 살아난 청년을 데리고 가
서 적지 않게 위로를 받았더라
13 우리는 앞서 배를 타고 앗소에서
바울을 태우려고 그리로 가니 이는
바울이 걸어서 가고자 하여 그렇게
정하여 준 것이라
14 바울이 앗소에서 우리를 만나니 우
리가 배에 태우고 미둘레네로 가서
15 거기서 떠나 이튿날 기오 앞에 오
고 그 이튿날 사모에 들르고 또 그
다음 날 밀레도에 이르니라
16 바울이 아시아에서 지체하지 않기
위하여 에베소를 지나 배 타고 가
기로 작정하였으니 이는 될 수 있는
대로 오순절 안에 예루살렘에 이르
려고 급히 감이러라
17 바울이 밀레도에서 사람을 에베소
로 보내어 교회 장로들을 청하니
18 오매 그들에게 말하되 아시아에 들
어온 첫날부터 지금까지 내가 항상
여러분 가운데서 어떻게 행하였는
지를 여러분도 아는 바니
19 곧 모든 겸손과 눈물이며 유대인의
간계로 말미암아 당한 시험을 참고
주를 섬긴 것과
20 유익한 것은 무엇이든지 공중 앞에
서나 각 집에서나 거리낌이 없이 여
러분에게 전하여 가르치고
21 유대인과 헬라인들에게 하나님께
대한 회개와 우리 주 예수 그리스
도께 대한 믿음을 증언한 것이라
22 보라 이제 나는 성령에 매여 예루
살렘으로 가는데 거기서 무슨 일을
당할는지 알지 못하노라

기록일 : . . .

23 오직 성령이 각 성에서 내게 증언
하여 결박과 환난이 나를 기다린다
하시나
24 내가 달려갈 길과 주 예수께 받은
사명 곧 하나님의 은혜의 복음을
증언하는 일을 마치려 함에는 나의
생명조차 조금도 귀한 것으로 여기
지 아니하노라
25 보라 내가 여러분 중에 왕래하며
하나님의 나라를 전파하였으나 이
제는 여러분이 다 내 얼굴을 다시
보지 못할 줄 아노라
26 그러므로 오늘 여러분에게 증언하
거니와 모든 사람의 피에 대하여
내가 깨끗하니
27 이는 내가 꺼리지 않고 하나님의
뜻을 다 여러분에게 전하였음이라
28 여러분은 자기를 위하여 또는 온
양 떼를 위하여 삼가라 성령이 그
들 가운데 여러분을 감독자로 삼고
하나님이 자기 피로 사신 교회를
보살피게 하셨느니라
29 내가 떠난 후에 사나운 이리가 여
러분에게 들어와서 그 양 떼를 아
끼지 아니하며
30 또한 여러분 중에서도 제자들을 끌
어 자기를 따르게 하려고 어그러진
말을 하는 사람들이 일어날 줄을
내가 아노라
31 그러므로 여러분이 일깨어 내가 삼
년이나 밤낮 쉬지 않고 눈물로 각
사람을 훈계하던 것을 기억하라
32 지금 내가 여러분을 주와 및 그 은
혜의 말씀에 부탁하노니 그 말씀이
여러분을 능히 든든히 세우사 거룩
하게 하심을 입은 모든 자 가운데
기업이 있게 하시리라
33 내가 아무의 은이나 금이나 의복을
탐하지 아니하였고
34 여러분이 아는 바와 같이 이 손으
로 나와 내 동행들이 쓰는 것을 충
당하여
35 범사에 여러분에게 모본을 보여준
바와 같이 수고하여 약한 사람들을
돕고 또 주 예수께서 친히 말씀하
신 바 주는 것이 받는 것보다 복이
있다 하심을 기억하여야 할지니라
36 이 말을 한 후 무릎을 꿇고 그 모든
사람들과 함께 기도하니
37 다 크게 울며 바울의 목을 안고 입
을 맞추고
38 다시 그 얼굴을 보지 못하리라 한
말로 말미암아 더욱 근심하고 배에
까지 그를 전송하니라

21 우리가 그들을 작별하고 배를 타
고 바로 고스로 가서 이튿날 로도에
이르러 거기서부터 바다라로 가서
2 베니게로 건너가는 배를 만나서 타
고 가다가
3 구브로를 바라보고 이를 왼편에 두

기록일 : . . .

고 수리아로 항해하여 두로에서 상
륙하니 거기서 배의 짐을 풀려 함이
러라
4 제자들을 찾아 거기서 이레를 머물
더니 그 제자들이 성령의 감동으로
바울더러 예루살렘에 들어가지 말
라 하더라
5 이 여러 날을 지낸 후 우리가 떠나
갈새 그들이 다 그 처자와 함께 성
문 밖까지 전송하거늘 우리가 바닷
가에서 무릎을 꿇어 기도하고
6 서로 작별한 후 우리는 배에 오르
고 그들은 집으로 돌아가니라
7 두로를 떠나 항해를 다 마치고 돌레
마이에 이르러 형제들에게 안부를
묻고 그들과 함께 하루를 있다가
8 이튿날 떠나 가이사랴에 이르러 일
곱 집사 중 하나인 전도자 빌립의
집에 들어가서 머무르니라
9 그에게 딸 넷이 있으니 처녀로 예
언하는 자라
10 여러 날 머물러 있더니 아가보라 하
는 한 선지자가 유대로부터 내려와
11 우리에게 와서 바울의 띠를 가져다
가 자기 수족을 잡아매고 말하기를
성령이 말씀하시되 예루살렘에서
유대인들이 이같이 이 띠 임자를 결
박하여 이방인의 손에 넘겨 주리라
하거늘
12 우리가 그 말을 듣고 그 곳 사람들
과 더불어 바울에게 예루살렘으로
올라가지 말라 권하니
13 바울이 대답하되 여러분이 어찌하
여 울어 내 마음을 상하게 하느냐
나는 주 예수의 이름을 위하여 결
박 당할 뿐 아니라 예루살렘에서
죽을 것도 각오하였노라 하니
14 그가 권함을 받지 아니하므로 우리
가 주의 뜻대로 이루어지이다 하고
그쳤노라
15 이 여러 날 후에 여장을 꾸려 예루
살렘으로 올라갈새
16 가이사랴의 몇 제자가 함께 가며
한 오랜 제자 구브로 사람 나손을
데리고 가니 이는 우리가 그의 집
에 머물려 함이라
17 예루살렘에 이르니 형제들이 우리
를 기꺼이 영접하거늘
18 그 이튿날 바울이 우리와 함께 야
고보에게로 들어가니 장로들도 다
있더라
19 바울이 문안하고 하나님이 자기의
사역으로 말미암아 이방 가운데서
하신 일을 낱낱이 말하니
20 그들이 듣고 하나님께 영광을 돌리
고 바울더러 이르되 형제여 그대도
보는 바에 유대인 중에 믿는 자 수
만 명이 있으니 다 율법에 열성을
가진 자라
21 네가 이방에 있는 모든 유대인을

기록일 : . . .

가르치되 모세를 배반하고 아들들
에게 할례를 행하지 말고 또 관습
을 지키지 말라 한다 함을 그들이
들었도다
22 그러면 어찌할꼬 그들이 필연 그대
가 온 것을 들으리니
23 우리가 말하는 이대로 하라 서원한
네 사람이 우리에게 있으니
24 그들을 데리고 함께 결례를 행하고
그들을 위하여 비용을 내어 머리를
깎게 하라 그러면 모든 사람이 그
대에 대하여 들은 것이 사실이 아니
고 그대도 율법을 지켜 행하는 줄
로 알 것이라
25 주를 믿는 이방인에게는 우리가 우
상의 제물과 피와 목매어 죽인 것
과 음행을 피할 것을 결의하고 편
지하였느니라 하니
26 바울이 이 사람들을 데리고 이튿날
그들과 함께 결례를 행하고 성전에
들어가서 각 사람을 위하여 제사
드릴 때까지의 결례 기간이 만기된
것을 신고하니라
27 그 이레가 거의 차매 아시아로부터
온 유대인들이 성전에서 바울을 보
고 모든 무리를 충동하여 그를 붙
들고
28 외치되 이스라엘 사람들아 도우라
이 사람은 각처에서 우리 백성과
율법과 이 곳을 비방하여 모든 사
람을 가르치는 그 자인데 또 헬라
인을 데리고 성전에 들어가서 이 거
룩한 곳을 더럽혔다 하니
29 이는 그들이 전에 에베소 사람 드
로비모가 바울과 함께 시내에 있음
을 보고 바울이 그를 성전에 데리
고 들어간 줄로 생각함이러라
30 온 성이 소동하여 백성이 달려와 모
여 바울을 잡아 성전 밖으로 끌고
나가니 문들이 곧 닫히더라
31 그들이 그를 죽이려 할 때에 온 예
루살렘이 요란하다는 소문이 군대
의 천부장에게 들리매
32 그가 급히 군인들과 백부장들을 거
느리고 달려 내려가니 그들이 천부
장과 군인들을 보고 바울 치기를
그치는지라
33 이에 천부장이 가까이 가서 바울을
잡아 두 쇠사슬로 결박하라 명하고
그가 누구이며 그가 무슨 일을 하
였느냐 물으니
34 무리 가운데서 어떤 이는 이런 말
로, 어떤 이는 저런 말로 소리 치거
늘 천부장이 소동으로 말미암아 진
상을 알 수 없어 그를 영내로 데려
가라 명하니라
35 바울이 층대에 이를 때에 무리의
폭행으로 말미암아 군사들에게 들
려가니
36 이는 백성의 무리가 그를 없이하자

기록일 : . . .

고 외치며 따라 감이러라
37 바울을 데리고 영내로 들어가려 할
그 때에 바울이 천부장에게 이르되
내가 당신에게 말할 수 있느냐 이
르되 네가 헬라 말을 아느냐
38 그러면 네가 이전에 소요를 일으켜
자객 사천 명을 거느리고 광야로
가던 애굽인이 아니냐
39 바울이 이르되 나는 유대인이라 소
읍이 아닌 길리기아 다소 시의 시민
이니 청컨대 백성에게 말하기를 허
락하라 하니
40 천부장이 허락하거늘 바울이 층대
위에 서서 백성에게 손짓하여 매우
조용히 한 후에 히브리 말로 말하
니라
22 부형들아 내가 지금 여러분 앞에
서 변명하는 말을 들으라
2 그들이 그가 히브리 말로 말함을
듣고 더욱 조용한지라 이어 이르되
3 나는 유대인으로 길리기아 다소에
서 났고 이 성에서 자라 가말리엘
의 문하에서 우리 조상들의 율법의
엄한 교훈을 받았고 오늘 너희 모
든 사람처럼 하나님께 대하여 열심
이 있는 자라
4 내가 이 도를 박해하여 사람을 죽
이기까지 하고 남녀를 결박하여 옥
에 넘겼노니
5 이에 대제사장과 모든 장로들이 내
증인이라 또 내가 그들에게서 다메
섹 형제들에게 가는 공문을 받아
가지고 거기 있는 자들도 결박하여
예루살렘으로 끌어다가 형벌 받게
하려고 가더니
6 가는 중 다메섹에 가까이 갔을 때
에 오정쯤 되어 홀연히 하늘로부터
큰 빛이 나를 둘러 비치매
7 내가 땅에 엎드러져 들으니 소리
있어 이르되 사울아 사울아 네가
왜 나를 박해하느냐 하시거늘
8 내가 대답하되 주님 누구시니이까
하니 이르시되 나는 네가 박해하는
나사렛 예수라 하시더라
9 나와 함께 있는 사람들이 빛은 보
면서도 나에게 말씀하시는 이의 소
리는 듣지 못하더라
10 내가 이르되 주님 무엇을 하리이까
주께서 이르시되 일어나 다메섹으
로 들어가라 네가 해야 할 모든 것
을 거기서 누가 이르리라 하시거늘
11 나는 그 빛의 광채로 말미암아 볼
수 없게 되었으므로 나와 함께 있
는 사람들의 손에 끌려 다메섹에
들어갔노라
12 율법에 따라 경건한 사람으로 거기
사는 모든 유대인들에게 칭찬을 듣
는 아나니아라 하는 이가
13 내게 와 곁에 서서 말하되 형제 사
울아 다시 보라 하거늘 즉시 그를

기록일 : . . .

쳐다보았노라
14 그가 또 이르되 우리 조상들의 하
나님이 너를 택하여 너로 하여금 자
기 뜻을 알게 하시며 그 의인을 보
게 하시고 그 입에서 나오는 음성
을 듣게 하셨으니
15 네가 그를 위하여 모든 사람 앞에
서 네가 보고 들은 것에 증인이 되
리라
16 이제는 왜 주저하느냐 일어나 주의
이름을 불러 침례를 받고 너의 죄
를 씻으라 하더라
17 후에 내가 예루살렘으로 돌아와서
성전에서 기도할 때에 황홀한 중에
18 보매 주께서 내게 말씀하시되 속히
예루살렘에서 나가라 그들은 네가
내게 대하여 증언하는 말을 듣지
아니하리라 하시거늘
19 내가 말하기를 주님 내가 주를 믿
는 사람들을 가두고 또 각 회당에
서 때리고
20 또 주의 증인 스데반이 피를 흘릴
때에 내가 곁에 서서 찬성하고 그
죽이는 사람들의 옷을 지킨 줄 그
들도 아니이다
21 나더러 또 이르시되 떠나가라 내가
너를 멀리 이방인에게로 보내리라
하셨느니라
22 이 말하는 것까지 그들이 듣다가
소리 질러 이르되 이러한 자는 세상
에서 없애 버리자 살려 둘 자가 아
니라 하여
23 떠들며 옷을 벗어 던지고 티끌을
공중에 날리니
24 천부장이 바울을 영내로 데려가라
명하고 그들이 무슨 일로 그에 대
하여 떠드는지 알고자 하여 채찍질
하며 심문하라 한대
25 가죽 줄로 바울을 매니 바울이 곁
에 서 있는 백부장더러 이르되 너희
가 로마 시민 된 자를 죄도 정하지
아니하고 채찍질할 수 있느냐 하니
26 백부장이 듣고 가서 천부장에게 전
하여 이르되 어찌하려 하느냐 이는
로마 시민이라 하니
27 천부장이 와서 바울에게 말하되 네
가 로마 시민이냐 내게 말하라 이
르되 그러하다
28 천부장이 대답하되 나는 돈을 많이
들여 이 시민권을 얻었노라 바울이
이르되 나는 나면서부터라 하니
29 심문하려던 사람들이 곧 그에게서
물러가고 천부장도 그가 로마 시민
인 줄 알고 또 그 결박한 것 때문에
두려워하니라
30 이튿날 천부장은 유대인들이 무슨
일로 그를 고발하는지 진상을 알
고자 하여 그 결박을 풀고 명하여
제사장들과 온 공회를 모으고 바울
을 데리고 내려가서 그들 앞에 세우

기록일 : . . .

니라

23 바울이 공회를 주목하여 이르되
여러분 형제들아 오늘까지 나는 범
사에 양심을 따라 하나님을 섬겼노
라 하거늘
2 대제사장 아나니아가 바울 곁에 서
있는 사람들에게 그 입을 치라 명
하니
3 바울이 이르되 회칠한 담이여 하나
님이 너를 치시리로다 네가 나를 율
법대로 심판한다고 앉아서 율법을
어기고 나를 치라 하느냐 하니
4 곁에 선 사람들이 말하되 하나님의
대제사장을 네가 욕하느냐
5 바울이 이르되 형제들아 나는 그가
대제사장인 줄 알지 못하였노라 기
록하였으되 너의 백성의 관리를 비
방하지 말라 하였느니라 하더라
6 바울이 그 중 일부는 사두개인이요
다른 일부는 바리새인인 줄 알고 공
회에서 외쳐 이르되 여러분 형제들
아 나는 바리새인이요 또 바리새인
의 아들이라 죽은 자의 소망 곧 부
활로 말미암아 내가 심문을 받노라
7 그 말을 한즉 바리새인과 사두개인
사이에 다툼이 생겨 무리가 나누어
지니
8 이는 사두개인은 부활도 없고 천사
도 없고 영도 없다 하고 바리새인
은 다 있다 함이라
9 크게 떠들새 바리새인 편에서 몇
서기관이 일어나 다투어 이르되 우
리가 이 사람을 보니 악한 것이 없
도다 혹 영이나 혹 천사가 그에게
말하였으면 어찌 하겠느냐 하여
10 큰 분쟁이 생기니 천부장은 바울이
그들에게 찢겨질까 하여 군인을 명
하여 내려가 무리 가운데서 빼앗아
가지고 영내로 들어가라 하니라
11 그 날 밤에 주께서 바울 곁에 서서
이르시되 담대하라 네가 예루살렘
에서 나의 일을 증언한 것 같이 로
마에서도 증언하여야 하리라 하시
니라
12 날이 새매 유대인들이 당을 지어
맹세하되 바울을 죽이기 전에는 먹
지도 아니하고 마시지도 아니하겠
다 하고
13 이같이 동맹한 자가 사십여 명이
더라
14 대제사장들과 장로들에게 가서 말
하되 우리가 바울을 죽이기 전에는
아무 것도 먹지 않기로 굳게 맹세
하였으니
15 이제 너희는 그의 사실을 더 자세
히 물어보려는 척하면서 공회와 함
께 천부장에게 청하여 바울을 너희
에게로 데리고 내려오게 하라 우리
는 그가 가까이 오기 전에 죽이기
로 준비하였노라 하더니

기록일 : . . .

16 바울의 생질이 그들이 매복하여 있
다 함을 듣고 와서 영내에 들어가
바울에게 알린지라
17 바울이 한 백부장을 청하여 이르되
이 청년을 천부장에게로 인도하라
그에게 무슨 할 말이 있다 하니
18 천부장에게로 데리고 가서 이르되
죄수 바울이 나를 불러 이 청년이
당신께 할 말이 있다 하여 데리고
가기를 청하더이다 하매
19 천부장이 그의 손을 잡고 물러가서
조용히 묻되 내게 할 말이 무엇이냐
20 대답하되 유대인들이 공모하기를
그들이 바울에 대하여 더 자세한
것을 묻기 위함이라 하고 내일 그
를 데리고 공회로 내려오기를 당신
께 청하자 하였으니
21 당신은 그들의 청함을 따르지 마
옵소서 그들 중에서 바울을 죽이기
전에는 먹지도 않고 마시지도 않기
로 맹세한 자 사십여 명이 그를 죽
이려고 숨어서 지금 다 준비하고 당
신의 허락만 기다리나이다 하니
22 이에 천부장이 청년을 보내며 경계
하되 이 일을 내게 알렸다고 아무
에게도 이르지 말라 하고
23 백부장 둘을 불러 이르되 밤 제 삼
시에 가이사랴까지 갈 보병 이백
명과 기병 칠십 명과 창병 이백 명
을 준비하라 하고
24 또 바울을 태워 총독 벨릭스에게로
무사히 보내기 위하여 짐승을 준비
하라 명하며
25 또 이 아래와 같이 편지하니 일렀
으되
26 글라우디오 루시아는 총독 벨릭스
각하께 문안하나이다
27 이 사람이 유대인들에게 잡혀 죽게
된 것을 내가 로마 사람인 줄 들어
알고 군대를 거느리고 가서 구원하
여다가
28 유대인들이 무슨 일로 그를 고발하
는지 알고자 하여 그들의 공회로
데리고 내려갔더니
29 고발하는 것이 그들의 율법 문제에
관한 것뿐이요 한 가지도 죽이거나
결박할 사유가 없음을 발견하였나
이다
30 그러나 이 사람을 해하려는 간계가
있다고 누가 내게 알려 주기로 곧
당신께로 보내며 또 고발하는 사람
들도 당신 앞에서 그에 대하여 말
하라 하였나이다 하였더라
31 보병이 명을 받은 대로 밤에 바울
을 데리고 안디바드리에 이르러
32 이튿날 기병으로 바울을 호송하게
하고 영내로 돌아가니라
33 그들이 가이사랴에 들어가서 편지
를 총독에게 드리고 바울을 그 앞
에 세우니

기록일 : . . .

34 총독이 읽고 바울더러 어느 영지
사람이냐 물어 길리기아 사람인 줄
알고
35 이르되 너를 고발하는 사람들이 오
거든 네 말을 들으리라 하고 헤롯
궁에 그를 지키라 명하니라

24

닷새 후에 대제사장 아나니아가
어떤 장로들과 한 변호사 더둘로와
함께 내려와서 총독 앞에서 바울을
고발하니라
2 바울을 부르매 더둘로가 고발하여
이르되
3 벨릭스 각하여 우리가 당신을 힘입
어 태평을 누리고 또 이 민족이 당
신의 선견으로 말미암아 여러 가지
로 개선된 것을 우리가 어느 모양
으로나 어느 곳에서나 크게 감사하
나이다
4 당신을 더 괴롭게 아니하려 하여
우리가 대강 여짜옵나니 관용하여
들으시기를 원하나이다
5 우리가 보니 이 사람은 전염병 같은
자라 천하에 흩어진 유대인을 다
소요하게 하는 자요 나사렛 이단의
우두머리라
6 그가 또 성전을 더럽게 하려 하므
로 우리가 잡았사오니 (6하반-8상
반 없음)
8 당신이 친히 그를 심문하시면 우리
가 고발하는 이 모든 일을 아실 수
있나이다 하니
9 유대인들도 이에 참가하여 이 말이
옳다 주장하니라
10 총독이 바울에게 머리로 표시하여
말하라 하니 그가 대답하되 당신이
여러 해 전부터 이 민족의 재판장
된 것을 내가 알고 내 사건에 대하
여 기꺼이 변명하나이다
11 당신이 아실 수 있는 바와 같이 내
가 예루살렘에 예배하러 올라간 지
열이틀밖에 안 되었고
12 그들은 내가 성전에서 누구와 변
론하는 것이나 회당 또는 시중에서
무리를 소동하게 하는 것을 보지
못하였으니
13 이제 나를 고발하는 모든 일에 대
하여 그들이 능히 당신 앞에 내세
울 것이 없나이다
14 그러나 이것을 당신께 고백하리이
다 나는 그들이 이단이라 하는 도
를 따라 조상의 하나님을 섬기고
율법과 선지자들의 글에 기록된 것
을 다 믿으며
15 그들이 기다리는 바 하나님께 향한
소망을 나도 가졌으니 곧 의인과 악
인의 부활이 있으리라 함이니이다
16 이것으로 말미암아 나도 하나님과
사람에 대하여 항상 양심에 거리낌
이 없기를 힘쓰나이다
17 여러 해 만에 내가 내 민족을 구제

기록일 : . . .

할 것과 제물을 가지고 와서
18 드리는 중에 내가 결례를 행하였고
모임도 없고 소동도 없이 성전에 있
는 것을 그들이 보았나이다 그러나
아시아로부터 온 어떤 유대인들이
있었으니
19 그들이 만일 나를 반대할 사건이
있으면 마땅히 당신 앞에 와서 고
발하였을 것이요
20 그렇지 않으면 이 사람들이 내가
공회 앞에 섰을 때에 무슨 옳지 않
은 것을 보았는가 말하라 하소서
21 오직 내가 그들 가운데 서서 외치
기를 내가 죽은 자의 부활에 대하
여 오늘 너희 앞에 심문을 받는다
고 한 이 한 소리만 있을 따름이니
이다 하니
22 벨릭스가 이 도에 관한 것을 더 자
세히 아는 고로 연기하여 이르되 천
부장 루시아가 내려오거든 너희 일
을 처결하리라 하고
23 백부장에게 명하여 바울을 지키되
자유를 주고 그의 친구들이 그를
돌보아 주는 것을 금하지 말라 하
니라
24 수일 후에 벨릭스가 그 아내 유대
여자 드루실라와 함께 와서 바울을
불러 그리스도 예수 믿는 도를 듣
거늘
25 바울이 의와 절제와 장차 오는 심
판을 강론하니 벨릭스가 두려워하
여 대답하되 지금은 가라 내가 틈
이 있으면 너를 부르리라 하고
26 동시에 또 바울에게서 돈을 받을까
바라는 고로 더 자주 불러 같이 이
야기하더라
27 이태가 지난 후 보르기오 베스도가
벨릭스의 소임을 이어받으니 벨릭
스가 유대인의 마음을 얻고자 하여
바울을 구류하여 두니라

25 베스도가 부임한 지 삼 일 후에
가이사랴에서 예루살렘으로 올라
가니
2 대제사장들과 유대인 중 높은 사람
들이 바울을 고소할새
3 베스도의 호의로 바울을 예루살렘
으로 옮기기를 청하니 이는 길에
매복하였다가 그를 죽이고자 함이
더라
4 베스도가 대답하여 바울이 가이사
랴에 구류된 것과 자기도 멀지 않
아 떠나갈 것을 말하고
5 또 이르되 너희 중 유력한 자들은
나와 함께 내려가서 그 사람에게
만일 옳지 아니한 일이 있거든 고발
하라 하니라
6 베스도가 그들 가운데서 팔 일 혹
은 십 일을 지낸 후 가이사랴로 내
려가서 이튿날 재판 자리에 앉고
바울을 데려오라 명하니

기록일 : . . .

7 그가 나오매 예루살렘에서 내려온
유대인들이 둘러서서 여러 가지 중
대한 사건으로 고발하되 능히 증거
를 대지 못한지라
8 바울이 변명하여 이르되 유대인의
율법이나 성전이나 가이사에게나
내가 도무지 죄를 범하지 아니하였
노라 하니
9 베스도가 유대인의 마음을 얻고자
하여 바울더러 묻되 네가 예루살렘
에 올라가서 이 사건에 대하여 내
앞에서 심문을 받으려느냐
10 바울이 이르되 내가 가이사의 재판
자리 앞에 섰으니 마땅히 거기서 심
문을 받을 것이라 당신도 잘 아시
는 바와 같이 내가 유대인들에게
불의를 행한 일이 없나이다
11 만일 내가 불의를 행하여 무슨 죽
을 죄를 지었으면 죽기를 사양하지
아니할 것이나 만일 이 사람들이 나
를 고발하는 것이 다 사실이 아니면
아무도 나를 그들에게 내줄 수 없
나이다 내가 가이사께 상소하노라
한대
12 베스도가 배석자들과 상의하고 이
르되 네가 가이사에게 상소하였으
니 가이사에게 갈 것이라 하니라
13 수일 후에 아그립바 왕과 버니게가
베스도에게 문안하러 가이사랴에
와서
14 여러 날을 있더니 베스도가 바울의
일로 왕에게 고하여 이르되 벨릭스
가 한 사람을 구류하여 두었는데
15 내가 예루살렘에 있을 때에 유대인
의 대제사장들과 장로들이 그를 고
소하여 정죄하기를 청하기에
16 내가 대답하되 무릇 피고가 원고들
앞에서 고소 사건에 대하여 변명할
기회가 있기 전에 내주는 것은 로
마 사람의 법이 아니라 하였노라
17 그러므로 그들이 나와 함께 여기
오매 내가 지체하지 아니하고 이튿
날 재판 자리에 앉아 명하여 그 사
람을 데려왔으나
18 원고들이 서서 내가 짐작하던 것 같
은 악행의 혐의는 하나도 제시하지
아니하고
19 오직 자기들의 종교와 또는 예수라
하는 이가 죽은 것을 살아 있다고
바울이 주장하는 그 일에 관한 문
제로 고발하는 것뿐이라
20 내가 이 일에 대하여 어떻게 심리
할는지 몰라서 바울에게 묻되 예
루살렘에 올라가서 이 일에 심문을
받으려느냐 한즉
21 바울은 황제의 판결을 받도록 자
기를 지켜 주기를 호소하므로 내가
그를 가이사에게 보내기까지 지켜
두라 명하였노라 하니
22 아그립바가 베스도에게 이르되 나

기록일 : . . .

도 이 사람의 말을 듣고자 하노라
베스도가 이르되 내일 들으시리이
다 하더라
23 이튿날 아그립바와 버니게가 크게
위엄을 갖추고 와서 천부장들과 시
중의 높은 사람들과 함께 접견 장
소에 들어오고 베스도의 명으로 바
울을 데려오니
24 베스도가 말하되 아그립바 왕과 여
기 같이 있는 여러분이여 당신들이
보는 이 사람은 유대의 모든 무리
가 크게 외치되 살려 두지 못할 사
람이라고 하여 예루살렘에서와 여
기서도 내게 청원하였으나
25 내가 살피건대 죽일 죄를 범한 일
이 없더이다 그러나 그가 황제에게
상소한 고로 보내기로 결정하였나
이다
26 그에 대하여 황제께 확실한 사실
을 아뢸 것이 없으므로 심문한 후
상소할 자료가 있을까 하여 당신들
앞 특히 아그립바 왕 당신 앞에 그
를 내세웠나이다
27 그 죄목도 밝히지 아니하고 죄수를
보내는 것이 무리한 일인 줄 아나이
다 하였더라

26 아그립바가 바울에게 이르되 너
를 위하여 말하기를 네게 허락하노
라 하니 이에 바울이 손을 들어 변
명하되

2 아그립바 왕이여 유대인이 고발하
는 모든 일을 오늘 당신 앞에서 변
명하게 된 것을 다행히 여기나이다
3 특히 당신이 유대인의 모든 풍속과
문제를 아심이니이다 그러므로 내
말을 너그러이 들으시기를 바라나
이다
4 내가 처음부터 내 민족과 더불어
예루살렘에서 젊었을 때 생활한 상
황을 유대인이 다 아는 바라
5 일찍부터 나를 알았으니 그들이 증
언하려 하면 내가 우리 종교의 가
장 엄한 파를 따라 바리새인의 생
활을 하였다고 할 것이라
6 이제도 여기 서서 심문 받는 것은
하나님이 우리 조상에게 약속하신
것을 바라는 까닭이니
7 이 약속은 우리 열두 지파가 밤낮
으로 간절히 하나님을 받들어 섬김
으로 얻기를 바라는 바인데 아그
립바 왕이여 이 소망으로 말미암아
내가 유대인들에게 고소를 당하는
것이니이다
8 당신들은 하나님이 죽은 사람을 살
리심을 어찌하여 못 믿을 것으로 여
기나이까
9 나도 나사렛 예수의 이름을 대적하
여 많은 일을 행하여야 될 줄 스스
로 생각하고
10 예루살렘에서 이런 일을 행하여 대

기록일 : . . .

제사장들에게서 권한을 받아 가지
고 많은 성도를 옥에 가두며 또 죽
일 때에 내가 찬성 투표를 하였고
11 또 모든 회당에서 여러 번 형벌하여
강제로 모독하는 말을 하게 하고
그들에 대하여 심히 격분하여 외국
성에까지 가서 박해하였고
12 그 일로 대제사장들의 권한과 위임
을 받고 다메섹으로 갔나이다
13 왕이여 정오가 되어 길에서 보니 하
늘로부터 해보다 더 밝은 빛이 나
와 내 동행들을 둘러 비추는지라
14 우리가 다 땅에 엎드러지매 내가
소리를 들으니 히브리 말로 이르되
사울아 사울아 네가 어찌하여 나를
박해하느냐 가시채를 뒷발질하기가
네게 고생이니라
15 내가 대답하되 주님 누구시니이까
주께서 이르시되 나는 네가 박해하
는 예수라
16 일어나 너의 발로 서라 내가 네게
나타난 것은 곧 네가 나를 본 일과
장차 내가 네게 나타날 일에 너로
종과 증인을 삼으려 함이니
17 이스라엘과 이방인들에게서 내가
너를 구원하여 그들에게 보내어
18 그 눈을 뜨게 하여 어둠에서 빛으
로, 사탄의 권세에서 하나님께로
돌아오게 하고 죄 사함과 나를 믿
어 거룩하게 된 무리 가운데서 기업
을 얻게 하리라 하더이다
19 아그립바 왕이여 그러므로 하늘에
서 보이신 것을 내가 거스르지 아니
하고
20 먼저 다메섹과 예루살렘에 있는 사
람과 유대 온 땅과 이방인에게까지
회개하고 하나님께로 돌아와서 회
개에 합당한 일을 하라 전하므로
21 유대인들이 성전에서 나를 잡아 죽
이고자 하였으나
22 하나님의 도우심을 받아 내가 오늘
까지 서서 높고 낮은 사람 앞에서
증언하는 것은 선지자들과 모세가
반드시 되리라고 말한 것밖에 없
으니
23 곧 그리스도가 고난을 받으실 것과
죽은 자 가운데서 먼저 다시 살아
나사 이스라엘과 이방인들에게 빛
을 전하시리라 함이니이다 하니라
24 바울이 이같이 변명하매 베스도가
크게 소리 내어 이르되 바울아 네
가 미쳤도다 네 많은 학문이 너를
미치게 한다 하니
25 바울이 이르되 베스도 각하여 내가
미친 것이 아니요 참되고 온전한 말
을 하나이다
26 왕께서는 이 일을 아시기로 내가
왕께 담대히 말하노니 이 일에 하
나라도 아시지 못함이 없는 줄 믿
나이다 이 일은 한쪽 구석에서 행

기록일 : . . .

한 것이 아니니이다
27 아그립바 왕이여 선지자를 믿으시
나이까 믿으시는 줄 아나이다
28 아그립바가 바울에게 이르되 네가
적은 말로 나를 권하여 그리스도인
이 되게 하려 하는도다
29 바울이 이르되 말이 적으나 많으나
당신뿐만 아니라 오늘 내 말을 듣
는 모든 사람도 다 이렇게 결박된
것 외에는 나와 같이 되기를 하나
님께 원하나이다 하니라
30 왕과 총독과 버니게와 그 함께 앉
은 사람들이 다 일어나서
31 물러가 서로 말하되 이 사람은 사
형이나 결박을 당할 만한 행위가
없다 하더라
32 이에 아그립바가 베스도에게 이르
되 이 사람이 만일 가이사에게 상
소하지 아니하였더라면 석방될 수
있을 뻔하였다 하니라

27 우리가 배를 타고 이달리야에 가
기로 작정되매 바울과 다른 죄수
몇 사람을 아구스도대의 백부장 율
리오란 사람에게 맡기니
2 아시아 해변 각처로 가려 하는 아
드라뭇데노 배에 우리가 올라 항해
할새 마게도냐의 데살로니가 사람
아리스다고도 함께 하니라
3 이튿날 시돈에 대니 율리오가 바울
을 친절히 대하여 친구들에게 가서
대접 받기를 허락하더니
4 또 거기서 우리가 떠나가다가 맞바
람을 피하여 구브로 해안을 의지하
고 항해하여
5 길리기아와 밤빌리아 바다를 건너
루기아의 무라 시에 이르러
6 거기서 백부장이 이달리야로 가려
하는 알렉산드리아 배를 만나 우리
를 오르게 하니
7 배가 더디 가 여러 날 만에 간신히
니도 맞은편에 이르러 풍세가 더 허
락하지 아니하므로 살모네 앞을 지
나 그레데 해안을 바람막이로 항해
하여
8 간신히 그 연안을 지나 미항이라는
곳에 이르니 라새아 시에서 가깝더라
9 여러 날이 걸려 금식하는 절기가 이
미 지났으므로 항해하기가 위태한
지라 바울이 그들을 권하여
10 말하되 여러분이여 내가 보니 이번
항해가 하물과 배만 아니라 우리
생명에도 타격과 많은 손해를 끼치
리라 하되
11 백부장이 선장과 선주의 말을 바울
의 말보다 더 믿더라
12 그 항구가 겨울을 지내기에 불편하
므로 거기서 떠나 아무쪼록 뵈닉스
에 가서 겨울을 지내자 하는 자가
더 많으니 뵈닉스는 그레데 항구라
한쪽은 서남을, 한쪽은 서북을 향

기록일 : . . .

하였더라
13 남풍이 순하게 불매 그들이 뜻을
이룬 줄 알고 닻을 감아 그레데 해
변을 끼고 항해하더니
14 얼마 안 되어 섬 가운데로부터 유
라굴로라는 광풍이 크게 일어나니
15 배가 밀려 바람을 맞추어 갈 수 없
어 가는 대로 두고 쫓겨가다가
16 가우다라는 작은 섬 아래로 지나
간신히 거루를 잡아
17 끌어 올리고 줄을 가지고 선체를
둘러 감고 스르디스에 걸릴까 두려
워하여 연장을 내리고 그냥 쫓겨가
더니
18 우리가 풍랑으로 심히 애쓰다가 이
튿날 사공들이 짐을 바다에 풀어
버리고
19 사흘째 되는 날에 배의 기구를 그
들의 손으로 내버리니라
20 여러 날 동안 해도 별도 보이지 아
니하고 큰 풍랑이 그대로 있으매
구원의 여망마저 없어졌더라
21 여러 사람이 오래 먹지 못하였으매
바울이 가운데 서서 말하되 여러분
이여 내 말을 듣고 그레데에서 떠
나지 아니하여 이 타격과 손상을 면
하였더라면 좋을 뻔하였느니라
22 내가 너희를 권하노니 이제는 안심
하라 너희 중 아무도 생명에는 아무
런 손상이 없겠고 오직 배뿐이리라
23 내가 속한 바 곧 내가 섬기는 하나
님의 사자가 어제 밤에 내 곁에 서
서 말하되
24 바울아 두려워하지 말라 네가 가이
사 앞에 서야 하겠고 또 하나님께
서 너와 함께 항해하는 자를 다 네
게 주셨다 하였으니
25 그러므로 여러분이여 안심하라 나
는 내게 말씀하신 그대로 되리라고
하나님을 믿노라
26 그런즉 우리가 반드시 한 섬에 걸리
리라 하더라
27 열나흘째 되는 날 밤에 우리가 아
드리아 바다에서 이리 저리 쫓겨가
다가 자정쯤 되어 사공들이 어느
육지에 가까워지는 줄을 짐작하고
28 물을 재어 보니 스무 길이 되고 조
금 가다가 다시 재니 열다섯 길이라
29 암초에 걸릴까 하여 고물로 닻 넷
을 내리고 날이 새기를 고대하니라
30 사공들이 도망하고자 하여 이물에
서 닻을 내리는 체하고 거룻배를
바다에 내려 놓거늘
31 바울이 백부장과 군인들에게 이르
되 이 사람들이 배에 있지 아니하면
너희가 구원을 얻지 못하리라 하니
32 이에 군인들이 거룻줄을 끊어 떼어
버리니라
33 날이 새어 가매 바울이 여러 사람
에게 음식 먹기를 권하여 이르되 너

기록일 : . . .

희가 기다리고 기다리며 먹지 못하
고 주린 지가 오늘까지 열나흘인즉
34 음식 먹기를 권하노니 이것이 너희
의 구원을 위하는 것이요 너희 중
머리카락 하나도 잃을 자가 없으리
라 하고
35 떡을 가져다가 모든 사람 앞에서
하나님께 축사하고 떼어 먹기를 시
작하매
36 그들도 다 안심하고 받아 먹으니
37 배에 있는 우리의 수는 전부 이백
칠십육 명이더라
38 배부르게 먹고 밀을 바다에 버려
배를 가볍게 하였더니
39 날이 새매 어느 땅인지 알지 못하
나 경사진 해안으로 된 항만이 눈
에 띄거늘 배를 거기에 들여다 댈
수 있는가 의논한 후
40 닻을 끊어 바다에 버리는 동시에 키
를 풀어 늦추고 돛을 달고 바람에
맞추어 해안을 향하여 들어가다가
41 두 물이 합하여 흐르는 곳을 만나
배를 걸매 이물은 부딪쳐 움직일 수
없이 붙고 고물은 큰 물결에 깨어
져 가니
42 군인들은 죄수가 헤엄쳐서 도망할
까 하여 그들을 죽이는 것이 좋다
하였으나
43 백부장이 바울을 구원하려 하여 그
들의 뜻을 막고 헤엄칠 줄 아는 사
람들을 명하여 물에 뛰어내려 먼저
육지에 나가게 하고
44 그 남은 사람들은 널조각 혹은 배
물건에 의지하여 나가게 하니 마침
내 사람들이 다 상륙하여 구조되
니라

28

우리가 구조된 후에 안즉 그 섬은
멜리데라 하더라
2 비가 오고 날이 차매 원주민들이
우리에게 특별한 동정을 하여 불을
피워 우리를 다 영접하더라
3 바울이 나무 한 묶음을 거두어 불
에 넣으니 뜨거움으로 말미암아 독
사가 나와 그 손을 물고 있는지라
4 원주민들이 이 짐승이 그 손에 매
달려 있음을 보고 서로 말하되 진
실로 이 사람은 살인한 자로다 바
다에서는 구조를 받았으나 공의가
그를 살지 못하게 함이로다 하더니
5 바울이 그 짐승을 불에 떨어 버리
매 조금도 상함이 없더라
6 그들은 그가 붓든지 혹은 갑자기
쓰러져 죽을 줄로 기다렸다가 오래
기다려도 그에게 아무 이상이 없음
을 보고 돌이켜 생각하여 말하되
그를 신이라 하더라
7 이 섬에서 가장 높은 사람 보블리
오라 하는 이가 그 근처에 토지가
있는지라 그가 우리를 영접하여 사
흘이나 친절히 머물게 하더니

8 보블리오의 부친이 열병과 이질에
걸려 누워 있거늘 바울이 들어가서
기도하고 그에게 안수하여 낫게
하매
9 이러므로 섬 가운데 다른 병든 사
람들이 와서 고침을 받고
10 후한 예로 우리를 대접하고 떠날
때에 우리 쓸 것을 배에 실었더라
11 석 달 후에 우리가 그 섬에서 겨울
을 난 알렉산드리아 배를 타고 떠
나니 그 배의 머리 장식은 디오스
구로라
12 수라구사에 대고 사흘을 있다가
13 거기서 둘러가서 레기온에 이르러
하루를 지낸 후 남풍이 일어나므로
이튿날 보디올에 이르러
14 거기서 형제들을 만나 그들의 청함
을 받아 이레를 함께 머무니라 그
래서 우리는 이와 같이 로마로 가
니라
15 그 곳 형제들이 우리 소식을 듣고
압비오 광장과 트레이스 타베르네
까지 맞으러 오니 바울이 그들을
보고 하나님께 감사하고 담대한 마
음을 얻으니라
16 우리가 로마에 들어가니 바울에게
는 자기를 지키는 한 군인과 함께
따로 있게 허락하더라
17 사흘 후에 바울이 유대인 중 높은
사람들을 청하여 그들이 모인 후에
이르되 여러분 형제들아 내가 이스
라엘 백성이나 우리 조상의 관습을
배척한 일이 없는데 예루살렘에서
로마인의 손에 죄수로 내준 바 되
었으니
18 로마인은 나를 심문하여 죽일 죄목
이 없으므로 석방하려 하였으나
19 유대인들이 반대하기로 내가 마지
못하여 가이사에게 상소함이요 내
민족을 고발하려는 것이 아니니라
20 이러므로 너희를 보고 함께 이야기
하려고 청하였으니 이스라엘의 소
망으로 말미암아 내가 이 쇠사슬에
매인 바 되었노라
21 그들이 이르되 우리가 유대에서 네
게 대한 편지도 받은 일이 없고 또
형제 중 누가 와서 네게 대하여 좋
지 못한 것을 전하든지 이야기한 일
도 없느니라
22 이에 우리가 너의 사상이 어떠한가
듣고자 하니 이 파에 대하여는 어
디서든지 반대를 받는 줄 알기 때
문이라 하더라
23 그들이 날짜를 정하고 그가 유숙하
는 집에 많이 오니 바울이 아침부터
저녁까지 강론하여 하나님의 나라
를 증언하고 모세의 율법과 선지자
의 말을 가지고 예수에 대하여 권
하더라
24 그 말을 믿는 사람도 있고 믿지 아

기록일 : . . .

니하는 사람도 있어
25 서로 맞지 아니하여 흩어질 때에
바울이 한 말로 이르되 성령이 선지
자 이사야를 통하여 너희 조상들에
게 말씀하신 것이 옳도다
26 일렀으되 이 백성에게 가서 말하기
를 너희가 듣기는 들어도 도무지
깨닫지 못하며 보기는 보아도 도무
지 알지 못하는도다
27 이 백성들의 마음이 우둔하여져서
그 귀로는 둔하게 듣고 그 눈은 감
았으니 이는 눈으로 보고 귀로 듣
고 마음으로 깨달아 돌아오면 내가
고쳐 줄까 함이라 하였으니
28 그런즉 하나님의 이 구원이 이방인
에게로 보내어진 줄 알라 그들은
그것을 들으리라 하더라
29 (없음)
30 바울이 온 이태를 자기 셋집에 머
물면서 자기에게 오는 사람을 다
영접하고
31 하나님의 나라를 전파하며 주 예수
그리스도에 관한 모든 것을 담대하
게 거침없이 가르치더라

기록일 : . . .

MERCIFUL WRITING BIBLE

신약 1 : 마태복음 ~ 사도행전

성령님과 함께 쓰는

은혜로운 필사성경 9

초판 1쇄 인쇄　2020년 4월 20일
초판 1쇄 발행　2020년 5월 11일

편 집 인　김호성
발 행 처　서울말씀사
출판등록　제2016-000172호
주　　소　서울시 영등포구 은행로 55, 나동 9층
전　　화　02) 846-9222
팩　　스　02) 846-9225